給所有人的社會學史講義

跟隨大澤真幸一起建立當代必備的社會學素養

大澤真幸——著
顏雪雪——譯

社会学史

目次

III 系統與意義

序
社會學中固有的主題

社會學的社會學

現在起我將講述社會學的歷史。在為數眾多的科學[1]當中，社會學是一門新興的科學，歷史非常短暫。

當然，「社會學從什麼時候開始的」是一個很難的問題，但概略來說，大致起源於十九世

1　譯註：本書原文使用的詞彙為「学問」，對應至中文也有「學問」一詞，但考量到語感、現今語言使用的習慣，以及行文通順程度，後文會將大部分的「学問」譯作「科學」，與其相對應的英文是「science」，並採取最廣義的語意，即「泛指一切有組織、有系統的知識」，而非狹義專指「自然科學」。為避免混淆，後文若有專指自然科學之處，將會加以強調。

紀，所以至今僅有兩百年的歷史，遠遠不及哲學的源遠流長，也不及於物理學；雖然物理學的起源會隨著觀點而不同，但即使假設物理學從科學革命才開始，其歷史也比社會學古老。

社會學的歷史會這麼短暫是有其理由的，並不是剛好比較晚誕生而已。

提綱挈領來說，我想講的重點是：社會學是「現代社會自我意識的表現之一」。若要用一個比喻來形容現代社會的特徵，那就是「擁有自我意識的社會」。自己是什麼？自己要往哪裡去？自己是從哪裡來？雖然不曉得這種認知是否正確，但總之現代社會就是擁有這些自我意識的社會。

而這些自我意識的表現之一，廣泛來說是社會科學，更準確說就是其中叫做社會學的這門科學。因此，只有在擁有自我意識的社會中，才會誕生出社會學。在此前的社會——雖然有著搆得上社會學的思考模式，但是——沒有社會學。

是故在這層意義上，社會學的歷史之所以短暫，有其社會學式的理由，並非碰巧比較晚發現而已。

我想再說一點比較像序文的東西。

接下來我要講的是「從社會學內部書寫社會學歷史」的方法。

什麼科學都有歷史，所以大致上大家都會先從〇〇史開始學習。但是社會學的歷史和其他科學的歷史有著截然不同的性質。

社會學成為我們今日眼中看起來像社會學般的社會學，是十九世紀的事。雖然「現代」是個曖昧的詞彙，但總之，若現代社會沒有一定的成熟度、沒有經歷過工業革命或法國大革命、沒有變成現在的社會樣貌的話，是無法孕育出社會學的。因為社會學本身就是一種社會現象。

換句話說，如果說明社會現象是社會學的工作，那麼社會學本身也會是社會學的研究對象。因此社會學的歷史本身就是一種社會學。

拿書寫生物學的歷史為例，雖然生物學史是很有意思的知識，但知曉生物學歷史和知曉生物學本身，是不同的兩件事；或是舉一個和社會學較接近的科學，以書寫經濟學史而言，經濟學歷史本身也不是經濟學。但是，社會學歷史本身卻能成為社會學，這就是社會學這門科學的特徵。

「線性科學」和「螺旋科學」

科學有兩種類型。

以生物學歷史為例，生物學的歷史很重要也很有趣，但是不需要知道生物學史，仍可以做生物學研究。當然，研究的人還是得知道現在仍活躍於檯面上的學說，像是達爾文進化論等等，但是即使不知道二、三百年前的學說，也能做生物學研究。物理學更是如此。所以生物學、物理學和其歷史方面的研究，是完全不同的東西。

也有的科學是完全相反的，最典型的就是哲學。說到哲學，基本來說哲學即哲學史——雖然也要看領域，對學分析哲學的人來說可能稍有不同。總之哲學史和哲學不可能外於彼此。海德格就是這種哲學研究最典型的學者。他的哲學完全是哲學史。即便晚近，也有如德勒茲、德希達等人，都是哲學史派，這類學者會以像是「論史賓諾沙」這種形式，提出自己的學說。

因此可以說，科學的型態有兩種：歷史方面之論會成為該科學本身，或者，科學本身和其歷史是不同東西。

為何會有這兩種差異？這是很有趣的事，值得仔細思考。不過簡單來說就是，科學有「線性型」和「螺旋型（螺旋狀般反覆前進的類型）」。

自然科學類的就是屬於線性型。先有前人的說法，然後出現推翻前人說法的新說法。因此不必特意了解過去已被屏棄的學說——像是即便不知道亞里斯多德如何思考運動——也能成為一流的物理學者。

相對地，「螺旋型」則會不斷地重複思考相同的問題。因此柏拉圖思考的事情，現在的我們也在思考。這是哲學得以成為一門科學的結構。

有這兩種科學類型，那麼社會學是屬於哪一種呢？以社會學來說，兩種都是。

我們現在所生存的社會，廣義來說就是現代社會。我們的社會和社會學誕生時的社會，基本上以相同的邏輯在運作。因此在初期的社會學者中，有些人具有優秀洞察力，他們的見解能看穿事物的本質，即使放在今日也十分有意義，值得我們重新討論。所以社會學史對今日的我們來說，意義非常深遠，這也是我接下來想探討的主題。

社會學史的三座高山

一般來說，講到這裡應該就要「開始正文」，但我還想再多鋪陳一些。

我們在後面一定會提到某位社會學者的精神疾病。那個人罹患該病是件有名的事，有念點書的人都會知道。用現代話來說是罹患憂鬱症，但在書上幾乎都寫精神官能症。

這個人則會在社會學歷史的正中間登場；他就是馬克斯・韋伯（Max Weber，一八六四—一九二〇）。

回顧社會學的歷史，當中有三座高山。第一座高山，座落在邁入十九世紀的前後。第二座高山則出現在十九世紀到二十世紀的轉換期，也就是將要第一次世界大戰之前。最後一座高山，則在第二次世界大戰後，特別是一九六〇年代以後，直到現在。這三座高山中，第二座最為絢爛奪目。這個時期活躍的社會學者們，無論從質或量來說，都是最優秀的。

事實上，不僅是社會學有這樣的現象，仔細想想，幾乎所有科學都是如此。

哲學也是如此。海德格（Martin Heidegger，一八八九—一九七六）的出現，也是在一戰和二戰的正中間。在他之後，也出現了許多哲學家，著述同樣被後人所閱讀，但將眼光放遠到兩百年的距離來看，我認為這期間沒有出現比海德格更偉大的人。因此即使是哲學的歷史，在第一次世界大戰前後也有一座高山。

自然科學也是這樣。我以前曾在《量子的社會哲學》（量子の社会哲学）這本書中寫到，物理學有真正意義上的突破，正是在一九〇〇年代初期到第一次世界大戰前後。

不只是社會學，許多科學都是在十九世紀末到二十世紀初產生巨大轉變，迎向高峰。以燭火消逝前最後的火光來比喻可能有點言過其實，但這階段的確是猛烈燃燒的時期。社會學也是如此，在這些燦爛燃燒的社會學者中，最重要的大人物就是馬克斯・韋伯。

馬克斯・韋伯的病

馬克斯・韋伯生於一八六四年，他在一八九七年、三十三歲的夏末，突然罹患重度憂鬱症（精神官能症）。

這一年對韋伯來說也是他人生準備邁向巔峰的時期；就是在這年春天，他到海德堡大學任職，這是一所歐洲的名校。我在幾年前也曾去看過海德堡大學，是一座大學城，而韋伯就是在這裡任職哲學院的教授。

在此之前，他任教於弗萊堡大學，這也是間不錯的大學，但弗萊堡地理位置邊緣偏僻，所以當韋伯來到鄰近法蘭克福的海德堡，對他來說才是正要開始一番事業的時候。但不久後，他就罹患了嚴重的憂鬱症。

他因此向學校請假，情況稍微好點後又回去上課，但之後憂鬱症變得更嚴重，沒辦法只好再度請假。這樣反反覆覆，病情也愈來愈嚴重。

最後終於撐不下去，於是在一八九九年到一九〇〇年的冬季學期，韋伯向學校遞出了辭呈。但是韋伯又優秀、又是招牌名師，所以起先學校慰留他；可是他的病情愈來愈嚴重，最後校方在一九〇三年也放棄了。韋伯遂在三十九歲時離開了大學。雖然名義上仍有教授職位，但沒有薪水。

之後的韋伯一輩子都沒有再回到學校。雖然校方曾數次詢問他要不要回來，但結果他仍舊沒有回去。

為什麼我在這裡要講韋伯的精神官能症呢？有兩個理由。

第一，在韋伯的生命史中發生了如下的事情：韋伯年僅三十三歲便成為海德堡大學的教授，堪稱菁英，卻在正要開始一番事業的時候患病，最終無法在大學執教鞭；因此一般來說，故事到這裡就結束了，他再也無法從事知識領域的活動，可能還會有人說：「真可惜，那個人明明那麼優秀……」然而事實上，韋伯真正偉大的著作，幾乎都是在他罹患精神官能症之後才寫出來的。

當然，因為韋伯真的非常優秀，所以他在生病前就已受到當時人們的矚目。他作為社會學者的評價很高，也以言詞犀利的政治評論家聞名。

但是，如果他在三十三歲，或是在離開大學的三十九歲時不再寫作的話，百年後的我們就不會再想起韋伯這個人了吧。他之所以會成為百年後仍被反覆閱讀的人物，就是因為他在三十九歲以後依然持續寫作，而且以當代的角度來看，那些著作比起之前的作品，品質遠遠高出不少。

舉例來說，廣為人知的《新教倫理與資本主義精神》（德文：*Die protestantische Ethik und der Geist des Kapitalismus*，英文：*The Protestant Ethic and the Spirit of Capitalism*）寫於一九〇四年夏天至一九〇五年，這是他重要功績中的最大里程碑。在這不久前，他也寫了一篇非常重要的論文，〈社會科學與社會政策的知識之「客觀性」〉（德文：Die "Objektivität" sozialwissenschaftlicher und sozialpolitischer Erkenntnis，英文：The Objectivity of the

Sociological and Social-Political Knowledge）〉，這篇名冗長的論文一般被稱為「客觀性論文」，寫於一九〇四年的春天。

韋伯不知為何在憂鬱症最嚴重的時期，寫下了他最重要的著作。

我關心韋伯生病的第二個理由在於，仔細思考的話，這個病——雖然的確是發生在韋伯的生活史當中——並非他個人的問題。

問題在於，此時是十九世紀末到二十世紀初。這個時期的歐洲或美國，有許多藝術家或知識分子都為這個病症所苦。這是個「憂鬱的時代」。

要舉例的話數都數不完，像是比韋伯年長、寫下《包法利夫人》的福婁拜，很多人都知道他有憂鬱症和癲癇；或是寫《湯姆歷險記》的馬克・吐溫，雖然他以開朗的小說及冒險故事聞名，但他晚年卻寫下了對人類的憎惡；或是，如托爾斯泰這位會被認為是比較樂觀的文學家，在世紀末的時候卻也寫下《懺悔錄》這部小說，從那以後他寫的東西愈來愈陰暗；或有易卜生，他一開始為受虐的人們書寫，但最後卻開始厭惡低俗的大眾，甚至對他們失望；還有馬拉美，自從他認識到自己所追求的理想不可能實現，就陷入虛無主義，還伴隨著種種症狀，在現在可能會被診斷為身心症。還有好幾個其他例子，不過若要再舉一位憂鬱群像的代表，則毫無疑問是寫下《巴黎的憂鬱》的波特萊爾；他將十九世紀後半葉被不知名憂鬱氣氛所籠罩的巴黎化為詩作。

總之，十九世紀後半至二十世紀初期，時代的感情色彩是抑鬱的，可說是「憂鬱的時代」。當然韋伯的病有個人因素，但以稍微廣闊的視野來看，這是個時代的現象。不知為何，在這個時代，有某種敏感或知性的人，就容易憂鬱，所以韋伯「如同那個時代的氛圍般，承受了那個時代的病」。

佛洛伊德般的典型

某種程度上，大家都理解為何韋伯會於三十三歲時突然生病。韋伯的妻子瑪麗安妮寫有他的傳記，這被視為是最標準的韋伯傳。雖然也有人質疑以妻子的立場書寫是否會有偏頗之處，但裡面非常詳細地記錄了他的私生活。若先不管那是不是真正的原因，但讀了這本書之後，就可以很清楚地理解是什麼誘發了韋伯的憂鬱症。

那乍看之下，是極為私人的理由，是關乎家族的私人理由。但同時，這種私人因素在那個時代，也極具普遍性。

這是什麼意思呢？有一位和韋伯幾乎同時代的人，名叫佛洛伊德（Sigmund Freud，一八五六—一九三九），比韋伯大八歲。關於佛洛伊德，在後面我會把他當作一位社會學家來介紹，因為若不將佛洛伊德放入社會學者中，社會學就會變得非常的貧乏。從結論來說，韋伯的精神官能症，是典型的佛洛伊德症狀，也就是典型的伊底帕斯情結，甚至可以放到精神分析教科書上當作案例，極端典型到會讓人覺得「居然可以如此符合」的程度。

比起韋伯，佛洛伊德有更多獨創的學說，但說法經常改變，不禁讓人想問：你的想法到底是什麼？但即使如此，他還是一邊做臨床實驗，一邊思索人類各種心理結構。

佛洛伊德打算就人類的心理結構寫出普遍化的理論，但我們還是必須要把佛洛伊德的理論本身，放在社會性的相對位置來看，也就是說，這理論是十九世紀末期到二十世紀初期，狹義來說是維也納的心理結構，廣義來說是具西方特色的心理結構。

換言之，佛洛伊德怎麼樣理解心理這件事情本身，就是在述說一個時代。而在佛洛伊德描繪出了伊底帕斯情結典型案例的情況下，馬克斯．韋伯得了精神官能症。順帶一提，佛洛伊德本身也有和馬克斯．韋伯極為相似的伊底帕斯情結。

無論如何，我們能夠想像，佛洛伊德和馬克斯．韋伯某種意義上都是時代的典型。

社會學式憂鬱

我們說了兩件事情：韋伯在三十幾歲時陷入重度憂鬱，而且可以說，正因為憂鬱，他才寫下在真正意義上作為社會學者的著作。同時，雖然有些坊間傳記會說韋伯是碰巧才患病，但是將這個憂鬱放到時代脈絡中的話，卻可看作是一個社會現象。

從這兩件事情可以看出，應該是有什麼理由讓時代憂鬱了——雖然這只是一個假說，且是強行將這些事件普遍化後類推的結果。但我說過，憂鬱是社會現象。在十九世紀至二十世紀的轉換期，憂鬱是時代氛圍，同時襲擊了感受力豐富的學者和藝術家。換句話說，時代變得憂鬱，是有社會性的、社會學式的原因。韋伯也被這種病附身，還在其中發揮了令人震驚的社會學生產力。如果是這樣的話，或許可以建立一個假說：讓這個時代憂鬱的社會學原因，以及社會學式認知得以可能的理由，事實上指的是同樣一件事情。

當然，除了社會學之外，還有好幾個社會性的因素造成憂鬱。但這些因素和社會學認知得以真正成熟，很可能事實上都來自同一個基礎。

或者我們也能這麼說：韋伯得了一個不得不辭職的重病，而他在其中實踐了社會學。韋伯透過做學問與憂鬱戰鬥。所以，面對憂鬱這個時代之病，用來對抗它的精神工作就是社會學。

比起「韋伯個人的憂鬱」，我更將其視為「社會學式憂鬱」，我們後面會再思考這是怎麼回事。不過事實上，美國的批評家詹明信（Fredric Jameson，一九三四—）就曾將侵擾韋伯的憂鬱，與韋伯「價值自由的原理」，以及世紀轉換期這個「憂鬱的時代」，連結起來討論，本書在之後也會介紹。我前面的論述就是從詹明信的理論中得到了許多靈感。總而言之，我個人認為，韋伯身上的症狀可視為是「社會學式憂鬱」。我將這件事情放在最開頭，作為思考社會學歷史時的一個伏筆，或者說是一個線索。

社會學式提問——社會秩序如何可能？

接下來我們要繼續思考社會學的歷史。但在此之前，我想先定義「什麼是社會學」。要滿足什麼條件才會是社會學呢？

當然，社會學是關於社會事物的理論，但這個陳述只是套套邏輯而已。如果沒有底下講的那種感受，就很難學好社會學。

在現實中，有各種社會制度及政治型態，溝通也有各種各樣的形式。面對這些發生在現實中的事物，我們必須要感受到：「這些事明明發生在現實中，看起來卻有哪裡不對勁」，並質問：「為什麼會發生這種事情？」我們無法否定現實中正在發生的事情，但是面對它時，若沒有「好像哪裡不對勁」的不確定感，就無法產生社會學。

若我們「硬要」說明現在正在發生的事物，我們思考的就是：「為什麼這件事情會發生？」、「明明看起來不會發生的事情，為什麼發生了？」這種感覺是個前提。若對於現在發生的狀況，沒有「發生了不對勁的事情」的感受，就無法達成社會學這門科學。

我會更仔細地說明。

首先，若要判斷一門科學是否獨立、是否能說是一門特殊的科學，其判斷基準是：這門科學是否有一個固有的主題。

以社會學來說，先有「對於現在正發生的社會現象，感到某種不確定感」，那麼這種時候，會產生怎樣的主題呢？所謂社會現象，簡單來說，就是某社會秩序生成，或某社會秩序崩壞。為什麼會有這些社會秩序（而且這裡的秩序在廣義上也包含了崩壞的秩序，所以社會秩序或許也可以稱為反秩序）？為什麼這種秩序能成立？換句話說，「社會秩序如何可能？」就是社會學固有的主題。

二十世紀後半有位重要的社會學者尼可拉斯・魯曼，他會在本書最後登場；他講過和我現在描述的內容相同的東西。他說：一門科學為了要擁有普遍性和統一性，必須要加入反省的模式，將這門科學固有的主題本身也變成一個主題。換言之，我們必須反省固有主題成立時的條件本身。以社會學來說，固有主題就是社會秩序，當我們開始提問「社會秩序如何可能」的時候，社會學就會獲得統一性和普遍性。

我們可以用非常寬泛的定義來思考這裡的「社會秩序」。最典型的，當然就是現在眼前的社會秩序，例如去提問：「戰後的日本社會如何形成一個擁有獨特精神的社會？」或這也可以是過往的事物，像是：「為何日本會有封建社會？」又或者也可以是可能產生的社會秩序，也就是現在還沒發生、尚未誕生的社會秩序，例如：「假設真正的共產主義社會於現實中不存在，那麼叫做共產主義的這種社會秩序如何才有可能？」等等。叩問社會秩序如何可能？為什麼曾經可能、未來可能發生嗎？這是社會學的普遍主題，包含了現實的事物、可能的事物，或是未來及過去的全部事物。

當然實際上個別研究中會有更特定的主題，但那主題的背後，最基礎的底蘊就是「社會秩序如何可能」；這個提問，創造出名為社會學的學科。因此，當這個問題成立時，也就是社會學誕生之時，更是社會學作為一個學門成熟的時候。

兩個部份的問題

在「社會秩序如何可能」的提問中，又可以細分成兩個部分。

其一為「個人與個人」的關係。更嚴格來說，是指某行為與行為間的關係，或是溝通與溝通間的關係。

個人與個人的關係，或是行為與行為間的關係有特殊的形式。舉例來說，現在我在說話，大家為何會一直沈默地聆聽？這種關係之所以成立，若沒有各種相對應的背景情境，是不可能成立的。總而言之，某種關係創造出一種形式，但這又是為什麼呢？這就是這個部分要問的問題。

更準確地說，為了讓每個人、每顆心、每個世界能夠有所歸屬，每個個人之間有一種叫做秩序的關係成立了。人與人之間有秩序，意即，在很高的機率下——同時包含了容許範圍內的誤差——吾人對其他人的期待會被滿足。這樣的關係如何可能呢？

另個部份的問題是，社會秩序的整體性和每個個人（諸種行為）間的關係。講得更淺顯一點，就是將問題設定在「社會與個人」的面相上。某行為或個人作為一種要素，不斷地在社會上出現又消失，像是行為發生後就馬上消失，個人不斷地進入社會又離去，或是誕生而後又死亡。這些要素反覆地生成及消失，但關係的整體，也就是社會認同，卻一直存在著，這是為什麼呢？此時，要素和整體社會間有怎樣的關係成立了呢？像是，即使現在活著的日本人依序地死去，日本社會卻還是會維持下去，此時叩問的就是「要素與整體」的問題。

更進一步地說，當要問「〇〇如何可能」的問題時，最重要的態度是「雖然現實有這件事情，但那看起來就像是奇蹟一樣」。如果把發生的事情看作不需要說明、理所當然的事物，那麼這件事就不會成為探究的對象。即使是現實存在（或是業已存在）的社會秩序，我們依然要能看到它所擁有的某種不確定性。社會學中稱這種感受叫「偶然性」（contingency），這是一個重要的社會學用語。雖然我特別喜歡這個詞彙，但要理解它十分困難，所以無法成為日本人的日常用語，在一般的對話中我們不太使用「偶然性」這個詞。

未來我還會再說明偶然性。這個詞代表了「不是必然的」，否定必然性的同時，也表示了可能，也就是否定不可能性。所謂的偶然性，不是必然，也不是不可能，所以即使現實中存在，也不能視為必然，這就是偶然性。「明明也有其他可能」的這種感受，正是偶然性的重點。

事實上，當我們提問「X如何可能」時，重要的是把X視為偶然的事物。明明X也可以是別的事物，但為什麼變成現在這個樣子？

換個更嚴謹一點的說法，如果我們缺少將現實的社會秩序置換為他者的認知，那麼就不會有社會秩序如何可能的提問。換句話說，社會學之所以能夠成立，就是感受到日常事物的「不確定性」（非必然性）。

將這些事情說清楚後，我們終於要正式開始講社會學的歷史了。

I

社會學的誕生——作爲現代的自我意識

1 古代的社會理論　亞里斯多德

人是天生的政治動物

先前我就一直以理所當然的口吻說：「社會學是現代的產物」；我們先來確認這件事情是否為真。

例如，像是「社會秩序如何可能」這類的提問，傳統社會（距離現代社會十分遙遠的過去）的學者或思想家難道沒有思考過嗎？

若要逐一檢視的話工程太過浩大，所以我們僅回溯西洋思想史，挑出一位重要的學者，試著思考這個問題。這位人物就是亞里斯多德（西元前三八四—三二二）。

該說亞里斯多德是位超級學者嗎？總之他是個什麼科學都研究的人。從今天的觀點來看，由亞里斯多德所開展的領域，當然有人文科學，還有一些與自然科學相關的研究。

當後人在撰寫包含了社會學、政治學等在內的社會科學類知識之歷史時，亞里斯多德也經常被認為是踏出第一步的人。亞里斯多德的名言是「人是天生的政治動物」，其中政治動物的希臘語為「Zōon politikon」，英文寫成「political animal」。這是亞里斯多德非常有名的命題。

如此看來，從亞里斯多德的階段開始，人類就已經在討論社會性、政治性的層面了，所以也有人認為，從這裡開始，類似社會學式的思考已經萌芽了。

在此我想討論的是，如果硬要在亞里斯多德中找出類似社會學的東西的話，會有什麼結果？這樣一來，我們就能明白固有意義下的社會學，和在那以前的思考，兩者有什麼樣的不同。

這裡我想先繞道講另一件事。「Zōon politikon」直譯的話是「城邦（polis）的動物」，但因為「城邦的」會讓人搞不清楚，所以才勉強翻成「政治的動物」，而且我前面講過，人們理所當然會覺得：因為是「政治的」，不就等於是在說「社會的」嗎？確實，這個命題經常會被解釋為：「亞里斯多德把人類稱作社會動物」。也就是說，在介紹這個命題時，「social animal」和「political animal」幾乎被當成同義詞。

但是卻有一位二十世紀的知名學者對於「politikon」同時被翻譯成政治的與社會的而感到很生氣，她就是漢娜・鄂蘭（Hannah Arendt，一九〇六－一九七五）。她生氣之處在於：這個詞彙本來在希臘語中是「政治的」，但卻在拉丁語中被翻作「社會的」，因此，「政治的」這個語詞失去了其中所隱含的重要意義。

她對於使用「社會」和「政治」這兩種詞彙有非常嚴謹的區分方式，因為她使用這兩個詞彙時幾乎是相反的意思，所以完全可以理解她的憤怒。

鄂蘭寫道：Zōon politikon的politikon被翻作social，是從塞內卡[1]時代以來就有的事情，而讓這個翻譯變得屹立不搖的罪魁禍首，就是湯瑪斯．阿奎那（Thomas Aquinas，約一二二五—一二七四）。湯瑪斯．阿奎那於中世紀介紹亞里斯多德時，將Zōon politikon翻成「社會動物」。

但可能是抱持著懷疑的態度，也可能是覺得湯瑪斯．阿奎那被鄂蘭批評有點可憐，所以日本當代社會學家市野川容孝嘗試調查了湯瑪斯．阿奎那是否真的需要為此負起責任（見《社會》，岩波書店）。結果，雖然湯瑪斯．阿奎那真的有這樣翻譯，但他基本上是使用拉丁文「civilis」，這詞比起social更常出現。

湯瑪斯．阿奎那將亞里斯多德的「politikon」翻成「civilis」，這和「social」稍有不同。「civilis」和「civilization」相同，都是從「civitas」而來，「city」也是從「civitas」演變而來，所以指的是城市或城市國家的意思。「politikon」原本直譯的話就是「城邦的」，像湯瑪斯一樣用「civilis」翻譯的話，意思就會變成「城市國家的」，因此他絕對沒有扭曲亞里斯多德的意思。市野川贊同湯瑪斯，認為他的翻譯汲取了亞里斯多德的真意。

友愛關係和敵對關係

言歸正傳。那麼亞里斯多德的思考中，是否帶有用現在的眼光看來可說是社會學的部分呢？

確實，亞里斯多德的想法中並非沒有出現類似社會學之萌芽的部分。先前我說過，「社會秩序如何可能」這個問題，可以分成兩個部分的問題，也就是「個人與個人的關係」、「個人與社會的關係」。

若從這個角度來看亞里斯多德，的確在他的思考中，有分別對應到「個人與個人的關係」及「個人與社會的關係」的部分。倫理學對應的是「個人與個人的關係」，也就是《尼各馬可倫理學》（*Nicomachean Ethics*）；《政治學》（*Politics*）則對應到「個人與全體社會的關

1 譯註：塞內卡（Lucius Annaeus Seneca，約西元前四年—西元六五年），古羅馬時代著名的斯多噶學派之哲學家、政治家、劇作家等。

係」。

不過無論是倫理學也好、政治學也好，亞里斯多德認為最理想的社會關係，就是「友愛關係」（希臘語為philia）。這件事無論哪本教科書中都有寫，但此處我們必須進一步思考。

為何亞里斯多德會想要討論這件事情？亞里斯多德努力寫下什麼是最理想的關係、什麼是友愛關係。為什麼這件事情會成為一個問題？

因為，在亞里斯多德生活的社會中，什麼是友愛關係、什麼是敵對關係，並非不證自明的事情，也就是無法理所當然地區分友愛關係與敵對關係。他的知識型態，是構築在這種區別仍混沌不清的狀態之上。他就生在這樣一個時代當中。那麼，我們必須思考的就是，那是一個什麼樣的社會呢？

無論什麼領域，亞里斯多德的科學都是單一目的論的結構：他一定會設定一個最理想的狀態，或像是終極目標的東西。如果他正在討論的對象，完全成就其事物的本質，那就會達到所謂的終極狀態。他會根據對象與終極目標間的關係，測量出各種研究對象到達什麼程度，是否實現其本質或是目前情況有多理想等等，他會給予研究對象一個座標，測量對象與終極狀態間的距離。

可以說《政治學》也是在講一樣的事情。裡面有各種共同體，其中最理想的終極共同體是城市國家（城邦）。根據亞里斯多德的理論，即使存在著許多共同體，但能夠實現「人類的幸福」這項終極目標的共同體只有一種，那就是城邦，城邦是匯集所有共同體的卓越共同體。亞里斯多德根據其他共同體和城邦的關係，測量出其他樣態的人際關係及其他共同體的理想狀態有多不成熟。也就是說，所有的共同體都還在朝著城邦發展的路途上，《政治學》的性質就是以城邦為基礎。

《倫理學》的基礎也是相同結構的目的論，其中的友愛關係對應於《政治學》的「共同體」。友愛關係有以下三個種類：以實用為由的結交、以快樂為由的結交，還有——雖然這有點曖昧模糊——為了友愛的結交，又被視為完全的友愛。和完全的友愛相比，單純為了實用或快樂的友愛關係是劣等的。每個人自律且個人之間有平等性是完全友愛關係的特徵，這種關係被視為是所有友愛的關係的集大成，所以《倫理學》也是目的論的結構。

無論在倫理學還是政治學，亞里斯多德都特別以「友愛關係」當作主題，我認為這件事情本身就意味著，他所生存的社會當中，友愛關係和敵對關係並非不證自明的事情。當時希臘的城邦處於這樣的狀態。

例如，在城市國家以前的部落社會，就不會出現同亞里斯多德般的思考。在這個時代中，誰是親戚、誰是自己的夥伴，是十分清楚且理所當然的，「什麼是真正的友愛關係、什麼是敵對關係」這種事情不會變成一個主題。到底我們的夥伴是誰？到底什麼關係近似真正的友愛關係？唯有成為了城市國家、各種各樣的人匯聚在一起時，這些事情才會首次變成一個主題。我們從亞里斯多德的研究中可以明白，他身處的城邦已經是如此複雜的社會了。

序列化社會

還有一件重要的事情，那就是亞里斯多德的哲學之所以會是目的論的結構，有某種社會學式的理由。

亞里斯多德設定了最理想的政治體制以及最理想的社會關係，他就一定會將各種事物按照等級分類。這是為什麼呢？如同魯曼曾經指出的，因為亞里斯多德身處的社會，用社會學用語來形容的話是「層級的」——因為「階級」我想用在別的地方，所以使用「層級」或「階層」這類的詞彙——簡言之，是按照身分排序的社會，而這種社會和目的論的思考模式非常接近。

要講得更清楚直白的話，在亞里斯多德的腦海中，世界看起來是由下而上發展的序列化構造。最理想的狀態位於頂點，其他事物則由下而上排序，社會本身就是這種構造。事實上，只有在層級序列中位於頂部的人們，才能達成城邦協議並帶來和平。關於自我的論述也是一樣，在序列化層級中，自我最優秀的那部分才會誘發他者的善意。將這種層級結構投影到時間軸上，就會變成目的論。

因此，若要再總結一次的話，亞里斯多德哲學中出現的社會系統，反映的是層級的序列化城邦及擁有身分秩序的城市國家。如此，亞里斯多德的哲學本身就可以用社會學的方式解讀。

還沒有社會學

那麼，亞里斯多德的科學本身，已經可以說是社會學了嗎？滿足作為社會學的條件了嗎？以結論來說，亞里斯多德的倫理學（「個人與個人的關係」）和政治學（「個人與社會的關係」），確實與社會學的基本主題有對應關係，但是這個階段還不能說是社會學。為什麼不是社會學呢？為什麼我們在評價亞里斯多德的時代時，會認為「社會秩序如何可能」這個提問尚未成熟呢？

這是因為亞里斯多德的思想，依附於他實際生活的現實城邦中。在他的思想中，他將自己從城邦社會獲得的感受，理所當然地視為是人類或共同體的應有本質。例如，「最理想的社會是城邦」，指的就是他自己生活的社會本身，這是最理想的狀態，其他社會都會朝這個目標前進，他對此沒有任何懷疑。

但社會學應該要有的感受卻是，面對自己存在的現實社會，即使某種程度上感覺舒適，也不能認為那是理所當然、事物不必然會變成那個樣子。亞里斯多德則是已經假定了自己身邊所存在的人際關係或共同體的狀態是本質，當然，亞里斯多德本人可能對於這個假設也曾深刻反省並認真思考過，但從社會學已經十分蓬勃發展的現階段來看，這是屬於當時社會的人武斷的假設。

確實我們在亞里斯多德的思想中，能夠看到類似於社會學的提問，但是卻看不到他質問這種普遍的社會秩序本身如何可能。因為亞里斯多德認為無論是什麼樣的社會秩序，只要朝著理想成長的話，最後就會變成城市國家或是變成友愛關係，這被視為不證自明的事情。

如果要再指出一個亞里斯多德理論上的缺點，就是在他的思想中雖有針對這兩個部分發問，但他卻沒有意識到這兩者間的相連關係。他沒有自覺到這兩個部分其實是同一個問題的兩個部分，他只是把它們當作完全不同的問題來思考。

因為上述的原因，在亞里斯多德的階段，可以說還沒有社會學。

2 社會契約的思想 社會學前夜

2-1 自然法的理論 胡果・格老秀斯和帕斯卡

自然法

雖然我想從亞里斯多德的時代起始，然後一口氣逼近社會學的時代，但是在這之前，我們還是稍微先來談一下歐洲的古代或中世紀。這個時代，也還沒有人在我們所謂社會學的意義之下，去質疑社會秩序的可能性。

為什麼沒有人提出質疑呢？這裡有個清楚的原因，那就是自然法變成了前提。

自然法（natural law）是什麼意思？簡單來說，自然法就是「從人類本來應有的狀態出發而成立的普遍法則」。此處的nature，比起自然環境的「自然」，更貼近「天性」。無論是古代還是中世紀的思想，前提都變成是「存在著從一種人類本來應有的狀態出發而成立的普遍法則」。

例如，我們會說在古羅馬，有自然法以及其他像是市民法和萬民法的東西，而其中自然法是最偉人的。市民法是關於國家的法律，萬民法則像名稱中「萬民」所暗示的那樣，是每個不同民族所擁有的各種法律（各民族之法）。羅馬法的思想為：既有國家成立之後所訂定的法律，也有基於每個民族習慣所創的法律，而在它們之上還有自然法，如此，就能達成普遍且妥善的狀態。

在此我想舉一個例子說明什麼是自然法，這是比羅馬法還要古老的希臘故事。古希臘劇作家索福克里斯有一部著名悲劇《安提戈涅》（*Antigone*，或譯《安蒂岡妮》），這位悲劇主角安提戈涅就是那位伊底帕斯的女兒。

安提戈涅的兩位兄長為爭奪王位，彼此成為了敵人，其中一位哥哥波呂尼刻斯，借助了鄰國阿爾戈斯的力量，從外圍攻進城邦。很可悲地，他因此被視為城邦的敵人。另一位哥哥厄忒俄克勒斯則身在城邦內，兩人分別作為城邦的敵人及友軍，彼此交戰，最後兩邊都戰死了。

此時，登上王位的克瑞翁（安提戈涅的叔父）認定波呂尼刻斯因從城邦外進攻，故為城邦的敵人，並以此為由命令其他人不准替波呂尼刻斯弔唁及安葬，任由他的屍體曝曬。在那個時代，沒有安葬死者是無法想像的，對一個人來說沒有比這更屈辱的事。

所以安提戈涅拒絕接受國王的命令，並違反命令將哥哥正式地安葬。

這是市民法和自然法的差異。也就是說，因為國王的命令所以不能舉行葬禮，這是市民法，也是城邦法。與此相對，安提戈涅則遵循了自然法。自然法效力比市民法更強，也較為普遍且妥善，所以國王無法對此說三道四。

雖然自然法在基督教以前就存在，但基督教進入後，自然法就有了神學的解釋。亦即，所謂自然法被解釋成是上帝所訂定的法律（神聖法）；而與自然法相對地，人類所訂定的法律則被稱為實定法、人定法等，但都在自然法之下。

在這種情況下，自然法（神聖法）作為不證自明的前提存在於社會中。所以人類應該要遵從這個法律生活，沒有必要去煩惱「社會秩序如何可能」的問題。

在古代和中世紀，關於社會秩序的提問，從根本上被封印了起來。在以自然法為前提的瞬間，這問題的本身就消失了。

「即使假設上帝不存在」

但是，從十七世紀左右開始，出現了變化的徵兆。

十七世紀的荷蘭有一個人叫做胡果．格老秀斯（Hugo Grotius，一五八三—一六四五），他生於荷蘭最強盛的時期，是經常出現在法律史的重要人物，被稱為「國際法之父」，也被叫做「現代自然法之父」。他寫了一本著名的書為《戰爭與和平法》（*The Rights of War and Peace*，一六二五年），在其中他寫有如下引人入勝的話語。

根據他的說法，基本原理有兩種。一種是人類所擁有的自然權；所謂自然權的意思是，即使法律沒寫，人類也理所當然擁有的權利。另一種原理是，不可以在非必要的狀態下侵害他人的生命和財產。這兩種原理都是自然法，也是自然法中最重要的內容。

這兩種原理在廣義上都與所有權有關。格老秀斯說，什麼是自己的東西？首先就是自己的身體。在此之上，還要謹守自己的東西及他人東西的界線，不能侵犯，這就是自然的原理。

此處一定要提到的是，在這段之後，格老秀斯加了一句非常有名的話——

「即使假設上帝不存在，或是上帝不在乎人類之事，這兩個原理仍舊成立。」

這就是那句有名的話。在此之前，按照基督教的脈絡，自然法是上帝所訂定的法律，且正因為是上帝給予人類的東西，所以自然法之成立是絕對的。對此，格老秀斯卻說，即使假設上帝不存在、或是假設上帝存在，卻可能不在乎人類，無論如何，這兩個原理都會成立。

一般的解說會以此認為，在中世紀以前都以上帝為前提的自然法，至此轉移成無上帝的自然法；但此處我想附上一個重要的但書。

格老秀斯的看法的確是嶄新的論點，但如果只是因為他這樣說，就認為「終於出現在無上帝狀態下亦成立的自然法了」，那麼這想法也太過天真。

我認為應該要這樣理解。

首先，原本他說這句話的時候，就意味著他已認真思考過上帝是否真的存在，是故這反而讓人感覺到他對上帝的執著。順帶一提，格老秀斯也是位神學家，他不可能認為上帝不存在。

若把格老秀斯想說的話用譬喻的方式表達的話，會像下面這樣。

例如，大家在學校玩的時候，老師會說：「不可以這樣做！」然後當老師不在的時候，有同學想做壞事，其他同學就會警告他說：「即使老師不在，你也不能這樣做！」

我認為和這個狀況是一樣的。換句話說，老師不在的時候，也要視為和老師在的時候相同。「即使老師不在，你也不能這樣做！〇〇同學！」當優等生這麼說的時候，並不是代表「沒有老師！」、「老師根本無所謂！」而是，即使老師不在，規則依然成立，所以老師不在的時候，事實上也等同於存在。

即使上帝不存在或是上帝不在乎人類，這些規則仍然成立，意思和這裡的老師一樣；上帝不在的時候，事實上也等同於存在。所以格老秀斯所說的是，即使上帝不存在，也要認為祂存在，然後才行動。因此，當格老秀斯說這句話——即使假設上帝不存在，或是上帝不在乎人類之事，這兩個原理仍舊成立——的時候，上帝仍然有絕對而莫大的權力。

帕斯卡的賭注

有位和格老秀斯幾乎同時代的人，名叫帕斯卡（Blaise Pascal，一六二三－一六六二）。格老秀斯和帕斯卡所說的話，兩者並行不悖。

帕斯卡是位虔誠的基督徒，信奉詹森教，那是最像基督教的天主教。如同各位所知，他在科學上有多項貢獻。他和笛卡兒是同時代的人，也是彼此的競爭對手。帕斯卡好幾次都因為笛卡兒而感到憤怒，認為他寫的東西是對上帝的褻瀆。

這位帕斯卡，有一個著名的思想實驗叫做「帕斯卡的賭注」。

要如何讓不相信上帝的人信仰上帝呢？在西方一般的認知中，他們會先想辦法證明上帝存在。證明了上帝的存在為真理之後，再引導無神論者信仰上帝。湯瑪斯．阿奎那等人一生都在努力證明上帝確實存在。但是，帕斯卡卻不先證明上帝存在，他使用了別的方法，也就一種名為「帕斯卡賭注」的遊戲。

因為帕斯卡是極度虔誠的人，他是抱持著想要證明上帝存在的心態提出這個遊戲，在某個意義上來說這是非常虔誠的思想實驗，但是從另一方面來說，這個遊戲也是一個冒犯上帝的思想實驗。這是什麼意思呢？

「帕斯卡賭注」要賭什麼，就是賭上帝存不存在。恐怕對當時的人來說，預設「上帝存在」的生活，與預設「上帝不存在」的生活，兩者有相當大的不同吧。帕斯卡促使大家思考，要押哪邊才有可能贏呢？

即使人們認為上帝「存在」，但也有「實際上不存在」的可能性；或是也有可能，人們認為上帝「存在」，而且上帝「果然存在」。如果是基督徒，就會在審判日那天知道上帝到底存不存在，但是在最後的審判來臨之前，人們是見不到上帝的。那麼要賭祂存在，還是不存在呢？究竟是哪邊呢？

以結論來說，帕斯卡認為，賭上帝存在，比較可能會贏。他的推論非常簡單。

首先，要押上帝存在還是不存在？先假設上帝不存在吧。在這種情況下，明明一直過著預設上帝「存在」的生活，結果無論過多久，最後的審判都不會到來。不過，這樣也不是什麼太悲慘的事情。

那麼預設上帝「不存在」而生活、實際上上帝也不存在的話，結果會怎樣呢？因為和預料的一樣，所以也不成什麼問題。

接著是認為上帝「存在」而活著，實際上上帝也存在的情況。這樣的人因為認為上帝「存在」而努力過活，值得慶幸的是上帝也的確存在，在最後的審判中，他會獲得上帝的讚揚，甚至能去到天國。

問題在於，實際上上帝真的「存在」，卻認為上帝「不存在」而活著的情況。這種狀況就像是學生認定老師不會考試，就沒有唸書，最後考卷卻真的發下來了，那就只能交白卷。這種人認為上帝不存在就任性地活著，結果事實上上帝卻存在，那麼在最後的審判中，他會遭受到不好的判決，也就是下地獄。

如此一來，若人們相信上帝「存在」而生活的話，無論上帝存不存在都無所謂。但是，若相信上帝「不存在」而生活的話，上帝真的存在時情況就會變得非常棘手。如果碰巧上帝不存在還無所謂，但倘若上帝真的存在，該怎麼辦？

換言之，這個賭局中，只要賭「上帝存在」的話絕對不會輸——這是帕斯卡說的。他的想法和格老秀斯所說的其實是同一件事情，也就是「雖然上帝可能不存在，但請假定祂存在」，意即，即使上帝實際上不存在，但既然人類已經預設「上帝存在」而活著，那麼在實際問題上就等同於「存在」。格老秀斯也應該放在這條線上解釋——「即使上帝可能不存在，但要當作上帝存在，將兩個原理視為妥適之理」。

我想表達的是，在格老秀斯的階段，上帝依然是前提。在這個階段中，絕對不會出現社會學式的思考。雖然格老秀斯說了一段像詭辯般的話，但他的本意是「等同於上帝存在」。在受這種思考模式支配的期間，人們是無法朝社會學踏出第一步的。

2-2 霍布斯的社會契約

從「萬人對萬人的鬥爭」開始

在格老秀斯不久後，一位叫做湯瑪斯・霍布斯（Thomas Hobbes，一五八八－一六七九）的人物，帶來真正的思想大爆炸。

霍布斯是第一位將上帝不存在當作前提，或至少可以說是完全無視上帝存在而創建理論的人。他於一六五一年寫下《利維坦》（*Leviathan*）這本知名著作。

在這本書中霍布斯踏出重要的一步，也就是他的思考不以自然法作為前提。

對於剛才提到的格老秀斯來說，兩個原理是事物的根源：人類擁有自己生存的權利，且不能侵害他人的生命與財產；如此一來，就能確實保有最低限度的秩序。但霍布斯是如此思考的：人類本來的權利，只有維持自我生存的自然權，至於他人的生命、財產，並非從一開始就與自身相關。也就是說霍布斯只拿格老秀斯的兩個原理中的前者作為前提。

此處，我來為大家介紹有名的霍布斯理論。

首先，因為有自然權，所以只要是人類，就有權利為了活下去而做任何事。人類只有這項權利。在霍布斯的想像中，在這種狀態下，人們都會把自己的生存擺在第一位，不會去管別人會變得怎樣。假設只有一份食物，但大家都有活下去的權利，所以即使殺了其他人也要獲得那份食物，結果就會變成「萬人對萬人的鬥爭」，以血洗血的鬥爭狀態——

我們馬上就能明白，在這個瞬間發生了本末倒置的狀況。我們是為了什麼而有自然權？為了自我的生存。目的是為了守護自己的生命。結果每個人行使了自然權，卻變成大家都活不下去的狀態，連最低程度的生命安全都受到了威脅。

因此，接下來，我們先順著霍布斯所言來試著摸索他思考的路徑。

霍布斯說，人們為了自我防衛，會以「別人也會這樣做」為前提，最後不得不放棄自然權。大家行使權利會發生戰爭，所以會以「如果你放棄的話，我也放棄」的形式，放棄自然權。這是一種契約的形式。

只是，如果這個契約沒被絕對遵守的話，大家就傷腦筋了。所以會需要強制力，也就是需要一個像權力裝置的東西。

於是，人類賦予一位人類或是能夠當作權力裝置的制度——實際上就是君王或擁有主權的人——這個權力，強制「大家放棄自然權」。霍布斯用聖經的怪物「利維坦」來比喻被賦予權力的單一人類，簡要來說，利維坦就是指國家。

換言之，所有的人本來都有自然權，但大家放棄了自然權，只有唯一的利維坦（也就是國家機器）擁有強制人民的權利。這樣一來，人類不就可以和平共存了嗎？

這就是霍布斯有名的立論。

而這正是關於某種秩序如何可能的討論。

社會契約的現實

讓我們來針對幾點做更詳細的確認。

這個理論有什麼劃時代的地方呢？首先，他的起點是每個人都是平等的。每個人都平等地擁有自然權，這是霍布斯和亞里斯多德不同的地方。亞里斯多德以人類有層級為前提，生活中能夠好好友愛他人的人，和無法獲得真正友愛關係的奴隸，是被分開看待的。社會系統是以階級制度作排序，這是亞里斯多德理論的前提。

但是霍布斯不同，他的前提是人人平等。當然霍布斯的時代是君主專政的時代，實際上有王也有貴族，但理論上他是以平等為起點，這點很重要。即使現實的社會系統還是階層式構造，但他認為那不是人類原本的應有狀態。意即，支撐在霍布斯的理論背後的是一種預感，認為階層式系統會崩壞、這種社會制度不會永續下去。根據霍布斯的理論，階層化——每個人和利維坦間的階層——是在契約之後才形成的。

日本經濟學者內田義彥曾以國家（或君主）與個人間的「舉證責任之轉換」，來描述霍布斯所帶來的轉變。例如，亞里斯多德將人類看作是「政治動物」，城邦決定了人類有沒有達到最完美的狀態，如果活在城邦中，人類就是在好的狀態。相對的，霍布斯的理論則是：國家存在的理由取決於個人；是個人讓國家存在的。

雖然霍布斯的理論是非常概念性的，但還是與現實社會有所連結。舉例而言，十七世紀的時代，清教徒前往「新大陸」，他們就真的在那裡締結社會契約。對我們來說，社會契約不過單純是腦海中的概念，但新大陸的拓荒者真的就在十七世紀締結社會契約。所以霍布斯做的研究，也是曾在現實社會中發生的事情。

霍布斯本身是英國人，他生長的時代正好是清教徒革命的時代。霍布斯在當時被視為危險的思想家，他的學說被保王派視為胡言亂語，清教徒也認為他的討論中沒有上帝的存在，是一種褻瀆。無論哪邊都討厭他。

但是客觀上來說，霍布斯是接近保王派還是清教徒呢？他明顯是清教徒。因為他沒有把既有的君權視為不證自明，而是用別的方式，以人類平等為前提說明君權。在這層意義上，面對傳統的王權，他比清教徒還像個清教徒。

所以，當時的歐洲發生清教徒革命，抵達新大陸的人們，就用霍布斯的理論說明他們在現實中所做的事。在這個意義上，理論與現實產生了連結。

漢娜．鄂蘭曾說，霍布斯的理論是第一個適用於布爾喬亞的理論，他在第一步前提中，就十分基進地解除了身分制的階層排序。鄂蘭認為，布爾喬亞的自我認同在十九世紀中正式登場，但霍布斯已經率先提到了其中的核心部分。

不過我還是希望大家不要太過拘泥於霍布斯理論與現實社會間的對應關係。霍布斯的社會契約論，原本就不是為了說明現實而產生的理論。

「霍布斯問題」

但是，霍布斯的理論確實是對「社會秩序如何可能」這個提問的一種回答，這件事情無論如何都必須寫進社會學歷史的教科書中。霍布斯的理論不完全是社會學，但可以說是社會學以前的社會學、原初的社會學——雖然還沒有誕生，但已經懷胎了。我認為可以這麼說。

後面進入二十世紀時，我們會提到一個人：塔爾科特・帕森斯（Talcott Parsons，一九〇二—一九七九），他是一位連結了戰前與戰後的社會學者，是非常重要的人物。這位帕森斯，將社會學中「社會秩序如何可能」的問題命名為「霍布斯問題」，可見霍布斯理論中含有邁向社會學式問題的重要一步。

帕森斯將霍布斯的理論，解釋為「功利主義價值觀」的最純粹形式。所謂功利主義價值觀，意味著人類會合理地行動（選擇最適當的手段），將自己的快樂與滿足最大化。霍布斯以此為前提嘗試說明社會秩序。

那麼，霍布斯的理論成功了嗎？如果將功利主義的理論叫做U，那麼霍布斯的理論結構是這樣的：

以功利主義為基礎的某理論U→社會秩序

帕森斯說，霍布斯或許自認這個理論很完美，但事實上仍有缺點。在帕森斯的想法中，光是只有功利主義價值觀，無法完美地說明社會秩序，一定要在功利主義的價值觀中再附加其他什麼才行。

這樣一來，所謂的社會學，就是需要別的原理X來抑制功利主義價值觀U，或讓其產生形變。可以說，找出別的原理「X」，就是社會學。事實上，帕森斯就是這麼想的。

我們也會討論霍布斯理論是否可行，不過在那之前，我還想提一件事情。

在標準的思想史教科書中，提到社會契約論時，還有幾個人的名字會與霍布斯同時提到。其中的代表人物就是同為英國人的約翰．洛克（John Locke，一六三二—一七〇四）。讓我們先比較約翰．洛克的社會契約論和霍布斯理論，再進一步思考霍布斯理論的妥適性。

是否以上帝為前提

洛克也有屬於自己的類社會契約理論，但是洛克和霍布斯有幾點不同。

首先，最明顯的差別是有沒有以上帝為前提。

霍布斯姑且算是不以上帝為前提，雖然我們不知道霍布斯自己有多信仰上帝，但至少在當時，他被稱為無神論者而遭到強烈批判。換言之，他不像格老秀斯一樣用修辭學舉出上帝不存在的例子，霍布斯是真的創造出無上帝的理論。

與此相對，洛克則明確地以上帝為前提。

洛克於一六九〇年出版了被稱為「政府二論」的政治相關理論，在這兩個理論中，他開展了獨特的社會契約論，因為這是兩篇論文合併在一起，所以被稱為「二論」，而對我們來說值得一讀的是後半部分。

洛克非常重視所有權。在每本哲學史或思想史的教科書中，洛克都被視為是論所有權的王者。他的思考是如何呢？

首先，「你的身體理所當然是屬於你的」。換言之，身體無疑屬於自己，這是洛克理論的起點。接著他說，「使用這個身體，於外部自然勞動所獲得的東西，就是你身體勞動的產物，這也是屬於你的」。自己耕耘，然後得到一些收穫，這些就是屬於自己的東西；而要達成這件事的前提是：身體屬於自己。對人類與社會秩序來說，立基於這個基礎上的所有權是最重要的前提。

洛克與霍布斯最大的差異，就在於起點，也就是不同的自然狀態。

霍布斯認為，大家都會行使自然權，最後變成生與死的戰爭。但是洛克則覺得，即使在自然狀態下，社會也不會變得那樣殘酷，應該還會有些什麼辦法，即便是自然狀態，也不會變得完全無秩序。根據洛克所言，即使是自然狀態，人們也擁有自己的財產、家族，能夠自由地以相應的方式安全地生活。仔細思考的話就能發現，在格老秀斯的兩個原理中，霍布斯只取第一個原理作為前提，但是洛克思考的卻是兩個原理同時成立的世界。

即使這樣說，洛克的自然狀態也並不是指完美的秩序。仍會有次要的問題產生。簡單來說，是因為社會中有愚笨的人。這些不太聰明的人，他們對自然法沒有完整的理解，因此，才會發生紛爭。

即使發生了糾紛，在自然狀態下卻沒有法官。假使在這個狀況下出現了一個暫時性的判決，這個判決也不一定有實際效力。因為不存在能夠執行判決的權力。

洛克的說法是，雖然在自然狀態下有時會產生糾紛，但卻沒有解決的手段。所以在洛克的思考中，人們會想出辦法以應對這種不便的情況。

第一，人們會集合起來解決問題，成為「夥伴」。換言之，人們會先形成政治社會。第二，在這基礎上，透過政治社會大多數人同意，人們會將裁判權和執行權委託（trust）給一人或少數人，而被委託裁判權和執行權的少數人就是政府。

這就是洛克的社會契約。像前面解說的那樣，嚴格說來有二階段。首先，大家創造一個政治社會，透過這個方式相互確認夥伴關係，成為夥伴後，其中的少數人組成政府，其他人則將裁判權和執行權委託給他們，是這樣的構造。

因為霍布斯的理論太過激進，所以幾乎沒有人想將霍布斯理論照搬到現實中。雖然霍布斯在理論上給予後世很大的影響，但是卻沒怎麼直接影響到現實社會的實踐。

與之相對，洛克的理論被實際引用到現實中。在現代市民革命中，洛克理論成為革命實踐者的行動指南，或者，美國一些地方在起草地方社群法律時，也參考了洛克的理論。像這樣，洛克的理論影響著實際的社會。

洛克的思想在各種意義上都很穩健，這點相當重要。

在洛克那裡，政府的權力從眾人委託而來，所以要成立政府只有透過委託一途。相對於此，霍布斯的想法則是全權委任給利維坦。人們完全放棄自己所擁有的自然權，全部委任給利維坦。

洛克的政府能做的事情是有限的。在當時，信仰是特別重要的事之一，所以洛克主張每個人都有信仰的自由，政府不能對其加以強制。

像這樣，洛克想像的是一個特別溫順的政府。

洛克的抵抗權

洛克思想中的「抵抗權」，是任何一本教科書都會記載的重要概念。對於政府所言所為若不能接受的話，人們可以起身抵抗，這同時也是革命的權利。有抵抗權是非常好的事情，所以偏向自由主義的人們會給予洛克很高的評價。霍布斯就幾乎沒有抵抗權的概念，後來出現的盧梭也沒有，只有洛克提出來。

為什麼只有洛克提出抵抗權呢？

在霍布斯的想法裡，人們為了活下來將自然權委讓給政府（利維坦），但即使是政府，也沒有隨意殺害其支配下人民的權利，不然就本末倒置了。所以人民快要被政府殺害時，就會被允許抵抗，但是除此之外的情況，大家不能對這個自己人全部一致同意而創造出來的政府有所抱怨。無論政府想課多高的稅金，人民都不能有怨言。霍布斯派的思考認為，這個契約原本就是為了終結萬人對萬人的鬥爭，若是留給人們遇到阻礙時就抵抗的權利的話，鬥爭就不會停止。從霍布斯的觀點來看，抵抗權（抵抗不被政府殺害另當別論）不如說是契約的自我否定。

洛克不是這樣。人們無法接受政府的決定時可以抗議，這就是抵抗權。

但是這裡不能簡單地認為「洛克果然是自由主義者」。如同剛才所述，霍布斯派的想法是，若導入抵抗權，會形成契約本身的自我否定，讓社會契約論出現破綻；而洛克則是不認為導入抵抗權會讓政治社會的契約出現破綻。這是為何呢？為什麼只有洛克附上抵抗權的概念？箇中理由其實有嚴謹的理論根據。

這是因為洛克的理論是「有上帝的」，此為非常重要的一點。換言之，在霍布斯的思想中是不允許提到上帝的，因為前提就是上帝不存在。但是，洛克的前提是上帝存在，且上帝比政府還偉大。所以終極來說，（對政府的）抵抗是向上帝控訴（appeal to Heaven）。抵抗權就像是，從上帝觀點來評判政府的作為是否不合理。這世間的行為，最終都要遵從全宇宙的審判者、同時也是立法者的上帝的判決，服從或違反上帝之法，將會各有應報，獲得最大的幸福或不幸。如此一來，完全以利己動機而產生的抵抗是不可能會出現的。正是因為有這個前提，即使導入抵抗權，洛克認為政治社會也不會出現破綻。

因為這很重要，我想再簡單明瞭地說明一次。霍布斯的社會契約中沒有抵抗權，並不是因為霍布斯的政治意識形態較保守，而是理論內在邏輯的緣故，才讓他這樣說。人們為了終止萬人對萬人的鬥爭，才將自然權讓渡給利維坦，如果承認人們對利維坦有抵抗權，那麼鬥爭狀態就會復活。霍布斯的討論，在理論上是前後一致的，正因為前後一致所以才沒有抵抗權。

那麼，為什麼洛克沒有同樣的問題呢？假設今天有個審判，然後我不喜歡那個判決結果，我對那個判決絕對無法接受，所以我行使了抵抗權，如果變成這樣的話，好不容易締結的契約不就浪費了嗎？所以在某個意義上，洛克並沒有前後一致。

但是，洛克會說：「不不，沒關係，不用擔心這種事。」洛克是怎麼想的呢？因為此處「上帝」發揮了作用。

「如果不喜歡判決結果，可以抗議，但是上帝在看。」這個想法很重要。吾人可以和審判者抗議，但是在最後審判日，吾人能確實向上帝辯解嗎？問題在於，在上帝面前吾人是否能夠說明清楚。如此一來，如果人民沒有相當程度的信心，是不會對政府抗議的。因此，行使抵抗權只會出現在非常時期，「即使在最後審判日，我也會清楚地向上帝說明此事當中我的正當性」；如果不是這種時機，人民就不會行使抵抗權。因此，即使附加抵抗權，也不會變成社會被嚴重破壞的無秩序狀態，反而承認人民擁有抵抗權比較好，這就是洛克的理論。

霍布斯的一致性

洛克和霍布斯兩邊的理論都是幻想，是一種故事，不是根基於歷史的事實。因此，如果要說哪邊的故事較接近事實，那應該是洛克吧。換言之，「很久很久以前，在國家形成以前盡是死亡戰爭，出現大量的犧牲者，人們在不得已的情況下創造了國家」，這件事情在過去並沒有發生。當然以前有過戰爭，但在政府創立之前，人與人之間還是有一定程度的秩序。因此可以說，洛克的理論與經驗事實的一致性較高。因此，有些書會出現洛克的理論較好的說法，可是我認為不能這麼輕易地下定論。

用後來康德使用的詞彙來說，此處的問題不是「事實問題」（quid facti）。也就是說此非是否為事實的問題；這裡是「權利問題」（quid juris）。

所謂的「權利問題」是這樣的：假設我們討論「某件事如何可能」，此時，如果說現實中有某件事，那麼某件事很明顯即為可能，因為現實中存在。但即使現實中存在，理論上我們依然可以問「為什麼某件事是可能的」，這就是「權利問題」。

舉例來說，洛克也好、霍布斯也好，他們都承認能對應現實問題的社會秩序是存在的。但是，無論洛克還是霍布斯，他們也同樣都在思考：人類本來不是自由的嗎？儘管本來都是自由的，實際上卻沒有發揮全部的自由，所以看起來還相當壓抑。以霍布斯的觀點來看，這是「沒有完全地行使生存權」，從洛克的觀點來看，這是「更可能發生的糾紛消失了」。換言之，在理論上應該要發生的事情，於實際上卻沒有發生；要怎麼說明這件事情，就是「權利問題」。這個詞彙現在已經成為一種法律用語，但它的意思就是想要探究某些事情為何沒有發生的理論性理由。

因此，比較霍布斯和洛克時，沒有辦法認為誰比較接近事實。因為他們並不是想特別紀錄事實，他們想的是：若不這樣想，如果那樣想的話，可以嗎？

舉例來說，要如何正當化於現實中存在的政府？或是，想要批判的話，要用什麼理論才能批判到重點？他們想討論的是批判及正當化事物時的論據。因此我們必須考慮哪方的理論具有一致性。

這樣想的時候，霍布斯理論的前後一致性就比較高，也比較徹底。如同我講過好幾次的，為什麼會產生這樣的差異？就是因為洛克的解釋中，仍有一個向上帝控訴的過程存在，多虧了上帝存在，所以理論就說得通了，但反過來說，若省略了上帝，就無法導出結論。

我們不能像洛克一樣，將「因為害怕最後的審判日上帝會制裁，所以人民不會無限制地行使利己的抵抗權」當成前提。換言之，在洛克的討論中，他將理論上難以當作前提的東西放進了前提裡。相較之下，在霍布斯的討論中，理論的純粹性遠高於洛克。雖然以結果而言，霍布斯的理論比起洛克更像是想像，但也可以說他理論的一致性高。

總之，我們現在必須檢視的不是洛克的理論，而是霍布斯的理論。

用賽局理論思考

接下來，我們開始檢視霍布斯理論的妥善程度。

我以結論來說，事實上霍布斯的討論在理論上並非完完全全地一致，也無法完美地解釋。我必須說它有一個重大的缺陷。我們要怎麼樣思考才會發現呢？

在這裡我們可以借用賽局理論。霍布斯理論的設定，和賽局理論中的「囚徒困境」是相同的結構。

霍布斯的理論乍看之下十分明確。在自然狀態下，每個人都擁有自然權，最終都會殺掉另一個人，成為最壞的結果。因此，為了避免最糟的狀態，每個人將自然權讓渡給單一的主權者（利維坦），這是自然法找出的和平狀態。這個自然法採取「信約」（covenant）的形式：所有個人之間信賴彼此都會放棄自然權，並將之委託給身為第三者的主權者。

在這裡，對每個人來說攸關生死的事情是，其他人有沒有和自己一樣放棄自然權，如果只有自己放棄的話就麻煩了。所以首先，縱軸是我的兩個選項「放棄自然權」和「保留自然權」，橫軸是其他對手的兩個選項「放棄自然權」和「保留自然權」。

將這些選項相乘，會得到四種狀況。最好的情形是能夠用理論解釋當同時成立「我放棄自然權」及「對手也放棄自然權」的狀態（A）。為了在理論上說得通，所以必須以「功利主義的人類」為前提。換言之，合理行動的人們，為了將自己的利益最大化，最後選擇的結果就會落在（A）。

但其實並非如此，要證明相當簡單。

對我來說我有兩個選項。然後，對手也有兩種可能性，放棄自然權或者保留自然權。首先，在對手放棄自然權的前提下，我會怎麼行動

		他人的自然權	
		放棄	保留
我的自然權	放棄	A （10, 10）	C （0, 20）
	保留	B （20, 0）	D （2, 2）

呢？我當然是選擇保留自然權，對我比較有利。當其他人都放棄自然權，只有我保留自然權的話我會贏更多（B）。接著，在對手保留自然權的前提下，我會怎麼做呢？在這個情況中，如果只有我放棄自然權的話就完蛋了，我應該會被殺掉吧（C），因此這種時候我當然會選擇保留自然權（D）。

如此一來，無論對方選擇哪個選項，我都是保留自然權比較好。這就是賽局理論。因為對方也是同樣的思考方式，結果大家都選擇「保留」自然權。因此，如果前提認為每個人都是功利主義的人類，那麼實際結果應該是變成「誰都不放棄自然權」的狀態。

我在這個表上標示出獲利的欄列，讓矛盾感顯得更強。我將獲利的大小以數字比較，括弧內，左側表示我獲利的大小，右側是對方獲利的大小。

首先，A，如果兩邊都放棄自然權，雙方都獲得一定利益，以（10, 10）表示。B，對方放棄自然權，但我保留自然權，我就會大獲全勝，因此是（20, 0）。C，對方保留權利，我放棄的話，我就變成單方面被對方壓榨的狀態（0, 20）。D，我們雙方都保留自然權，變成相互鬥爭你死我活的狀態，在這個狀態下，對我來說比C好，對對方來說比B好，不過比起A來說則是損失慘重，為了要表示出劇烈變化的程度，大致以（2, 2）表現。

這就是典型的「囚徒困境」。困境在哪裡呢？仔細看表格的話，A明顯的比D好。對我和對方來說，A都是比較好的選擇，但如果雙方都合理地行動的話，實際上會實現的則是D。因為無論怎麼設想對方的選擇方針，對自己來說，一定是保留自己的自然權比較有好處，因此，對雙方來說，雖然明顯A是比較好的狀態，但事實上會實現的是D。

至少以理論思考的話，人們應該不會按照霍布斯的預想行動。換句話說，大家不會放棄自然權，創建利維坦，而是會繼續行使自然權，持續萬人對萬人的鬥爭至死。

所以，帕森斯說，要從D移動到A，需要功利主義前提以外的某個「X」。如果只以功利主義為前提，就會變成D，所以我們只能假設再加上某種前提後，情況就會轉移至A，如此一來才能初步地說明社會秩序。

「自然狀態」是「犯罪」

讓我們再進一步談論這個話題。從這裡開始是為了後續做重要的鋪陳。

我們看了整體的表格，會知道A比較好。但是在賽局中的當事者只能選擇「保留自然權」（D）。因為這部分比較難以理解，所以我再仔細說明。用賽局理論思考的話，明明應該會落在D，但無論是霍布斯自己或是許多人恐怕都覺得會落在A，這是因為大家看事情的前提與賽局理論的前提是不一樣的。那麼，是什麼不同的前提呢？

在賽局理論中，每位玩家思考要選擇什麼選項時，是從零的狀態開始。但是，當我們覺得A比較好、認為實際上會變成A的時候，我們已經打從一開始就以A狀態為前提了。我們將焦點放在A這個位置，從A的立場來看，D很明顯是有所損失的。

這是怎麼回事呢？這是因為霍布斯的理論，事實上並不是在討論秩序是怎麼形成的，他的起點是從秩序已經形成的狀態（A）開始。若從這裡開始思考，從這個立場來看的話，最糟的情況就會變成D。

現在，請把自己放到A的立場來思考。在這個位置上，對手若違背承諾，任意偷竊他人物品、殺人等等，用一般的話來說，就是犯罪。從A的立場來看，對手就是犯罪狀態。

換言之，無論是霍布斯也好，被霍布斯理論說服的人也好，事實上都在緘默中以A的立場思考事情。從A的角度來看，B、C都是一種犯罪狀態，看起來就是自己或對方變成罪犯。那麼D就是全部人都犯罪的狀態，B和C就是部分人犯罪的狀態。

因此，霍布斯的理論事實上可以得到一個結論，那就是所謂的自然狀態，就是全部人都在犯罪的狀態，類似犯罪普遍化的情況。所以，從「大家都是犯罪的狀態」轉移到「大家不犯罪的狀態」比較好。不可以被「自然狀態」這個說法所迷惑，事實上霍布斯是以「犯罪」的形象來思考「自然狀態」。犯罪普遍化的狀態等同於自然狀態，這點非常重要。

什麼是犯罪？犯罪可以視為走出法律之外，但事實上，我們並沒有走到法律之外。舉例而言，我們擅自偷了某人的物品，然後我獲得物品。但我之所以會認為「我是擅自偷竊才獲得物品」，正是因為以所有權作為前提。也是因此，強盜罪才得以成立。由此可以導出這樣的結論——「每個犯罪，都內存於法或秩序之中」。請將這個當作是第一個命題。

接著，霍布斯的理論是這樣的結構：剛才我們稱呼D為「普遍的犯罪」狀態，B和C是「個別的犯罪」狀態。霍布斯將普遍的犯罪名為自然狀態，然後討論如何從這個自然狀態中，形成沒有犯罪的秩序。也就是大家擅自犯罪的狀態，要怎麼轉移至大家都守法、守秩序的狀態。

這裡就產生了某種弔詭。就像第一個命題說的，個別的犯罪無法走到法律之外，因為犯罪就存在於法律的內部。在霍布斯的思考中，自然狀態於定義上，不能不在法律之外。換言之，第二個命題就變成：「普遍化的犯罪，就是無法律狀態（無秩序）」。如此一來，「個別的犯罪」在法的內側，而一旦變成「普遍的犯罪」時，就在法的外側。霍布斯所說的，就會變成這樣的理論。

但這樣不就很奇怪嗎？第一個命題和第二個命題間沒有整合。如果個別的犯罪在法律內部的話，即使犯罪變成普遍化，於理論上思考，也應該得在法律的內側才是。在這個階段，為了替後面的討論做伏筆，我想說的是，第一個命題和第二個命題間，於理論上無法連結。

所謂的法律是「普遍化的犯罪」？

那麼，在理論上，從第一個命題引導而來的命題本來會是什麼呢？如果個別的犯罪會在法律之內，那個普遍化的犯罪也必須在法律之內。換言之，在某層意義上，「法律（有秩序的狀態）就是『普遍化的犯罪』」。請把這個當作第三個命題。能夠和第一個命題整合的，並非第二個命題，而是第三個命題。

我想說的是，乍看之下，這些只是類似於詭辯的文字遊戲，但在某個意義上，現代社會學理論最後抵達的是第三個命題。為了要讓大家理解這是什麼意思，還有許多事情非說不可，但在這個階段我就先行預告。可能大家在稍微思考後，還是會覺得每個人都犯罪的狀態就是法律，這種說法很奇怪。但是若拿著現代社會學理論中最基進的那部分來看，某個意義上，現實等同於證明了這個命題。

因此，在社會學中，可以用意料之外的方法解決霍布斯的問題。我們不能去想D要怎麼移動到A，而是D的狀態在某個程度上，已經可說是有秩序的狀態了，這樣想的話就會成為現代社會學的理論。雖然要到很久以後，人們才會以這樣的方式談論它。

不過，我有一件事情想要先提。

二十世紀初期有位思想家名為華特・班雅明（Walter Benjamin，一八九二―一九四〇），他所說的話可以供我們參考，雖然他生於比霍布斯還要晚近的年代，但班雅明在二十幾歲時有篇論文名為〈暴力的批判〉（Zur Kritik der Gewalt）。

這篇文論中，寫的是關於暴力和正義會並存至什麼地步。其中出現了三個種類的暴力，因為第三種是非常複雜難解的問題，所以現在先擱置，而關於另外兩種暴力，就是法律與暴力的關係。

首先，有「執法暴力」，還有「立法（設定法律）暴力」。兩者結合在一起，班雅明稱為「神話暴力」。一般來說，大家會想像及解釋說「執法暴力」是在講警察，而「立法暴力」是在講革命，但是我認為班雅明想說的更為基進一些。他想說的是：「所謂法律，和立法、執法的暴力相同」。

霍布斯認為，大家動用暴力的狀態和法律成立的狀態是不同的。但與此相對，班雅明說，「法」本身在某個意義上就是暴力。班雅明的理論認為，普遍化的犯罪和法律在某個意義上是同樣的東西。雖然班雅明是用相當文學性的語言來描述，但將他的語言用稍微乏味的理論加以說明的話，可以看出他想說的是現代的社會學理論。

因此，霍布斯的理論中，有可以連結到現代社會學理論的伏筆。

2-3 盧梭的社會契約

自由與枷鎖

我們稍微整理一下前面談過的部分。在霍布斯和洛克中，我們捨棄了洛克。然後為了在後面能夠思考整體的社會學，我們利用霍布斯，將他的理論當作度量基準。

那麼，接下來登場的，是尚—雅克．盧梭（Jean-Jacques Rousseau，一七一二—一七七八）。

霍布斯和盧梭，兩位都是像「社會學的前夜」，而之後我們在思考社會學的歷史時，盧梭也是一個重要的指標。因此，最好將霍布斯和盧梭當作光譜的兩極記在腦海中，看社會學的歷史時就會較好理解。

一般在談論社會契約論時，霍布斯、洛克、盧梭會被稱為三位代表大師。但事實上，只有盧梭使用了「社會契約」這個詞，霍布斯和洛克都沒有用到「社會契約」（social contract）。社會契約（contrat social）這個法語詞為盧梭所創，但後來的人認為霍布斯和洛克也位於同一系列類似的思想中，所以用「社會契約論」將他們歸類。

許多書都曾寫道，盧梭和霍布斯雖然同樣是社會契約論，但類型相當不同。重要的是我們得要掌握：差異是什麼？為什麼他們的想法會變得這麼不同？

在盧梭的理論中，有些部分於許多層面上，都比至今為止的思想家還要艱澀。他是個複雜的人。

但是他很受歡迎，無論是現在還是以前，他散發出洛克和霍布斯都沒有的不可思議的魅力。此外，他還有一些莫名其妙之處，讓人感到「盧梭，你到底是什麼人？」而被廣泛討論。

盧梭的所思所想十分地難以理解。我試著一邊參考各種盧梭論，一邊濃縮歸納。

盧梭最重要的著作是《社會契約論》（*Du contrat social*），這本書於十八世紀的後半葉，一七六二年出版，距離洛克或霍布斯已經過了約一百年。只是在思想史上，大多會視十七、十八世紀一脈相承，並有「啟蒙時代」、「古典主義時代」等諸多的稱呼。

首先，盧梭在《社會契約論》中這麼說。

「人生而自由（按：意即在自然狀態中），但卻無往不在枷鎖之中。」

簡單來說，枷鎖就是政府，而且這個政府不太好——是恣意設置的——所以被稱為枷鎖。

「人類自以為是其他一切的主人，反而比其他一切更為奴隸。這種變化是怎麼形成的？我不清楚。是什麼使這種變化成為合法的？我有自信能解答這個問題。」

意即，他也不知道為什麼會被枷鎖束縛的原因，但是卻知道原本沒有枷鎖的狀態是什麼樣子。換言之，盧梭能夠說明自由和政府怎麼樣可以並存。社會契約論的理論從這個宣言起始，而能夠讓自由和政府並存的方法，正是社會契約。

首先，人生而自由是怎麼回事呢？在自然狀態中，所有人都是自己的主人，自己決定自己的事情，自己僅遵從自己的意志。盧梭所說的自由狀態，就是自己是自己的主人這種狀態。

所謂被枷鎖束縛，是他人變成自己的主人這種狀態，也就是自己變成奴隸。如此一來，如果自己遵從自己制定的法律，就不會被枷鎖束縛，因為此時，自己是遵從自己的，所以沒有侵害自由。當不得不遵從別人擅自設立的法律時，就是被束縛。

像是自己決定絕對不喝酒，這件事是自己的自由。但如果是遵從並非由自己所決定的禁酒令時，就是被枷鎖束縛而變得不能喝酒。這是盧梭的基本發想。

但是，這個法律有條件：一定要全部人民同意。如果不是這樣，就可能會有法律對某人來說方便，但對其他人來說卻不是如此。例如，有時候多數人都覺得某某法律很好，但自己卻不會這樣覺得，像是自己明明反對集體自衛權，但自己的政府卻行使集體自衛權，這就是自己被非自己制訂的法律所束縛。所以，要成立可以和自由並存的法律，必須獲得全體一致的同意。

為何全體一致的同意能夠成立

讓我們將盧梭有明說的部分講得更清楚些，來呼應前面這個條件首先，人們形成了社會契約。這個社會契約的內容就是為了讓國家成立，所以必須要是「全體一致同意」。

霍布斯或洛克，都努力想要說明，為何全體一致的同意能夠成立。他們的理論必須要能夠說明，為何全體一致的同意能夠形成？為何人們會全體一致同意將自然權讓渡給單一主權？但是盧梭看起來不太在意這件事情。總之，一開始透過社會契約成立國家時，一定要是全體一致同意，這是絕對必要的條件。為何盧梭在這裡會認為全體一致同意是可能的？他此時對於國家抱有什麼樣的想像？關於這些要點我會在後面論述。

無論如何，一旦國家成立後，政府會立法，而採用的方法最好是多數決。他認為，使用多數決制定法律比較好。乍看之下，正是因為多數決，所以多數人可以拘束少數人，像是否定了部分人的自由。但是，國家成立時，已經通過全體一致的同意了，在這個全體一致的同意中，也包含了「之後要決定許多事情時憑藉多數決」這件事。舉例而言，在這個房間裡的七人全體一致同意成立國家，在這個國家成立後，當大家要決定是否能在房間裡抽菸的規則時，投票結果是四對三，認為不能抽菸的人比較多。雖然有三個人對此事不滿，但是全體已經決定好要一致同意遵從多數了，所以最後會同意禁菸。

一開始，在關於國家的前提上，全體一致同意締結社會契約，而之後的法律在事實上以多數決決定。透過多數決而出現的想法，我們稱之為「全意志」（volonté générale，另有譯「公共意志」或「普遍意志」）。例如，在這個例子中，就會說不准吸菸是全意志。

但是仔細看的話，會發現這個理論還包含了許多奇怪的地方。其一，有什麼根據能保證一開始的全體一致同意？這是最不可思議的地方，但這個我們後面再討論。

還有一個是，盧梭將意志分成三個種類。一個是「私意志」（volonté particulière，另有譯「個別意志」或「特殊意志」），這個簡單，就是每個人的個人意志，他的相反極端就是剛才說的「全意志」。如果只有這樣就很簡單，但在這之間還有一個「眾意志」（volonté de tous）。「眾意志」和「全意志」之間有什麼不同，就是理解盧梭理論的關鍵。

但是，如果問：「那來說說看有什麼不同」的時候，即便專家也鮮少有人能夠說明清楚。我們接下來就試著思考這件事。

孔多塞的定理

關於「眾意志」，大家經常會這樣說：「眾意志是個人意志的加總」。那麼，「全意志」又是什麼？

如果說到全意志要怎麼決定，事實上，就是多數決。但是，多數決不就正是個人意志的加總嗎？這和眾意志有什麼不同？

舉例而言，大家以多數決表決時，假設想要抽菸的人比較多，這是全意志嗎？還是眾意志呢？這無法分辨清楚。

基本重點是，盧梭認為全意志是以多數決決定的。但是關於多數決，盧梭說了奇妙的話。

他說：互相傳達意志，不可以結黨。

不可以結黨是重要的內涵。舉例來說，投票決定贊成還是反對集體自衛權時，自民黨贊成，公明黨也贊成，民主黨反對……在這個狀況中，大家都是結黨的，所以自民黨員不可以說自己反對，因為有黨規的拘束。盧梭則說不可以做這種事。

我們的想法卻相反，大家會覺得在黨內充分討論後，讓意見統一，是比較好的作法。但是盧梭說不可以這樣做。

這是思考眾意志和全意志間的差異時，非常重要的線索。

在近期研究盧梭的趨勢中，關於全意志有一個可能的思考詮釋，雖然不是定論，但相當合乎道理。

那就是以「孔多塞的定理」為前提的思考。孔多塞侯爵（Condorcet，一七四三—一七九四）是十八世紀後半的法國思想家，雖然他比盧梭晚出生一點，但以他的定理來解釋的話，就可以對盧梭所說的話有一個整合性的理解。

孔多塞的定理是什麼呢？首先，這個定理成立有幾個條件。最重要的條件是「有一個正確解答」。其次是，有多少機率能得出正確解答，這個機率必須超過50％。當然，在現實世界中，如果是考試的話，正確解答率可能只有大約10％，但為了讓孔多塞定理成立，必須超過50％。例如68＋57＝125，可能會有人答錯、可能會出現各種答案，但是合理思考的話，關於「數字」的問題只會有一個結論。所以即便猜想：「在一個理性人類組成的團體中，正確解答率會超過50％」，這也不是毫無道理的。

那麼，當有正確答案，而且正確解答率超過50％時，會發生什麼事呢？

我們假設只有兩個人解剛才的加法問題，而且正確回答的機率為60％，結果一個人說125，另一個人不會進位回答了115，此時出現了兩個意見，但不知道哪個才是正確解答。那麼，如果變成十個人來解題會怎麼樣呢？雖然機率的高低可能會漸漸靠近六比四，但這點人數的話，也有可能是五比五，或者運氣差一點變成四比六。但是以一萬人來計算的話會變得怎麼樣呢？如果有一萬人且理論上的正確回答機率為60％，以統計學來思考，實際上會有極為接近60％的人回答正確答案，雖然有一萬人，但「實際答對人數不超過50％」的機率會愈變愈小。換言之，只要人數愈多，實際上答對的人的比例，在理論上就會愈接近正確解答率的60％。但是人數愈少，甚至是極端的一人或兩人，意見就會分散，運氣不好的話，也有可能兩人都答錯。

所謂孔多塞定理，在符合上述兩個條件時（有正確解答、平均答對率超過1/2），只要參加者愈多，根據多數決，得到正確解答的機率就會愈高。只要參加者足夠多，再確實地透過多數決，幾乎就能得到正確解答。

這樣來看的話，就能明白盧梭的思想。

對應正確解答的是全意志，而且前提是有所謂的「正確的全意志」。並且，這個正確解答，因為終極而言是出於個人自身的意志，所以無論關於什麼，答錯率都會低於50％。

為何盧梭會說不要組黨呢？因為即使有一萬人，只要將每五千人分成一組、統一各自的意見，那就等同於僅有兩個人的狀態。應該是要盡可能地分散開來，遵從孔多塞定理，得到正確解答的機率就會愈高。

這樣想的話，透過多數決，幾乎能夠確實地找到全意志。只要人夠多，就會出現像正確解答的全意志。

例如，日本是否要繼續使用核能，一定存在一個屬於日本人的正確全意志。雖然不知道是要還是不要，但一定會有一個正確解答。如果讓一億人採多數決，理應出現一個正確的全意志。

這就是全意志。

引導出全意志的三個條件

那麼，要引導出全意志，就有三個重要的條件。

第一，全意志和數學的解答一樣，一定存在。例如，作為一個真正的日本人共同體，日本人想要什麼或應該想要什麼，關於這些都一定有正確解答。雖然看起來是不證自明的事情，但這是最重要的條件。

第二——這點經常被誤解——大家利用多數決表達意見時，不能以自己想要什麼的觀點進行投票，而是必須對於什麼是全意志（什麼是正確解答），表明自己的意見。

假設針對「是否應該廢除核能」進行全民投票，例如，若我自己是知名電力公司的員工，則當我認為「我想要核能，因為跟我的利益有關」的時候，並不能直接將我的欲望就這樣反映在投票上；我應該要將自己的私人利害關係獨立開來，用「日本人共同體是否想要核能？是否需要核能？」的觀點投票。如果所有人都沒有用這個觀點投票，就無法引導出全意志，只會知道大家的眾意志而已。

首先，一定有一個全意志，而且大家得要就全意志為何來表達自己的意見，而不是表現出自己的欲望。在此之外，第三個條件就是答對率（每個人能夠正確認識到全意志的機率）要超過二分之一，如此，則透過多數決，就能有很高的機率來找出正確的全意志。

我認為這才是盧梭的想法。

有一位重要的人物叫做約翰．羅爾斯（John Rawls，一九二一—二〇〇二），他是比盧梭的時代晚很多的社會契約論者，羅爾斯使用「無知之幕」（veil of ignorance）來思考。這個無知之幕，就是現在說的第二項條件。不能因為自己是電力公司的人，所以就認為對自己公司來說核能較為有利。走向無知之幕，人就會忘記自己是電力公司的員工，如此一來，才會去思考全意志。

若大家都傾向表達自己喜歡的事情，其結果就是眾意志。相對的，關於正確的全意志是什麼，則採取多數決，此時若剛才講的三個條件都能成立，就能確實地引導出全意志。

盧梭式感受

我們必須從這裡再進一步思考。這三個條件，無論哪個，看起來都不一定能夠成立，這是相當微妙的前提。答對率真的能超過50％嗎？或是大家真的能夠捨棄自己的立場，考慮到全意志的觀點進行投票嗎？

我認為這三個條件中，最重要的條件是「全意志一定存在」這件事。盧梭的前提為，全意志的形式就如同正確解答一般，是預先存在的。如果是眾意志的話，只要用各種方法收集每個人的欲望，就能引導出來，即便搜羅的方式不同，答案集中不起來也沒有關係。但是，全意志不一樣；全意志勢必是獨立於多數決這個制度本身，並是具有單一意義的東西。因為人們是為了找出全意志而投票的。為什麼盧梭會用這種形式，理所當然地以「全意志存在」為前提呢？

就像剛才說的，盧梭認為國家成立時，是經過全體一致的同意。這是第一個全意志。大家因為全意志成立國家，所以在這個國家中以多數決決定的事項也依然是全意志。正因為一開始的全體一致的同意，所以保證了全意志的存在。但為何盧梭認為全體一致的同意是可能的呢？

一般來說，我們會認為：構成日本人共同體中的這些為數眾多的每個個人當中，一部分擁護核能，一部分不希望使用核能，而最終決定的結果則是彼此妥協的產物；但是對盧梭來說，這不過是眾意志而已。當我們將「日本人」作為單一國家來思考時，擁核或廢核就要歸結於單一國家本身的意志，而不可能曖昧地回答說：一部分人希望、一部分人不希望。作為國家的日本人，本來就是單一的實體，不能說一部分這樣，一部分是那樣。

盧梭認為一定會有一個全意志。為何他會這樣思考呢？讓我們來釐清他的感覺，為此，我們必須要閱讀他在《社會契約論》以外的著作才會懂。

我會這麼說，是因為盧梭有一個非常清楚的「盧梭式感受」。雖然他後來被雅克．德希達（Jacques Derrida）所批判，但這點卻也是盧梭受歡迎的緣故。

「盧梭式感受」是什麼？

有位名叫讓．斯塔羅賓斯基（Jean Starobinski，一九二〇—二〇一九）的人寫了一本《透明與障礙》（*Jean-Jacques Rousseau: la transparence et l'obstacle*）的書，這是一本非常優秀的盧梭論，這本書所講的是正確的。溝通的透明性與直接性，是盧梭最根源的感覺，也是理想。透明的東西是好的，而且是可能的。反之，不透明或是間接的溝通就有可能摻雜謊言，是不好的，這是盧梭最原始的直覺。

例如，盧梭對語言是懷疑的。托語言的福，人類可以說出事實，但也可以說謊，語言可能變成隱藏真實意志的不透明濾光片。或者是說，盧梭非常厭惡禮法。禮法粉飾外在，隱藏真實情緒。因此他說文明化的人類禮法是無恥的。

盧梭寫有《新愛洛伊斯》（*Julie, ou la nouvelle Héloïse*，一七六一年），是部戀愛小說。他以小說的形式述說他覺得什麼是透明的關係。或是他有名的《懺悔錄》（*Confessions*，一七七〇年），之所以取這個書名，就是他想直接透明地傳達自己的內在心靈。在《懺悔錄》中他說：

「我天生就是無法隱藏感覺與想法的人類」。

「我完全無法隱藏潛伏在我清透像水晶般的心中那細微的情感」。

全部展現，關係完全透明，完全直接，沒有任何間接的障礙物，而且實際上真的有這種狀態，看看嬰兒或是原始人的世界就是這樣——盧梭是這樣思考的。

那時，人類完全平等。或是說平等或不平等還沒有成為問題，因為人類之間的關係完全透明，大家團結一心。自己與他人是緊靠在一起的狀態，因此人與人之間變得沒有差異。如果硬要說是平等還是不平等的話，此時的人類是平等的，但這根本上是在平等或不平等以前的狀態。這就是原初狀態。

因此盧梭本來認為的理想狀態就是具單獨性的。在人類原初的狀態中，大家的心是齊一的。例如盧梭說「音樂是好的，但戲劇不行」，為什麼同樣是藝術，卻有這樣子的區別？因為音樂是大家齊心合唱，感覺大家團結一心，對盧梭來說是好的，但是戲劇是演技，所以是謊言。因此，音樂是偉大的，戲劇是下流的。

盧梭有自愛心（amour de soi）和自尊心（amour-propre）的概念。自愛心是自己與他人沒有區別狀態的愛情，因此愛他人就如同愛自己。自尊心則相反，自己與他人有所區別，自己擁有認為自己較好的優越感，並出現對他人懷有嫉妒心的狀態。

透明性的回歸

那麼我想大家應該明白盧梭大致的架構了。

全意志是什麼，就是這個透明的共同體的意志。更精準地說，這個透明的共同體，本來是原始時代的理想狀態，也存於嬰兒的世界中。全意志在複雜的大型共同體中，會回歸成完全透明的、像是直接的共同意志般的東西。所謂全意志，也就意指在更高的維度中，將這樣完全透明的共同體還原。

在不透明且不平等的現實社會中，去除將人們差異化的障礙，將人們平等化，在這個基礎上締結最初的社會契約——來形成單一國家。此時，因為恢復為透明的共同體，因此全體一致的同意是必然的。

即使有一億人，但大家都是透明的話，等同於只有一人。因為等同於一人，所以只有一個意志。因此六成的人贊成核能，四成的人反對，在全意志中是不可能出現的事。全意志就是一個人。無論多少人聚集在一起，因為變成透明狀態、變成全體一致的同意，最後都會變成一個人的意志。所謂全體一致的同意，並不是說有很多人、然後大家都是一致的，而是，即使有很多人，仍等同於一個人的狀態，這就是盧梭的全意志的世界。

透明的共同體是沒有他者的單獨個體。因為是單獨個體，在定義上，擁有單一意志。換言之，滿足孔多塞定理的第一條件。

我想大家都注意到這裡有個悖論。一方面，在盧梭的思想中，即使有多數的個人存在，但他們集合起來就是一個單獨個體，這件事很重要。這讓孔多塞定理有了成立的基本條件，且這也關係到最初的社會契約，也就是形成國家的社會契約。

但是，另一方面，就像剛才所說的，一旦國家形成後，盧梭禁止內部的部分人集合，像是他禁止部分人組黨做出像單獨個體的行為。每個人最好盡可能地保持多樣性、分散開來，若非如此，則孔多塞定理就無法生效。

因此，盧梭的思考中，一方面讚揚共同體作為單獨個體的特質，但另一方面，又稱讚共同體內部的多樣性。

「盧梭問題」

這也和二十世紀前半的哲學家恩斯特・卡西勒（Ernst Cassirer，一八七四——一九四五）所稱的「盧梭問題」，也就是盧梭解釋上的困難有關。所謂盧梭問題為，盧梭可以解釋為極端的自由主義思想家，但同時也被視為是將集體主義正當化的意識形態提供者。這兩種含義要如何歸結在一起呢？

盧梭原本思考的起點是，和個人自由並存的政府如何可能？在這個意義上，他是極端的自由主義者。但是為了保證這個可能性，前提是要將許多人的共同體包攝為一個究極的透明共同體，也就是一個單獨個體。當這些點出現在前提時，盧梭看起來就像是一位集體主義的始祖。

我們將盧梭和「社會秩序如何可能」這個社會學根本的問題，聯合在一起思考吧。對盧梭來說，「社會秩序如何可能」這個問題，本應不存在。因為，本來的共同體完全就像是一個人。完全透明的共同體中，他者不存在。沒有他者的話，也就沒有社會秩序的問題。不如說，對盧梭來說，相反的事情才會成為問題。原本他者不存在的世界，也就是沒有秩序的世界，為什麼會有了奇怪的秩序，也就是存在不平等呢？這件事才是問題。

因此，盧梭的著作中，在《社會契約論》之前，有一本《論人類不平等的起源和基礎》

（*Discours sur l'origine et les fondements de l'inégalité parmi les hommes*，一七五五年）。為什麼人類會變得不平等呢？明明原本的狀態無所謂平等或不平等，但實際的社會卻變成不平等的狀態。因此對盧梭來說，「錯誤的秩序為何生成」是一大課題，而「社會秩序如何可能」則不會成為盧梭的問題。因為在完全的透明性底下，人們成立的是在秩序以前的完美秩序，也就是一致的狀態。

亞當・斯密的「同情共感」

我們討論了盧梭和霍布斯，這代表社會契約說的兩種理論。他們來到了離社會學僅一步之遙的地方，但是他們還沒有挑戰到社會學意義下的秩序問題。這是什麼意思呢？我想講兩件事。

第一，盧梭也好、霍布斯也好，結果還是沒有解決秩序的問題。首先，對盧梭來說，在原始的意義上不存在社會秩序的問題。對霍布斯來說，即使存在，解決方法卻在根本上發生錯誤。換言之，盧梭抹消了問題本身，而霍布斯雖然提出問題，但卻無法回答。

在此，我想提及亞當・斯密（Adam Smith，一七二三—一七九〇）當作註腳。他被稱為蘇格蘭啟蒙運動的代表。

亞當・斯密在許多社會學史的教科書中都沒有出現；他被認為是不同於霍布斯或洛克等社會契約理論的類型。這是因為亞當・斯密的《國富論》（*The Wealth of Nations*，一七七六年）中有句「自由放任」的名言，意即不需要契約的合意，大家隨意做想做的事就是最好的狀態。以現代來說，他被稱為是自由意志主義（libertarianism）之父，所以一般認為他與霍布斯或洛克的類型不同。

但是，亞當・斯密有個大家都稍微沒有掌握到的地方。雖然他說「放任每個人去做就是最好的」，看起來他支持每個人以利己的動機去行動，但另一方面，他又有《道德情操論》（*The Theory of Moral Sentiments*，一七五九年）這本有名的書，他在其中說明了關於道德和倫理之事，也就是「同情共感」的重要性。要怎麼整合性地理解這兩種面向呢？

如果要說我的假設的話，我認為亞當・斯密的思考，事實上和霍布斯的社會契約論立基於相同的道理。

在大家任意追求自己的利益下，人們會締結成立利維坦的社會契約，這是霍布斯的構圖。在這種情況下，若去除利維坦的話，就會變成「自由放任」（laissez-faire）的狀況。也就是說，利維坦不是作為具體的制度而存在的，而是作為行動前彼此默許的前提而存在，相對地，如果省去用語言來明確表示，就會成為自由放任的狀態。事實上，和霍布斯的社會契約一樣，亞當・斯密的合意也作為無法言說的前提而存在，但人們實際上意識到的只有基於自己利益而為的行為舉止而已。

這和《道德情操論》的「同情共感」有什麼關係呢？斯密的「同情共感」不是親密的人之間產生的感情。在我的看法中，那是完全私人的、是基於自身利益而行動的人們之間所默許的合意。支持這個解釋的，是在《道德情操論》中所出現的有名概念，「公正的旁觀者」。這個概念是假設有一位與雙方當事人沒有直接關係的公正旁觀者，當行為被那位旁觀者認為是公正合理時，存於道德基礎中的同情共感就出現了。這個「公正旁觀者」再一次召喚出利維坦這個默許的前提。也就是說，這一次，成為默許前提的利維坦，是以一個旁觀者的形式出現，目的是為了判定互相競爭的個人間的公正性。

亞當・斯密是十八世紀後半葉的人，但我認為他可以說是英格蘭社會契約論傳統的延伸。總之，霍布斯並沒有在真正意義上解決社會秩序的問題，到了盧梭時期，則是在事實上抹消了這個問題。這是第一點。

第二，我想進一步說的是，社會契約論是個規範性（normative）理論。他們針對當時的封建社會，提出一個理想的、應該存在的社會願景，這是社會契約論的重點。因此，問題不會設定在現實中的社會秩序如何產生、如何可能。

社會契約論並非要解答關於一個任意的社會秩序為什麼可能，而設定一個標準目標。例如，他們認為君主制不理想，或是覺得封建秩序或貴族特權很奇怪等等，於是從這些問題意識中誕生出一個規範性理論。

他們用可說是武斷的前提，從原初狀態的人類本性中導出有規範且理想的社會狀態。社會契約論無論從其武斷的前提來看，或是從其規範性、實踐性的關心來看，都並不是自由的。因此，這些理論還沒有變成社會學的形式；它們不是透過經驗說明現實中或可能存有的社會秩序。社會學要到下一個世紀，也就是進入十九世紀以後，才明顯地誕生。

3 社會科學的誕生

3-1 文科與理科的離婚

真理從神學解放

雖然我不知道精準地訂定出社會學這門科學從哪裡誕生有沒有意義，但若是針對在什麼時代是否曾產出什麼科學或什麼知識，並描繪出一大藍圖，從中思考社會學的位置，我認為還是有很大的知識價值。

關於科學的分類，最重要的是文科和理科的分類。指稱這些科學的「discipline」（學科）是十九世紀出現的詞彙；這詞彙是如何出現的呢？我將從這裡開始說明起。

以下說法不是我所獨創的，我參考的是社會學家伊曼紐爾・沃勒斯坦（Immanuel

Wallerstein，一九三〇—二〇一九）的看法。他可以說是還在世的社會學者中最偉大的人物吧[2]。我會一邊參考他的想法，一邊做出若干調整，藉此說明科學的分化是怎麼產生的。

首先，我們必須考慮到，真理（truth）的狀態，在中世紀和現代有很大的差異。中世紀的真理，無論在什麼場合，指的都是上帝給予的啟示，只有宗教的權威是通往真理的唯一道路。只有被神祝福，蒙受恩寵的人才明白真理。雖然真理是普遍的，但並非對所有人開放，實際上能明白真理的人很少數。從現在的角度來看，這是個不可思議——甚至可能看起來矛盾——的構圖。這是以西方的宗教權威為媒介的「真理」。

但是，十七、十八世紀，被稱為科學革命的時代或啟蒙主義的時代，當時所發生的事情，就是真理從上帝的權威中解放了。啟蒙主義的哲學家會研究真理，同時，那個時代也是社會契約論的時代。笛卡兒、斯賓諾莎等等這些和社會契約論不同流派的思想家，他們的思考路徑，也已經不同於認為真理是上帝之啟示的時代。

從這裡開始，真理才首次變成真理，並且真理開放給所有人。這也和如今我們的感受相合。當然，世界上仍有區區數人才懂得的極度困難的真理，像是某些數學證明題。但即使有那樣困難的真理，我們也早就不能說，他們能明白這些是因為上帝給予了啟示。

原則上大家應該都能理解、領會真理，這成為現代的前提。當然，實際上要理解真理需要各式各樣的訓練，而且根據各種不同的情況，也並非全部的人都能理解，但現代的真理，我們會在理想上認為，只要是理性的人，一定都能夠理解。

例如，「常識」（common sense）這一詞中的「common」，在中世紀是鄙俗的、理所當然的意思，有負面的意涵。直到現代，它才變成有好的涵義，「common」即「共通感覺」的「共通」，指的是那些變成真理重要指標的事物。

兩種文化

就這樣，十七、十八世紀中，真理從神的權威、也就是從神學中解放，在這個解放中實際上有兩條道路。

首先第一條道路，是根據人類理性的能力洞察真理。第二條是從經驗學習真理，也就是從現實經驗的分析獲得真理。

我介紹一個令人印象深刻的著名故事。十九世紀初期，皮耶—西蒙・拉普拉斯（Pierre-Simon Laplace，一七四九—一八二七）將一本關於「太陽系起源」的巨著獻給拿破崙。拿破崙

2 譯註：沃勒斯坦已於二〇一九年八月三十一日過世。此書出版時他仍在世。

給予他忠告說：「這麼厚的書，為何一次也沒有提到上帝？」這時，拉普拉斯回答：「陛下，我不需要那個假設。」

我剛才說過，將真理從神學解放有兩條路。但是一開始的時候，大家並沒有清楚意識到這兩條路的區別，就有一位學者同時依循兩條道路做研究，他就是康德。康德至今都是理性之道的代表人物，但是他也寫過近似現在說的自然科學及社會科學的論文，像是天文學、地震學或國際關係。《論永久和平》（*Zum ewigen Frieden*）就是國際關係的論文，其他還有像是關於「太陽系的形成」等假說。無論是經驗科學的部分，還是以理性直觀進行研究的部分，兩方他都有涉獵。

直到十八世紀末到十九世紀，人們才清楚認知到有兩條道路並且將它們區分開來。這經常被形容為「哲學和科學的離婚」。離婚申請是由科學先提出來的，科學認為已經不能再跟著另一邊的做法了。

在科學的思考中，通往真理的道路只有一個。為了要抵達真理，我們需透過經驗觀察或從實驗歸納，成立假說，然後檢證假說，反覆重複這個過程，這是唯一的方法。相對於此，哲學運用的方法，是埋頭進研究對象當中，好得到直觀的理解——這後來被稱為解釋性理解。

這些不僅是科學世界的事，更帶來制度性的結果，也就是大學改變了。

如果去過歐洲就會知道，歐洲的大學不同於小學、中學、高中等學校制度，有其獨特之處，也就是，幾乎所有歐洲有名的大學，都比任何一個國家都還古老，這件事情非常要緊。而在那樣的大學中，又發生了一個重要的變化。

歐洲中世紀的大學有四個學院，分別為神學、醫學、法學和哲學。「離婚」之後，是哪個學院要分開呢？就是哲學。哲學院分成了研究自然科學的理學院，以及其他。而「其他」就是傳統的哲學院之遺留。

這個「其他」有各種稱呼，例如人文學humanities、或是藝術學arts、教養學letters，或是沿用哲學philosophy等等。

這裡我想再提一個關於歐洲大學的趣事，就是神學院和哲學院原本就是不同的學院，哲學院在神學院之外。所以在這個階段，可以說在某個意義上，科學中已經對神的真理產生微妙的龜裂。

因此我是這麼想的：原本從中世紀開始，神學與哲學就有微妙的糾葛，而這種糾葛，再一次進入了哲學院之中，所以這次分裂成傳統的哲學院和自然科學院。

順帶一提，這兩者原本合而為一的痕跡至今都還以微妙的形式殘留著。美國大學的博士學位稱為PhD，也就Doctor of philosophy，換言之，即使拿了自然科學領域的博士學位，也會變成「哲學博士」，因為科學原先曾是哲學。

3-2 社會科學的社會起源

在剛才所說脈絡中，社會科學終於誕生了。這是十九世紀的事情，我在此簡單說明社會科學誕生時的重點。

法國大革命的衝擊

法國大革命是社會科學得以誕生的重要衝擊。

法國大革命的評價兩極，因為激進行為造成悲慘結果，在那之後也有反動浪潮，總之充滿各種問題。此處，比起談法國大革命對法國來說有什麼價值，更重要的是談論歐洲知識分子看見法國大革命時的衝擊。很多知識分子即使沒有實際經歷過，也曾作為同世代人見證了法國大革命並受到衝擊，透過見證法國大革命，歐洲人看事情的角度產生了巨大變化。康德也這樣說。他認為比起討論巴黎或法國發生了什麼事，法國大革命的重要性，在於它衝擊了在外圍觀看革命的歐洲知識分子。

法國大革命帶來兩種革命般的思考方式。

一是政治體制（以及與之相連的社會）產生變化。這份變化既不是特例，也不應該被忌諱；變化是正常的，甚至有時是理想的。而在這以前，基本上社會沒有什麼變化，如果有變化的話，都不是理想的。法國大革命以後，人們認為有變化比較好，這種狀態下，人們對社會的感覺也有所改變。

另一個是關於主權的問題。雖然歐洲從以前就有主權這種想法，但誰擁有主權呢？一般來說是君主，最多也是議會。然而，那之後卻出現了一種想法，認為真正的主權並不在君主或議會，而在人民（People）。

日語的「人民」，是一個指稱人數集合的中立詞彙，含有勇健的感覺，但是people（以及衍伸的歐洲語彙），則帶有悲慘的、不幸的、被排除的人的含義。喬治．阿岡本（Giorgio Agamben，一九四二—）也強調過這點。阿岡本承繼鄂蘭，他認為就連法國大革命思想家中，最沒有傷感情懷的西哀士（Emmanuel-Joseph Sieyès，一七四八—一八三六），談到「人民」（法語peuple）時，都會以「不幸之人」等形容詞形容。換言之，人民總是位於主權的對立面、政治社會的外部。是在法國大革命以後，這種被主權否定的主體才變得擁有主權。

這兩個是法國大革命為歐洲帶來的巨大變化。這件事情，也為科學的世界帶來兩種課題。一，理解社會或政治變化的方式。怎麼樣變化、什麼時候變化、為何變化……。理解變化的態樣、變化的速度、變化的根據，變得重要。

二，如果本來主權是在人民手中，那人民要如何作成意思決定以行使其主權？即，要理解人民作成意思決定的方法。

從這兩個課題中，歐洲誕生了名為社會科學的新科學。在離婚了的科學與哲學（人文學）這在兩者的中間，誕生了社會科學。雖然有的領域靠近科學，有的領域靠近哲學，社會科學在兩極間的搖擺區段獲得一席之地，而後社會科學的各領域便相繼誕生。

歷史學作為最初的社會科學

這些領域的其中之一就是社會學，不過在這之前，最早的社會科學是歷史學。當然，所謂的歷史在很久以前就有了，但在歐洲大陸，歷史與其說是一門科學，毋寧更近似於聖人或英雄傳記那樣的東西。十九世紀時，才第一次有類似科學的歷史學誕生。

海登．懷特（Hayden White，一九二八—二〇一八）在《史元》（*Metahistory*）中也說，十九世紀是歷史學的時代；從這個時代開始，聖人傳記般的歷史學轉換成實證的歷史學，研究則開始有了實證史學的味道，像是思考為何事情會發生、就實際發生過的事情進行調查等等。

利奧波德．馮．蘭克（Leopold von Ranke，一七九五—一八八六）是代表這個轉換的著名史學家。蘭克說：「歷史要寫得像過去發生之事一樣真實。」所以蘭克使用的方法是，當一件事情成為他的研究對象，他會調查那件事情發生時，大家是如何書寫這件事情的。換言之，最重要的東西是文獻，特別是公文。公文對於歷史學來說，變成非常重要的研究素材。也就是從這個時代開始，調查該時代寫下的文獻變成史學最大的課題。

只是，這種做法有幾個問題。首先，文獻分成為留下來的部分與沒有留下的部分。政治類的文獻就屬於有大量留存的那部分，但是也有沒有遺留下來的。所以托文獻檔案的福，歷史的研究主題有了自身的偏向。

本來，就有些社會或民族幾乎沒有類似文書檔案那種東西，或者即使有，也並不普及。因此出現了「歷史的民族」（historical nations）的概念。所謂的歷史民族，簡要來說就是有文獻的地區。

所以十九世紀的歷史學者，幾乎集中在五個國家，英國、美國、法國、德國、義大利，他們是有文獻留存的歷史民族的典型。

歷史學界介於科學與人文學之間，但位置頗為偏向於人文學。為何如此？因為史學非常抵抗透過變化找出「社會變動的法則」。史學非常著重於每個事件的個別性。史學追求的不是科學的法則，而是理解每個事件，朝解釋的方向進行。

探究現代的各種社會科學：經濟學、政治學、社會學

再稍微晚近一點，代表性的三門社會科學也誕生了。而且三這個數量也是有理由的。這是什麼意思呢？

十九世紀最重要的、具支配地位的意識形態，是自由主義（liberalism），而這個自由主義根據三種功能領域的分化來定義現代，也就是說，這三種領域在功能上被視為獨立的。這三種領域分別是國家、市場和市民社會（或是公民）。這三種領域基本上以各自獨立的理論進行活動，而且是現代社會才變成這種狀況。因此，沿著這三種領域形成了社會科學：調查市場的是經濟學，思考國家理論的是政治學，而社會學則是作為公民社會的理論而誕生的。

在本書的開頭，我曾說「社會學就是現代社會的自我意識」，事實上包含社會學在內的社會科學，都是作為現代社會觀看自己時的一個視角而誕生的。而這三個代表性的社會科學沿著現代社會的邏輯而生，也就是說，其有著社會學式的理由。

前面我說過，歷史學在「科學／人文學」的軸線中，是偏向人文學的位置。相對於此，這三個社會科學，都將自己放在靠近「科學」的那一側。換言之，這些學科比起歷史學，更熱心於在自己所負責的功能領域中，找出活動或變化的規律性。

負責現代外緣的社會科學：人類學、東方學

接著，為了理解現代，就不能不理解非現代的事物。作為負責非現代事物的社會科學領域，誕生了兩個代表性的學門，其中之一是人類學。人類學在文明未開化的社會做田野調查，而人類學固有的研究對象，是不使用文字的人類。

但是，也有的民族使用文字，且有相當的文明程度，卻明顯不是現代或西方的人。像是中國、印度、阿拉伯或波斯，都有一片廣大的地域，並非西方或現代，卻擁有高度文明。十九世紀時，研究這些的人被稱為東方學學者（Orientalism），日語則翻作東洋學。東方學和人類學一樣，現代都將這種科學當作是區別「他者」以定義自我的領域來研究。

剛才我們討論了法國大革命帶來新的思考方式，在傳統哲學與自然科學間，誕生出社會科學的各種領域。

另一方面，法國大革命帶來的想法，像是人民擁有主體性，社會變化成長是正常的等等，對於這些，人文學或是說傳統的哲學，也有確實地回應。

這些回應中最重要的例子是黑格爾（Georg W. F. Hegel，一七七〇—一八三一）。黑格爾最重要的構想出現在《精神現象學》（*Phänomenologie des Geistes*）中。所謂精神現象學，就

是精神在理論上的發展。十九世紀的歐洲，名為成長小說（Bildungsroman）——或也經常翻譯成教養小說——的人類成長故事開始流行。所謂精神現象學就是精神的成長小說，而且還不是個人的精神，而是世界的精神，再更進一步說的話是人民的精神。這樣的精神是按照什麼理論發展的呢？開展一條精神應該發達的途徑，且不同於原本的歷史，這種理論，就成為黑格爾的精神現象學或歷史哲學。因此黑格爾展示的是不向科學獻媚，用哲學做出研究成果的態度。黑格爾用這樣的形式，來應對十九世紀初期歐洲的社會變動。

3-3 社會學命名之父

奧古斯特．孔德

那麼，我們終於能在傳統的意義上，踏足社會學的歷史了。

在許多一般的社會學教科書中，都會說社會學創始者是奧古斯特．孔德（Auguste Comte，一七九八—一八五七）。雖然我認為沒有必要太拘泥於此，不過確實孔德是發明「法語sociologie，英語sociology（社會學）」一詞的人。

當然這有點微妙，一個人發明了語詞，不必然就是創始人，畢竟牛頓不曾使用物理學等名詞，但的確在研究物理學。然而，無論如何，孔德創立了社會學一詞，這是學社會學歷史必須要知道的事。

雖然從今天的觀點來看，很難說孔德的研究在科學上有多少意義，但他的確有些特別。孔德於一七九八年出生，我認為有必要重視他出生的這一年。在歐洲，於科學上做出偉大貢獻的人都有一種傾向，只要看此人出生時法國大革命在什麼階段就會明白。像如果是一七九八年出生的話，法國大革命幾乎結束了。雖然法國大革命從何時開始、何時結束，大家的見解分歧，但是假設根據教科書，結束是在拿破崙發起政變、推翻督政府之後的話，那麼孔德出生的這一年就是政變的前一年。因此在孔德的記憶中沒有法國大革命。他應該會有和法國大革命失之交臂的感覺，而這種「晚於法國大革命」的感覺，非常地重要。

也有的人比孔德更晚出生。像是有些世代，其父親出生於法國大革命的年代且也擁有同時代的感受，但自己卻是在革命後出生；這種世代在歐洲科學的歷史上起到非常重要的作用，馬克思也是這種世代的人物。那是街談巷議都關於法國大革命傳聞的狀態。因此這個世代的人們對於法國大革命的衝擊，彷彿歷歷在目，事實上卻並不直接知曉革命的模樣。這種兩義性的感受很重要。

沒見過最重要的事件，讓這個世代帶有一種內疚感，這種內疚感變成他們深化知識探索的原動力。如果是和法國大革命同時代也體驗過革命的話，當然就不會有這種內疚感，晚於法國大革命太久的人也不會有所感。但回到孔德，他就是生於和法國大革命失之交臂的年代。

孔德完全是一位平民學者，當時，社會學還不是那麼普及的科學，在初期階段，也幾乎沒有哪間大學的教授在研究它。

他原本就讀理科，進入巴黎綜合理工學院後，因素行不良被退學。他卻覺得自己非常優秀，是個天才。為了生存，他當起數學家教，受僱於有錢的布爾喬亞，自己卻過著貧困的生活。

孔德的第一任妻子是妓女，因為孔德賺得少，所以他的伴侶很不滿。他的妻子結婚後也因為光靠他的收入活不下去，所以繼續從事妓女的工作。孔德的精神狀態愈發奇怪，他還曾說：「自己人生最大的失敗就是這段婚姻。」最後兩人分開，期間，孔德寫了《實證哲學教程》（*Cours de Philosophie Positive*，一八三〇—一八四二），其中就出現了社會學一詞。只是，全部共有六卷之多，且內容沈悶。

孔德寫了這本書後，便和克洛蒂爾德・德沃（Clotilde de Vaux）這位貴族女性在一起。[3]

從聖西門到孔德

在思考孔德的時候，必須要時時想到對他來說是前輩的聖西門（Saint-Simon，一七六〇—

一八二五）；孔德和聖西門是一組的。雖然聖西門年紀比孔德大上許多，但他是一位在美洲參與過獨立戰爭的貧窮貴族，在法國大革命後成為一位作家。

孔德在某一時期曾是聖西門的助手（一八一七—一八二四）。孔德無償替聖西門努力工作，也因此深受聖西門信賴，孔德甚至代替聖西門寫書。《實業家問答》是聖西門的書，但是第三卷是以孔德的名字出版的。不過兩人因為想法不同，在這本書出版後馬上就分道揚鑣了，因為孔德曾批判聖西門。

這裡的重點是，這兩人都對正在興起的十九世紀的社會，也就是成熟的現代社會是什麼很感興趣。聖西門歌頌工業主義，認為現代化即工業化。相對於此，孔德則認為，工業主義只是表層的問題，其背後的精神樣貌才重要，孔德將之命名為實證主義。簡單來說，他們爭論的點就是科學革命和工業革命哪個才重要。聖西門認為，正因為有工業革命才有現代化，孔德則認為，要發生工業革命，是我們的世界觀先有了變化，那就是科學革命。

對孔德來說，重要的是這個時代的社會變化。該怎麼去理解？歷史學注重於個別發生的事

3 譯註：克洛蒂爾德．德沃曾經結過婚，但丈夫因欠下賭債而逃離失蹤，而後她的處境類似寡婦，在法律上卻未正式離婚。克洛蒂爾德與孔德相遇後相愛，不過，孔德曾向她求婚，卻遭到拒絕，然而兩人仍舊同居且感情深厚，她亦啟發孔德甚多。

情，不太加以規律化，對此，孔德則大膽地將社會變化普遍化，試圖找出變化的規律。

孔德有一篇簡稱為〈方案〉（正式名稱為〈社會改組所需的科學研究方案〉（Plan des travaux scientifiques nécessaires pour réorganiser la société），一八二二年）的論文，他在其中討論了社會的解體與重組。正在解體的舊秩序是封建的、神學的組織，孔德評價道，法國大革命，是社會解體的原理，卻沒有包含重組的原理。那麼，重組、也就是負責新秩序的人是誰呢？他認為在精神上是科學家，在一般世俗上則是實業家。

孔德發展這樣的論述，以規律來掌握歷史，這就是《實證哲學教程》中提到的「三階段定律」（loi des trois états），也就是歷史的精神狀態經歷了三種階段。

孔德認為，最底層的精神是「神學階段」，而後是「形上學階段」，最後是「實證階段」。換言之，在孔德的歷史認知中，精神變化是從宗教思考的階段開始，然後是從上帝權威獨立出來的理性直觀思考，最後到達以科學思考的階段。

科學的地圖

重要的是，加上這精神三階段論，孔德在《實證哲學教程》中創立了一個類似所有科學的地圖。在地圖頂點是數學，基底是「社會學」。他創立了全部科學的等級制度，把社會學放在最下面，數學放在最上面，同時也是在這時候，他創造了社會學這個名稱。

在此之前，孔德一直都是使用社會物理學（Social Physics）一詞，但在《實證哲學教程》中他第一次使用了以往都沒有出現過的「社會學」一詞。Sociology——socio是拉丁語，logy則是邏各斯[4]之意，所以來源是希臘語。為什麼就這讓它們兩個詞跨國結婚呢？當時就有人這樣批評，甚至罵說這是野蠻的自創詞，不過如今已經完全被人們接受了。

孔德後來變得如何呢？他晚年陷在宗教裡，開創了孔德教，也就是人道教。在克洛蒂爾德·德沃這位先前提及的愛人死後，他甚至開始將她當作女神崇拜，到現在在巴西都還有孔德教。不過這已經離本書的主題太遠了。

4 譯註：英文為logos，古希臘哲學的重要概念，原意是話語，後來衍伸為理性、思考等意，也是英文logic（邏輯）的字根。

3-4 社會達爾文主義

進化論的反向輸入

我們談到創立「社會學」一詞的奧古斯特・孔德。在他之後，我們要談論馬克思這個巨大的理論流派。

不過在此之前，我們先講講在社會學史中，經常會和孔德放在一起討論的赫伯特・史賓賽（Herbert Spencer，一八二〇—一九〇三）。

現在的人不太讀史賓賽了，但他對於當時思想的影響或對日本的影響都是相當大的。在這本書中出現好幾次的塔爾科特・帕森斯，他有本一九三七年的著作，在社會學者間流傳相當廣泛，名為《社會行動的結構》（*The Structure of Social Action*）。其中，他就引用了克蘭・布林頓（Crane Brinton）的話：「現在，到底誰還讀史賓賽？史賓賽曾在世界掀起的巨大浪濤，是現在的我們難以理解的。」

史賓賽出生於一八二〇年，幾乎和馬克思同個時代，但他比馬克思長壽，活到二十世紀（一九〇三年去世）。

那麼，聊史賓賽能提到什麼話題呢？孔德用法語創造了「sociologie」一詞，而另一方面，第一個使用英語「sociology」的就是史賓賽。

我曾說過，讀十九世紀歐洲思想史時，最好以法國大革命為思考基準。法國大革命時，這個人是什麼情況呢？他出生了嗎？他經歷過嗎？還是沒趕上革命呢？

法國大革命在十九世紀初幾乎已經結束，那之後的二十五年間出生的世代中則有許多大人物，其中一個典型就是馬克思。這個世代的人們沒有經歷過法國大革命，但是他們雙親的人生和革命有些許關聯，他們的祖父則與革命同時代，曾親身目擊，擁有真確的感受。換言之，法國大革命的殘響依舊，但他們自己卻沒有趕上那個世代，然而，懷有這種意識的世代，比起直接體驗過革命的世代，卻有更多人表現出法國大革命所擁有的那種社會性斷裂或政治思想的斷裂，這是我對他們的印象。而史賓賽也是在法國大革命之後的二十五年間出生的人。

史賓賽醉心於研究「社會達爾文主義」（或社會演化論，social Darwinism）。

顧名思義，社會達爾文主義就是將達爾文（Charles Darwin，一八〇九－一八八二）於一八五九年出的《物種起源》應用到社會上。因此史賓賽在知識上有仰賴達爾文的地方，只是我認為這是一個非意圖的結果，一種歷史的反諷。

史賓賽從達爾文那裡借用了進化論的想法，應用在社會上，在當時很有說服力，受到很多學者的接納與肯定。往後甚至以優生學的形式影響了政策。只是如果換個角度思考，這則是

「無意識地反向輸入」。

讓我來說明這是怎麼一回事。十九世紀中葉，達爾文發表了進化論，當然，這是達爾文直接觀察自然的結果。他說明觀察結果，做出有說服力的理論，就成為了進化論。只是，為何是十九世紀中葉出現進化論呢？我認為這是個必然的結果。換句話說，進化論得以產生且被大家接受，其中有知識社會學式的原因。

十九世紀中期，工業革命結束，英國是世界霸權，資本主義市場成熟安定，一般被視為是自由主義市場的年代。在自由主義的競爭中，英國握有主導權。換言之，在英國的霸權下，商人和企業家們能夠安心地競爭。但是到了十九世紀末，競爭愈趨激烈，也準備步入帝國主義的時代；進化論的出現，就是在快要到帝國主義的階段。

達爾文思考的是自然觀察的結果和天擇的理論。各種特性的生物個體，彷彿按照適應程度在競爭。個體適應環境的程度，就是生存率和繁殖率的乘積，概括來說就是生存競爭。而勝者的特性，會根據一些機制被子孫繼承。雖然當時還不知道關於遺傳機制的詳情，但是達爾文認為有種先天的特性會被世代承繼。這個理論，以達爾文自身來看，是透過虛心觀察自然所歸納出來的普遍化產物。只是，他會直覺認為這樣的世界觀符合自然，覺得這是有說服力的，這件事是有原因的。

各位想必很快就能聯想到原因。因為在資本主義市場，尤其是在自由主義階段的市場中，發生了與達爾文提出的天擇理論十分相似的事情。市場中出現各種商品，但結果，只有在某些意義上創新成功、商品被市場所接受的人們才能生存，失敗的人就只能退出。這種企業或商人們在市場中競爭的社會現實，早就存在了。達爾文並不是因為這樣的現實，而有意識地進行類比，才得到自然生物界天擇的發想；但是我認為，他會認為天擇是真實的，是因為他從他生長的社會現實中體驗到一個無意識的前提。以這個無意識的前提為框架，他去觀察自然，然後發現即使在自然中也存在著競爭。因此，若思考達爾文能成功的社會學背景的話，就會發現其中有某種程度成熟的資本主義。

因此，史賓賽要將達爾文的理論適用在社會中，只是將一個從原本社會經驗中無意識構思出的東西，放回原本的社會中而已。換言之，進化論的社會學應用，只是反向輸入。大家之所以會認為社會達爾文主義適合運用在自由主義市場或是列強間的帝國主義競爭中，是理所當然的。因為這個想法的無意識泉源，就存在於這個社會背景之中。

今天，一般人幾乎都知道進化論，這是基本的自然科學常識。但事實上，比起透過達爾文，更多的是透過史賓賽，進化論才變得廣為人知。在這層意義上，史賓賽對於普及進化論有很大的貢獻。

但諷刺的是，史賓賽的社會達爾文主義在當時是極有說服力的理論，被大家狂熱地接受，卻因為之後的現實以及知識的累積，產生了許多問題，喪失了說服力，如今凋零到連影子都看不到。相對於此，生物進化論至少在其基礎的部分變成固定的學說，甚至可以說只要人類還活著，基本上都不會有任何改變。

文明化的理論

不管怎樣，因為史賓賽在當時非常具有影響力，當我們要理解十九世紀到二十世紀的人如何觀看事物時，他就成為一個重要的指標。因此讓我們稍微談一下史賓賽說了些什麼。

我們在之前說明了孔德提倡的「三階段定律」。人類的精神，從宗教的階段，到形而上階段，最後變成實證階段。雖然我後面會馬上就會提到，不過這裡先說，史賓賽的階段發展理論，從結果來看和孔德是一樣。只是，最初發想卻有很大的不同，我想釐清這點。

在這之前，我想事先做些註解。

孔德或是史賓賽，都是某種文明化的理論。孔德是「神學→形上學→實證」三階段，而史賓賽是「軍事社會→工業社會」發展。孔德的老師聖西門特別重視工業，因此追溯到源頭的話，孔德和史賓賽是非常相似的。

史賓賽的進化圖式，很大一部分和孔德相似，可以說是十九世紀流行的構圖。美國的人類學家路易斯・亨利・摩爾根（Lewis Henry Morgan，一八一八——一八八一）可以做為佐證，因為他也提倡類似的說法。摩爾根有本知名著作為《古代社會》（*Ancient Society*），他在裡面說的東西，影響了馬克思和恩格斯，這點是不能忽視的。摩爾根以許多民族誌紀錄為基礎，認為人類社會會以三階段進化，也就是從「蒙昧」到「野蠻」至「文明」。

摩爾根的這本書，和恩格斯的代表作《家庭、私有制和國家的起源》（*Der Ursprung der Familie, des Privateigenthums und des Staats*，一八八四年）這本巨著有所關聯。關於馬克思，我在後面會詳細講述，不過他曾在大英博物館學習，那時候他在那裡做了極大量的抄寫筆記，因為當時還沒有影印機。馬克思被摩爾根的《古代社會》撼動心神，因此把這本書徹底研究了一番，恐怕他還打算以摩爾根的書為基礎寫些什麼吧，但是他去世得太早，於是恩格斯以馬克思遺留的筆記為基礎，寫下了這本《家庭、私有制和國家的起源》。

如此看來，摩爾根對馬克思主義來說是非常重要的人。

史賓賽的自由主義

言歸正傳。總之，野蠻、未開化社會到現代的世界，這種進步或進化的歷史圖像，是十九世紀的流行思想。孔德或史賓賽想的都是類似的事。

但是這兩個人思想的基礎卻有很大的不同，史賓賽是個人主義，無論是在社會學理論，還是在和規範、倫理有關的政治思想上，史賓賽都很強烈表明個人主義＝自由主義。換言之，所謂的社會，是「自由競爭的個體的集合」，而且他認為這種狀態的社會是理想社會。這點和孔德不同，史賓賽自己也意識到他此點和孔德的差異。

史賓賽在一八五一年寫下《社會靜力學》（*Social Statics*）這本書，從此他的名字為世人所知。這本書比《物種起源》（一八五九年）出版還要早，所以還不是社會達爾文主義。但是，史賓賽的基本思想已經在這本書裡面了，也就是極度的個人主義，而社會存在於個人間的自由競爭切磋中。從這裡無法看出史賓賽的個人主義／自由主義受到進化論或達爾文的影響。

此外，史賓賽本來就打算創造出「社會靜力學」一詞。但事實上，雖然這是他自己想出來的詞彙，但孔德在更早以前就使用過同樣的詞語了。孔德在《實證哲學教程》的第四卷（一八三九年）中使用了相同詞彙，但史賓賽不知道，碰巧也使用了相同詞彙。

史賓賽《社會靜力學》於美國出版時，在其中附錄的「緒論紀要」中，他強調了自己和孔德如何地不同。若我們用今天的話描述孔德，他的社會就像是官僚型的國家統治，由菁英們在工業或科學上統御社會。在這層意義上來說，孔德的理想社會是社會主義式的。與之相對，史賓賽是個人主義的，他甚至憎惡社會主義。因此在《社會靜力學》美國版中，史賓賽努力訴說自己的目標不是孔德強調的「增強對市民的威權主義統治」，相反的，他提倡要縮小統治力道，他的理想是個人主義而非國族主義。

史賓賽採用社會達爾文主義，開始使用「社會學」一詞，是在《綜合哲學系統》（*System of Synthetic Philosophy*）中，這本書他從一八六二年開始，寫了超過三十年以上——在今天若不是特別好奇的人是不會去讀的，但這的確是本巨著。在當時，「哲學」的意思和科學同義，所以這本書就像是包含所有科學的百科全書，在十卷的篇幅中，有三卷正是「社會學原理」。

第一卷的標題像謎題一樣，為《第一原理》（*First Principles*），在這卷中老早就出現了「社會學」一詞。「第一原理」是什麼呢？就是一種自由主義的原理，其想法是，人類在不危害他人的情況下，有做任何事的自由（傷害原則）。能連結到約翰・史都華・彌爾（John Stuart Mill）之名的自由主義，再加上邊沁（Jeremy Bentham）的功利主義，就會成為史賓賽基本的想法。簡要來說，就是以自由主義原理為基礎時，社會可以謀求功利主義的最佳化。從這裡出現了剛才說的對社會主義政策的批判及進化論的主張，這是第一卷。然後六、七、八卷這三卷，則是《社會學原理》。這是這本《綜合哲學系統》中第一次使用英文的「sociology」。

如今人們讀史賓賽，比較不會寫那麼多佩服他之處，但在學說歷史上，必須注意他和之後出現的涂爾幹的關係。涂爾幹克服了史賓賽學派的「社會有機體論」，他以批判的形式提出自身對現代社會系統的想法，之後才終於演變成社會學中非常重要的「功能主義」（functionalism）理論。簡要來說，史賓賽的理論，與構築功能主義基礎的涂爾幹的理論，是以否定的關係連結在一起的。

孔德也好、史賓賽也好，在當時都是非常重要的人物，如今卻已經不太被人們閱讀。但是，若將十七、十八世紀的社會契約論（霍布斯或盧梭）和十九世紀的典型社會哲學家孔德、史賓賽相比，會發現兩者有明確的差異。

哪裡不同呢？到如今，霍布斯或盧梭還是經常被人參考引用，與之相比，孔德或史賓賽就被引用得很少。但是孔德、史賓賽，有著霍布斯、盧梭所沒有的一個要素，那就是時間性，或者說歷史性。

十七、十八世紀的社會契約論中，幾乎沒有進化或歷史等想像。若說在早期的社會學中是將已發生的事件普遍化的話，十九世紀就是時間或歷史成為思想主幹的時代。米歇爾・傅柯（Michel Foucault）有一本完全沒有觸及到「社會學」、非常具獨創性的思想史課本叫做《詞與物》（*Les Mots et les choses*）。其中他將古典主義時期（十七、十八世紀）的特徵定為「表象的時代」，現代（十九世紀）為「人類學主義的時代」，這兩個時代的差別，是因為後者中注入了時間及歷史的概念。我們透過關注「社會學的登場」，發現了在西洋知識中「知識論的斷層」，如同傅柯發現的那樣。

努力讀社會學吧

總結史賓賽理論之際，我還想多說一件事情，就是史賓賽和明治維新時期的日本的關係。像剛才說的，史賓賽的社會達爾文主義，成為優生學理論的支柱之一，在今日的評價並不好，但是在當時卻有莫大的影響力。這件事情對明治維新的日本來說是一樣的，甚至可以說，對日本來說有特別重要的意義。大部分的教科書都介紹過，史賓賽帶給日本明治維新時期非常大的影響。對當時的日本知識分子來說，史賓賽的思想就是走在最前端、應該要學習的思想。

日本在此前都窩在自家生活，結果卻突然開國，作為世界中的一份子，變得不得不和其他國家競爭，軍事及工業上都得盡快變強。史賓賽那像是社會版「自然淘汰」的想法，極為適合運用在這種狀況上。對明治維新時期的日本知識分子來說，史賓賽的思想與社會完全吻合，正是他們追求的思想。

當時的英國明顯壓倒性地勝過其他國家，史賓賽是代表這種國家的學者，也等於在學問上印證了「果然還是適者生存」。首先日本也要變成能夠勝利的「適者」才行，所以當時的知識分子們在這種焦躁感中，引進了史賓賽的思想。

在日本，人文和社會學科的知識分子，總是一邊學習、介紹且引用歐洲最先進的思想，一邊像水戶黃門使用印籠[5]般地運用它們，即使在當代也是如此。在明治時期，史賓賽正是這個典型。

日本第一位社會學者是誰呢？就是外山正一（一八四八—一九〇〇）。他生於江戶時代，活躍於明治時期。

他也是《新體詩抄》（明治十五年〔一八八二〕）的編輯之一，也就是說外山正一也是一位詩人。《新體詩抄》中收錄外山的一首詩為〈題社會學原理〉（社会学の原理に題す），說實在話，其實是很無聊的詩，會讓大家情不自禁笑出來，因此我在這裡介紹給大家。簡單來說，這首詩的風格就是用上對下的角度啟蒙人民。

他是這樣開頭的：「宇宙之事／不分彼此／共同擁有規律……」意即，在宇宙中，到處都有普遍成立的法則。然後他先解說萬有引力的法則，接下來則是關於進化論，「（此乃）擁有不輸亞里斯多德、牛頓　的優秀才智之　達爾文氏的發明」。意即，他說達爾文的才智不輸給亞里斯多德、牛頓，正是他發明了進化論。後面則是「不輸他的史賓賽」。這裡出現了史賓賽，可見日本就是在這種脈絡中介紹社會演化論的。這是一首長詩，然後他把日本的發言人和官員全都痛罵了一頓，最後這樣收尾。

政府的掌舵者呀
引導輿論的人們
努力讀社會學吧
願能慎而勿做
輕率之舉

也就是，要大家好好學習社會學，謹慎謙虛地做研究。這首詩無聊至極，是拙劣的作品，但是對外山正一來說最重要的是，史賓賽並不輸給比亞里斯多德、牛頓還優秀的達爾文。這樣大家應該就能明白，在明治初期，史賓賽的角色對日本知識分子來說，是民眾應該要膜拜的

5 譯註：《水戶黃門》是日本知名電視劇，劇中遇到壞人時，黃門的部下就會亮出「印籠」（繫在腰間的印鑑盒），表明水戶黃門為「天下副將軍」的身份以懲惡揚善。在此意指歐洲思想的優越性。

「印籠」。如此，我們就能明白即便是當時的日本，史賓賽的潮流也是來勢洶洶。這章就以此作結。

4 馬克思——作爲宗教的資本主義

4-1 革命的流亡者

卡爾．馬克思的生平

草創時期的大部分社會學學說，到了今日就如同字面上的意義一樣，沒有學習的價值。但是，也不可以認為「十九世紀的理論都很舊了，沒有用」。因為在和史賓賽同時代的人之中，有個人突然在其理論的基調上閃現了極為出類拔萃的知識光輝，到了今天，他的理論仍完全沒有失去光芒，甚至有人會認為他的理論是社會思考的頂點。至少在影響力之深、之廣的這一點上，毫無疑問地，那可說是首屈一指的學說，於此登場了。

當然，那就是卡爾．馬克思（Karl Marx，一八一八—一八八三）的理論，也可以說，王牌突然就這麼出現了。畢竟在社會學的歷史中，無論在思想層面或是實踐層面，影響力都最深最廣的學者，毫無疑問就是卡爾．馬克思。十九世紀唯一一位，在真正意義上，時至今日還值得一讀的重要學者就在此時出現。

史賓賽直接受達爾文的影響寫下社會演化論，而馬克思也受到達爾文影響。有個很著名的故事，就是馬克思將《資本論》第一卷贈與達爾文。

當然很多人認可馬克思的才能，但其中最認同他的是恩格斯。恩格斯在馬克思的葬禮悼詞中說，馬克思為人類歷史做的事情，可堪比達爾文在生物學領域做的事情。我認為這是很合適的類比。

馬克思生於一八一八年。如同大家所知，他是猶太人。他出生的家庭富裕，父親是律師。馬克思最初為了學習法律而念大學，但中途對哲學產生了興趣。他最初就讀波昂大學，後來轉學至柏林大學，並在那裡受哲學家、尤其是青年黑格爾派的人們所影響——當時，激進的德國哲學家會被說是青年黑格爾派或是黑格爾左派。雖然馬克思一開始時想成為教哲學的老師，但人們認為他的思想危險，無法留在大學裡。

其後，他迎來波瀾壯闊的人生。馬克思生於普魯士和法國的邊境地帶，那是還沒有名為德國這個國家的時代。如同剛才說的，因為他的思想被認為危險，無法留在當地，於是他移居歐洲各地，過著流亡者的生活。年輕時，他先是住在巴黎，並且在這裡寫下被視為馬克思早期代表文獻的《一八四四年經濟學哲學手稿》（*Ökonomisch-philosophische Manuskripte aus dem Jahre 1844*），也因此這份著作俗稱「巴黎手稿」（*Pariser Manuskripte*；英語*Paris Manuscripts*）。而後，他去到如比利時等地，又在各地流亡，最後抵達倫敦。這是一八四九年的事。一直到他去世的一八八三年，他都住在英國。

在倫敦，他住在一間狹小公寓中，每天去大英博物館，寫下他的著述。其中最大的成果當然就是《資本論》（*Das Kapital*）。他在一八六七年完成第一卷並且出版。

但即便寫下像《資本論》這樣的書也無法賺錢，是故，他為了賺錢，成為一名記者，書寫政治評論。馬克思的政治評論非常風趣且有深度，即使到現在還有可讀之處。其中最有名的就是他寫關於拿破崙三世的《路易・波拿巴的霧月十八日》（*Der 18te Brumaire des Louis Napoleon*），分析當時的法國政治狀況。在現代，經過一個月後就變得毫無價值的政治評論非常多，但馬克思則寫下了眾多經過百年後依然值得閱讀、內容深厚的文章。

恩格斯的貢獻

儘管如此，馬克思創辦可能會被禁止發行的雜誌、靠著投稿維生，經濟上非常不穩定。雖然他老家富裕，妻子也是富裕家庭出生，但馬克思自己沒有什麼收入，過著貧窮的生活。資助馬克思的是弗里德里希．恩格斯（Friedrich Engels，一八二〇—一八九五）。他比馬克思小兩歲，第一次在巴黎見到馬克思後，兩人逐漸意氣相投。如同剛才說的，恩格斯對馬克思的才能有相當高的評價，恩格斯家裡經營紡織廠，自己也作為企業家事業有成，所以他可以在經濟上援助馬克思。

恩格斯是個謙虛的人。他和馬克思有許多共同著作，尤以《共產黨宣言》（*Manifest der Kommunistischen Partei*）為代表，但關於這些，他都說：「雖然一起寫，但想法都是馬克思的。」對於馬克思科學上的功業，恩格斯的貢獻有多少呢？對於這點，不同的學派史研究者之間，看法分歧很大。

馬克思這個人，當然不僅僅是學者或作家；他有某部分毋寧說是社會活動家，更準確地說是革命家。他做了很多這類的事情，例如《共產黨宣言》原本是作為共產主義者同盟創立時的黨綱。他也和一八七一年的巴黎公社有關係，最重要的是，他致力於國際工人協會（International Workingmen's Association，一八六四—一八七六年）的創建，雖然現在被稱為「第一國際」（First International），但當時沒有第一，僅叫做「國際」（International）。

在這樣的狀況下，他展開寫作活動，寫了大量的文章，其中他的第一巨作《資本論》，本來應該要在生前出版三卷的，但實際上生前出版的僅有第一卷而已。馬克思於一八八三年，六十四歲時去世。《資本論》的第二、第三卷，是恩格斯從他的遺稿中編輯出版的（第二卷為一八八五年，第三卷為一八九四年）。

4-2 物化[6]的理論

基礎與上層結構

在此，我只會將焦點放在馬克思作為社會學者的面向，僅簡單解說他最重要的部分。問題在於，馬克思說了什麼，或是他是怎麼思考事情的。接下來要開始說馬克思的重點了，我想先從無聊的地方開始說明，再慢慢進入有趣的部分。

《德意志意識形態》（*Die deutsche Ideologie*）是一本馬克思思想的研究者們重視的書，他和恩格斯從一八四五年至四六年，花了兩年的時間寫下這本書。一般認為，就是在這段時間

6 譯註：日文原文為「物象化」。「物象化」（reification）原為盧卡奇用語，概念內涵則近似「異化」。臺灣通常譯為「物化」，且並沒有與一般物化（objectification）做區分。考量語境與閱讀理解後，本書中原文之「物象化」一律翻成物化。「物化」與「異化」之差異則詳見後文與註解。

前後，馬克思晉身成為一流的思想家和哲學家。

馬克思和恩格斯從「人類和動物到底有什麼區別」的問題開始。在馬克思的想法中，人類和動物的區別為「人類自己生產維持生活所需的手段」，創造生活手段的方式就被稱為「生產方式」（德produktionsweise，英mode of production）；這聽起來像是日常生活中常聽到的詞彙，但這是馬克思的專門用語。

在「生產方式」中，人類不是單獨一人，而是相互維持關係地活動；這種人類相互地活動，以馬克思的用語來說就是「交往」（Verkehr）。這是在讀馬克思時最好要知道的詞彙。這裡不是指車輛交通[7]，而是人與人之間的相互活動。透過「交往」而產生的「生產方式」，位於人類生活基礎的物質層面，也就是經濟的部分。

到此都是在講經濟的事情。那麼這和更人性的觀念、思想、理念、表象、象徵等事物有什麼關係呢？

我先說明一般的通說。關於人類的物質層面，也就是經濟活動的部分與精神活動間的關係，馬克思在《政治經濟學批判》（*Zur Kritik der PolitischenÖkonomie*，一八五九年）一書的知名序言中有非常明確的定義——這本書非常重要，有某部分則像是《資本論》第一卷的草稿——他以「基礎和上層結構」或是以「下層建築及上層建築」等建築結構來比喻。基礎就是經濟，這和剛才說「生產方式」是同樣的意思。

馬克思用語中，「生產力」（Produktivkraft）加上「生產關係」（Produktionsverhältnisse）就是「生產方式」。所謂「生產關係」終極來說指的就是階級關係；若要再說得仔細點，就像是職場內的分工、社會全體的分工或其他階級關係，將這些總和起來就成為「生產關係」。

在這樣的基礎上，有兩種上層結構，分別是「政治法律的上層結構」和「意識形態上層結構」。這個理論招致許多批判，是個惡名昭彰的構圖，但總之我們必須要先知道，所以我寫在這裡。

上層結構	政治、法律／意識形態				
基礎	經濟	＝	生產方式	＝	生產力＋生產關係

這個「意識形態」是非常重要的詞彙。雖然如今大家都會使用，但賦予這個詞彙特別意義的，就是馬克思和恩格斯的《德意志意識形態》。

7 譯註：會有這句話是因為 Verkehr 在日文中翻作「交通」。

最早使用意識形態這個詞語的是法國哲學家德斯蒂・德・特拉西（Antoine Distutt de Tracy，一七五四—一八三六），無論哪本教科書都有寫。雖然我沒讀過他的書，但是他一定會出現。只是，當時意識形態（ideology）指的是「idea」的「logy」，意即「idea」的「logos」[8]，意為「觀念之學」。

這個語詞被馬克思和恩格斯挪用，意指人類普遍的精神活動的總和，包含思想、科學、藝術等等都被稱為意識形態。這是馬克思主義的標準構圖，因為基礎是經濟，所以一切事物被下層建築所規範，經濟決定了政治的權力結構、或是人類的觀念及意識形態。

商品形式和現代的世界觀

雖然我在前面講的是很基本的內容，但若只有這樣的話馬克思一點也不有趣。我們還沒有捕捉到馬克思有趣及重要的部分，不能因此感到滿足，若要對馬克思的理論有更深入的理解，我們要先將這個構圖放在腦海的角落，注意其他更細緻的言論。

為了理解馬克思如何思考人類觀念或精神的應有狀態，我們需要閱讀更多其他的論述。乍看之下，有些論述並不是關於人類精神的描述，但嘗試閱讀後會發現那些才是最重要的。

那是指什麼呢？《資本論》的開頭，從商品分析開始。一般來說，因為商品就是經濟，所以這會被視為是下層結構的描述，但其實不是這樣。商品分析在某個意義上，是意識形態的分析、人類思考方式的分析，也就是人類觀念的模樣的分析。商品分析雖然被認為是經濟分析，但其實已經是關於意識形態的研究了。

更準確地說，《資本論》一開始的商品分析，可以當作是一個理論，在說明是透過了什麼機制，現代社會＝資本主義社會這個特有的觀念現象得以成立。我接下來將要說明這件事情。

話先說在前頭，這並不是我特別奇異或獨創的見解。

最早讓我感到《資本論》要這樣讀的，是當我在學生時代讀了真木悠介《現代社會的存立結構》[9]的時候。我深受他的影響及啟發，他的書是以《資本論》為理論軀幹的現代社會論述，那時我就由衷地感覺到，不能將《資本論》看作是討論勞動力或經濟問題的論述，這整本書同時也是關於權力、觀念或意識形態的理論。

不過我後來才知道，幾乎和《現代社會的存立結構》這本書時同期，有位叫做阿爾弗雷德・索恩—雷特爾（Alfred Sohn-Rethel，一八九九—一九九〇）的人也說過，《資本論》的商

8 譯註：可參考前面關於「邏各斯」的註解。
9 譯註：真木悠介為見田宗介的筆名。見田宗介（一九三七—）為日本著名社會學家。

品分析確實是精神結構分析（日本僅翻譯過一本他的書，名為《腦力勞動與體力勞動》）。索恩—雷特爾（我在後面會介紹），是法蘭克福學派中一位具有特色的哲學家。此外，廣松涉這位在日本介紹馬克思的代表人物，也可說是這樣子在讀《資本論》的。

《資本論》是對於以資本主義的生產方式為基礎的社會之分析。如果硬是將資本主義一詞拿掉，在廣義上，這本書就是一本現代社會理論。一般來說，大家或許會認為這是一本像經濟學的書，但《資本論》也提供了一個很好的範本，讓我們理解現代社會的整體。

那麼，現代社會中特殊的觀念現象在何處呢？答案就是非常抽象且概念式的思考方式。這種思考方式的直接產物就是現代的自然科學。從十七世紀開始，以牛頓為代表的重要自然科學家們陸續地登場，不斷累積了重要的科學知識；這被專門研究科學史的人稱為「科學革命」。科學革命的特徵是，用概念且抽象的方式認識自然。若我們將這種認識世界的方式放在腦海中，乍看之下，現代的世界觀和商品之間沒有關係，但事實上可說是不可分割地連結在一起。剛才提到的索恩—雷特爾就這樣寫過：「（馬克思的）商品形式分析，不只是批判古典經濟學的關鍵，更是以歷史來說明了抽象且概念式的思考方式，以及和其一同產生的腦力勞動與體力勞動之分割，這是另一個關鍵。」

我用更單純的說法解釋他所說的內容。好比說，我們上高中後要學習力學，其基礎就是牛頓的古典力學。在牛頓的世界觀中，思考物質世界時，他導入質點的概念。物體最本質的部分，就是質量和速度，而且在運動力學裡面，可以只考慮重心，結果就是想成那是一個點。將所有質量全部集中在一點上，考慮那個點的速度，就可以知道物體的本質。質點的概念就是如此：先將物體想成在真空中移動，然後考慮阻力或摩擦力，再慢慢調整成符合現實的狀況。

換言之，去除物體的多樣性，直到剩下速度和質量，以量的規範將物質抽象化，再還原這些物體間各種質的差異。正是這種世界觀讓科學革命成為可能，並創造出邁向現代新世界觀的突破性進展。

讓我們來試著思考商品交換的現象。當我們將商品交換的世界放在腦中時——與其說是以物易物，不如說是用貨幣購買商品的世界——我們會認為這本筆記本和這瓶寶特瓶水是等價的，因為無論哪樣都可以用一百日圓買到。

當然寶特瓶中的水和這本筆記本是為了完全不同的目的而存在的。他們擁有完全不同的用途，但是當我們把它們當作商品看待時，他們的價值就是相同的。我們也會想說，一本筆記本等於兩小瓶礦泉水。當物變成商品後，就建立了這樣的等價關係。

而個別商品的實際使用價值，像是寶特瓶中的礦泉水很好喝而且攜帶方便，或是這個筆記本很好寫等等，以馬克思的用語來說就是「使用價值」。如果以使用價值來看，商品就會呈現出多元性，擁有個別的特性。但是在商品交換中，它們被視為是擁有相同的「價值」。為了讓大家更好理解，這裡的「價值」，我們用「交換價值」來稱呼。事實上，馬克思所謂的「交換價值」和「價值」是不同的兩個詞彙，嚴格來說，這裡只能說是「價值」，但為了理解方便，我們稱它為「交換價值」。

我們將不同使用價值的商品抽象化，將它們看作是相同的，規範它們具有相同交換價值的量，透過量的規範來比較它們並建立等價關係，這件事和剛才說的古典力學的現象是一樣的。雖然不同物體間有各自的味道、顏色、形狀和質感，但是將它們當作是力學的對象進行處理、計算它們的運動時，我們只會將它化約成名為質量和速度的量。這兩者是同樣類型的操作模式。

當然牛頓並不是打算分析商品世界，但是若將馬克思的分析當作基礎來思考的話，當我們在交換及購買商品時，就會於無意識間，對商品施以和牛頓力學那般一樣的操作。

所有物品都變成商品的社會

《資本論》的知名開頭是這樣的[10]：

資本主義生產方式佔統治地位的社會的財富，表現為「龐大的商品堆積」，單個的商品表現為這種財富的元素形式。

換句話說，一個社會中有價值的東西是所有的商品，這就是名為資本主義的社會。在資本主義以前的社會，人們擁有各種財富，它們有時是別人贈與，有時是交換來的，能被視為商品的物品只有是財富的一部分而已。但是當資本主義來臨時——馬克思在十九世紀時這樣想——社會的財富全是商品。他想要分析變成這種階段的社會。所有的物品變成商品，意味著即使所有的東西有各式各樣具體的使用價值，但它們都可以化約成抽象的交換價值。

那麼，所有物品都變成商品的社會呈現了怎麼樣的狀態呢？為什麼這種社會中所有物品都變成商品呢？馬克思分析及說明這些問題的同時，也是在分析及說明下面的問題：要在什麼樣的社會基礎上才會產生像是科學革命，或是其後的工業革命世界觀？

我們可以按照下面的脈絡進行思考。在十八世紀末到十九世紀初，出現了一位現代哲學家

10 譯註：原文引用岡崎次郎所譯的日文本，但往後翻譯成中文時，將全部改引自中共中央馬克思恩格斯列寧斯大林著作編譯局，一九七五年版。之後不再另加註提醒。

中最偉大的人物，康德（Immanuel Kant，一七二四—一八〇四），他思考事物時，明顯受到科學革命、或是在啟蒙時代中誕生的自然科學的衝擊。此時的康德，思考的是新的自然科學，例如那些根據物理學紀錄的法則，在什麼意義上或於什麼權利下，可以算是擁有普遍的妥適性。康德將成果記錄在三大批判書中，尤其是《純粹理性批判》（*Kritik der reinen Vernunft*，一七八一年；第二版一七八七年）。

此時的康德，為了妥善說明人類理論上認知，他認為人類主觀中具備某種形式——康德稱為「先驗唯心論」。正因為這個形式，現代科學所展示的世界中就保證了一種普遍的妥適性。簡要來說，馬克思於商品世界中找到的東西，也就是康德在人類內在的主觀中找到的東西。

可以這麼說：資本主義社會中的商品形式相當於康德的先驗唯心論。另一方面也可以說，馬克思關於商品的分析，是將康德哲學社會學化，或者是說將那些描寫內心戲的東西，開展作為商品的劇本。

總之，馬克思分析的是商品中蘊藏著「使用價值／交換價值」的雙重性，以及全部財富以商品積累作為表現的社會是如何成立的。

異化和物化

那麼，馬克思是如何思考「將商品變成可能的機制」的呢？換言之，馬克思如何理解現代社會？我們不要看基礎和上層結構這種粗略的構圖，而是要看更細緻的論述。

關鍵是「物化」。這是以前很常使用的詞語，現在卻不太使用了。用德語來說就是「Versachlichung」，Ver是前綴，Sache是物的意思，也就是「變成物」，用英文來說是「reification」。[11]

為了說明物化，就一定得說明和物化一組的「異化」（Entfremdung）概念，或是說我們要將這兩者合起來看，以理解「物化」的概念。

在我年輕的時候，理解馬克思的重點，是分辨「是異化論還是物化論」。什麼是異化論派和物化論派呢？「異化」原本是黑格爾提出的概念，雖然在馬克思的書籍中，異化也被當作是重要詞語而出現。為何異化會變成是解釋馬克思的重點？因為在馬克思的思想中，關於「異

11 譯註：其實馬克思的德文有使用 Versachlichung 和 Verdinglichung 兩個詞彙，但廣義來說英文和臺灣翻譯通常皆翻成「物化」（reification）。這個差異來自於德文中表示「物」的詞彙有 Sache 和 Ding 兩者，意義有細緻的不同，故將其動詞化後產生兩個詞彙，亦有專門領域學者認為兩者應有區分。然而此處僅是說明介紹，故採廣義的方式翻譯。

化」的位置有兩種見解。

馬克思在初期的書籍中，非常容易使用到異化一詞，但後來變得愈來愈少用。因此，曾有學者們認為（以廣松涉為最中心者）：「異化的概念可以置換成物化，這是馬克思認知上的大躍進」。

但也有相反的說法。他們認為異化這個概念在馬克思理論中，一直是作為重要的概念延續著，沒有什麼「異化論到物化論」的斷裂。如今這些爭論像明日黃花，但在當時，馬克思說了什麼就像是上帝說了什麼一樣，所以是非常重要的爭論。

以結論來說，我認為馬克思的文章中有概念遷移，概念明顯有滑動或躍進，也就是從以異化概念當作基礎的時期，轉移到以物化概念當作基礎的時期，而這個躍進的轉折點，就是剛才提過的《德意志意識形態》。在國外有位路易・阿圖塞（Louis Althusser，一九一八—一九九〇）——他的晚年以悲慘的形式去世——他的解釋和廣松涉相近，他說馬克思的前期和後期間有認識論的斷裂，這個斷裂即是從異化到物化的移動。所以為了理解物化，必須先理解異化的概念。

費爾巴哈的「異化論」

因此我們先來談什麼是「異化」。

比起閱讀馬克思的初期文章，我們先來參考馬克思心中想要超越的前輩們，也就是青年黑格爾派（受黑格爾影響的激進份子）會比較好理解。我們來看看他們是怎麼使用異化這個概念。

青年黑格爾派中最重要的人是費爾巴哈（Ludwig Andreas Feuerbach，一八〇四－一八七二），我將透過他的異化論，說明其和物化論的關係。

費爾巴哈在《基督教的本質》（*Das Wesen des christentums*，一八四一年）一書中批判基督教。他認為，在信仰上帝的人看來，「上帝創造了人類，先有上帝，人類則是服從上帝的命令並向上帝祈禱」，也就是「上帝確實存在」。但是如果讓費爾巴哈來說的話——雖然要說理所當然也是很理所當然——並不是上帝創造人類，而是人類創造上帝。

事實上，這個構圖用別的說法來說的話，就可以用「異化」這個概念來說明。什麼意思呢？從信徒的觀點來看，先有上帝，然後上帝創造了人類，但若假設客觀事實上不是這樣的話，結果會是什麼構圖呢？就是人類將自己內心中「使人之所以為人的東西」投射到外部——

外化——然後將之視為上帝，並感覺它是從原初以來就存在於外的東西，並且崇拜它。以德國唯心論的語言來說，「人之所以為人」，就是人類的「類本質」（Gattungswesen）。所謂的上帝，就是人類的類本質的外化＝異化。換言之，人類將「人之所以為人」表現在自己的外部，明明是自己創造的東西，卻誤以為它先於自己、是從原初就存在的東西，這種結構，就被稱為異化論構圖。在人類外部的意識形態，看起來像客觀存在的事物，但事實上是人類內在事物於外部的投影。

一般認為，馬克思初期也沿用了這種青年黑格爾派的想法，但是他最後將思考改變至物化論。這是怎麼變化的呢？

朝向人與人的關係

異化論的思考方式，簡單來說就是「上帝是你創造的幻想」，但即便他們打算藉由這種方法批判宗教，仔細思考的話，會發現這個構圖還不完全。是什麼東西被外化成上帝這個形式？在人類的內心中，一開始得要有和上帝等價的事物。相當於上帝的東西在人類心中，然後人類將其外顯。即使說上帝是幻想，但這樣就必須承認人類自己的內心中，存在著相當於上帝的某樣實體。

即便想要將上帝解體，但在人類內心中看到和那解體了的事物相同的東西，這種論點是無法在真正意義上成為宗教批判的。費爾巴哈打算揭發上帝的虛幻性，但是可以說，他的異化論只是讓那個被視為虛幻「實體」的位置，從人類之外移動到人類之內而已。

而物化論如何思考這件事呢？

以結論來說，物化論是再把實體的部分置換成別的東西，那就是人與人之間的關係。從馬克思主義者的角度來看，人與人關係中最重要的，是人類創造生活手段以生存，而這個關係——馬克思主義會用「共同活動」一詞——主要是以位於生產勞動中的人際關係為基礎。（人與人之間的）關係，像是外在的物一樣顯示出具有客體性時，就是物化。同時，我們從這個關係中產生了人類內在本質存在的錯覺，彷彿人類成為那客體物的對極。

讓我們以圖式來整理。假設關係R（relation）、人類S（subject）、上帝O（object），在異化論的圖式中，S創造了O。

S→O

但是，若根據物化理論就不是這樣，O是人與人之間的關係R所誕生出來的一種錯覺。換句話說，關係R倒置並投射出對象O。此時，和O一起，也產生了名為人類主體性S的錯覺。R同時誕生出S和O，一邊是上帝O，另一邊是服從上帝的人類的認同S。但是，O／S這組本身只是關係R倒置後的表象。寫成圖式後變成：

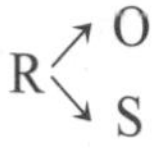

異化論中，上帝實體會移動到人類裡面，但是物化論中，人類內在的實體更是拆解成社會關係。像這樣，遵從物化理論的公式的話，所有的實體就會被還原成關係。此時，人與人之間的關係表現出獨立於其他事物的表象，這種機制被稱為物化論。

價值形式理論

讓我們更細緻地來看這基本的圖式。《資本論》的開頭有一個名為價值形式理論（Wertform）的知名理論，也就是論述商品形式是如何產生的。我們可以沿著物化理論，來解釋這個部分。

剛才我們舉了科學革命的例子，說明商品形式如何成為現代世界觀的根基，如果是這樣的話，價值形式理論也能解釋現代世界觀的生成。因此，如果覺得要讀完《資本論》很辛苦，那麼至少得要讀這個部分。

例如，寶特瓶和筆記本沒有相似之處，但是我們會說它們的價值相同，因為它們都是可以用貨幣交換的，這顯示出因為有了貨幣，各種多元的特殊的商品，似乎擁有抽象的（交換）價值，商品可以用同一種貨幣交換，這賦予各種商品抽象的同一性。如此一來，商品作為普遍的財富，建立了現代社會的基本架構，這種架構如果用生產貨幣的機制來說明的話就能夠理解，而說明這種貨幣邏輯的就是價值形式理論。

價值形式理論認為貨幣成立的過程有三階段——或是按照算的方式不同，也有人說是四階段。乍看之下，這裡的內容只是描述從樸素的以物易物到出現貨幣的過程，但其實不是這樣。此處的主題不是歷史時間上的順序，而是理論上的順序。

首先，第一階段是「簡單的價值形式」。馬克思用上衣和麻布說明，但我們不熟悉麻布，所以我們置換成兩瓶寶特瓶水（A），和一本筆記本（B），用這些物品進行交換。

$$A \times 2 = B \times 1$$

此時上方（A側）稱為「相對的價值形式」，下方（B側）稱為「等價形式」。換言之，當吾人思考A的價值時，會認為2個A相當於1個B，A的價值是以B為基準測量出來的，A可以透過B測量出相對的價值。這種關係叫做「簡單的價值形式」，我們將它放在討論的起點。

第二個階段是「擴大的價值形式」。生產並擁有A（寶特瓶水）的人，並不會因為拿到B（筆記本）而感到滿足，這個人可能也需要咖啡C、麵包D、或是汽車E。換句話說，有A和B交換的時候，也有A和C交換的時候，也有A和D交換的時候。將數量用小寫字母表示的話變成下面這樣：

A×a＝B×b　或
　　＝C×c　或
　　＝D×d　或
　　＝E×e　或……

這些等式全部用「或」（or）連接，這些狀態被稱為「擴大的價值形式」。相對的價值形式A透過各種等價形式表現出其價值。

之後，也就是從第二階段到第三階段變得有點棘手。此處試著將上下兩邊交換，然後全部等式都以「且」（and）連接。

B×b＝A×a 且

C×c＝ 且

D×d＝ 且

E×e＝ 且……

這樣一來，B、C、D個別的價值全部都變成透過單一的等價形式A測量，A成為測量B和C和D的基準。也可以說，A成為B、C、D之間保證擁有可以比較的等價性的基準。換言之，A成為各種交換的普遍媒介，我們將這種普遍媒介稱為「一般的等價形式」。在許多狀況下，這種媒介都是貴金屬，這就是貨幣形式。

雖然這整段是十分有名的討論，但我認為也有瑕疵。特別是從第二階段怎麼變成第三階段的呢？沒有理由地將上下對調，讓人覺得有點含糊其詞。但此處並沒有結論。

總之，上述的價值形式理論說明了這個機制：從商品（所有者）間的特定關係，提取出可說是商品之神的貨幣（一般的等價形式）。A成為評價市場中所有商品價值的中心，等於是市場的上帝，產生這種機制的情況正遵從了物化理論。

費爾巴哈認為，人類的內在本質只是投影至外部。但是馬克思不這樣認為。他認為是某種關係形式成為機制，誕生出類似上帝的東西。

或者也可以這麼說，社會學是提問「社會秩序如何可能」的科學。馬克思的理論說明了：在名為市場的現象中，一種等價形式或價值的基準如何誕生，商品交換為何變得可能。他說明了人們託付給名為市場的特定社會，並生成社會秩序的機制。在這個意義上，價值形式理論是馬克思對社會學最基本問題的回答。

A和B的不對稱性

人們對馬克思的理論有各種反駁和批判，雖然不知道這樣好不好，但我想不要太過仔細逐一檢討，而是要去理解這個理論有意義之處，所以我們只說重要的部分。其中有兩點非常重要。

第一個重點，若整體來看剛才說的三階段流程，我們會看到一些含糊不清的地方，特別是從第二形式轉移到第三形式的時候。但其實最重要的部分在一開始的「簡單的價值形式」中就全部都出現了，如果我們認同第一階段的話，後面展開的議論就已經被正當化了，所以最重要的就是第一階段。

這是什麼意思呢？馬克思也用等號寫下A＝B的公式，但事實上在價值形式理論中出現的公式，和數學中所說的公式不一樣。如果是數學公式的話，A和B要完全對稱，A＝B等於B＝A。但是在價值形式理論中，一開始在A＝B的階段，也就是在簡單的價值形式中兩邊已經是不對稱的了。換句話說，上方和下方無法相互替換，其中存在著某種不對稱性。

首先，假設我拿著名為A的商品（寶特瓶水），我以A的立場來思考。對我來說，拿著筆記本的他人B和我並不是對等的，這點很重要。這種不對等的感覺，用馬克思的話來說，表現出來的就是「相對的價值形式」和「等價形式」等概念。這種不對稱性意味著什麼呢？我直接引用資本論中有名的一段話來表示：

因為人來到世間，既沒有帶著鏡子，也不像費希特派的哲學家那樣，說什麼我就是我，所以人起初是以別人來反映自己的。名叫彼得的人把自己當作人，只是由於他把名叫保羅的人看作是和自己相同的〔作者註：確立自己作為人的身份認同〕。因此，對彼得說來，這整個保羅以他保羅的肉體成為人這個物種的表現形式。

這裡出現的費希特（Johann Gottlieb Fichte，一七六二—一八一四）是黑格爾時代有名的德國哲學家，此處馬克思揶揄了費希特的「自我哲學」。人類不是帶著鏡子降生於世，也就是說孤立的個人無法看見自己或認識自己，人無法透過「我就是我」的套套邏輯確認自己的身份認同，或者說，在孤立的時候，甚至連「我就是我」的套套邏輯階段都達不到，所以人類最先看見的是從他人反映出來的自己。

馬克思說明這段時，使用了兩位代表基督徒的信徒之名，彼得和保羅。彼得透過和同樣是人類的保羅的關係，第一次認同自己也是人，這就像是「原來我和那傢伙一樣是人」的感覺。

接在「因此，對彼得來說」的後面那段話很重要，但表現形式很有德國的唯心論風格，所以有點難懂。彼得（我）是透過和保羅的關係，才首次能夠認識到自己是人。此時，對我（彼得）來說，保羅認為我是人，等於保羅對我來說是人或代表人這個物種。因此，名為保羅的人成為超過一位保羅的存在，保羅對彼得來說，是代表人類這個物種，顯示保羅具有普遍超越性。這段話描述的其實是這種結構。

同樣的現象發生在商品的階段中。我彼得所生產的A有沒有價值，是關係到保羅買不買這樣商品。當保羅買了之後，才首次證明我生產的東西具有普遍的價值。

馬克思認為，在簡單的價值形式階段中，我作為自己什麼都不是了，而是依存於自我與他者的關係「相對的價值形式」中，而他者則帶有能夠代表「物種」的普遍性，是使他自身成為有價值的「等價形式」。價值形式理論在第一階段中就隱含了所有的謎題。A和B之中蘊含了不對稱性，他者B（等價形式）中所隱含的物種本質，在最終會被提取出來，以一般的等價物品（貨幣）的形式出現。

此處是正確理解價值形式理論的重點，這是第一點。

明明不相信卻相信

還有一個重點是，價值形式理論描繪出來的整體機制，並不是於人的內心或意識之中展開的小劇場。換句話說，重要的是這機制徹頭徹尾獨立於當事人的意識（自覺）之外，在人類的交往關係或人類行動的階段中，自律地生成運作。這個機制以價值形式理論的外觀表現，並萃取出貨幣般的事物，這種邏輯，正是「現代」被視為「現代」的原因。

像我剛才說的，貨幣對所有的商品像是上帝君臨一般。此時，商品（所有者）們，是如何看待貨幣呢？

當然，他們理解貨幣只是為了方便起見的東西。我們知道貨幣是因為約定而成立的，並不是因為貨幣擁有特別神秘的力量，我們清楚地知道「只不過是因為我們使用你，你（貨幣）才好像很了不起」。商品（所有者）們有所自覺，貨幣這種東西的價值反映出他們關係顛倒的狀態。

剛才，費爾巴哈說「你們膜拜的上帝，只不過是你們創造的事物」。商品所有者們會認為費爾巴哈的主張「不是理所當然的嗎」；他們是好的費爾巴哈主義者，他們理解名為貨幣的上帝，只是他們的創造物。在他們在意識中，是不信仰名為貨幣的上帝的。

但是同時，無論他們怎麼想，自身的作為（行動）卻不同。若觀察商品（所有者）的行動——嚴格來說是此行動交織成的關係，貨幣完全是被當作上帝般地對待。因為只有變成貨幣的商品才是特別的商品，其他商品們的行為則像是貨幣擁有特別神秘的力量、沒有貨幣不行那樣。換言之，雖然在心中知道貨幣只是方便起見的東西，但行為上卻明顯視貨幣為特權。

換言之，此處身為一般等價物品的貨幣的確是上帝。然而，商品所有者們的意識中，沒有對上帝的信仰，但他們的行動則信仰著上帝；信仰不在他們的意識之中，他們卻在無意識之中採取行動。如果只看行動，這確實是一種崇拜。試著回顧我們的日常生活，貨幣只是紙片，只不過是一種先約定好了才被慎重使用的東西，我們在某種程度上也知道它是無用的，但是我們卻會使用自己人生去換取貨幣。

因此，這裡產生的機制不是心理學的機制，而是社會學的機制。換言之，說到人與名為貨幣的上帝之間的關係，在意識的層面，人已經是無神論者，是清醒的功利主義者，但是行動卻在無意識中信仰它。馬克思在此處開展的價值形式理論，是種無意識理論。馬克思在《資本論》中這樣寫：「他們並沒有意識到此，但是他們這樣做。」

要說現代社會（資本主義）和現代以前的傳統社會（馬克思所稱的「封建社會」）有哪裡不同，就是信仰所在之處。好比拿傳統社會中領主、主人、國王等人和家臣的關係來說，家臣們會感覺到作為王或主人直接具備的屬性，也就是魅力（charisma）或神性，像是君權神授說，君王實際上被人們視為曾接受了上帝的什麼，是種特別的存在。在此，信仰位於家臣們的意識層面，費爾巴哈批判的正是這種人：「那（君王或主人的魅力或神性）只是你擅自投射的東西而已」。

與此相對，現代社會如同剛才所述，人們已經有類似費爾巴哈般的意識了。在現代社會，人們是於行動的層面中，信仰著他們於意識層面所否認、所嘲笑的神。

總結來說，在前現代社會，人們在心中信仰。在現代社會，也就是在以價值形式理論表現出的邏輯中，人們雖然無信仰，但卻看起來像是逕自信仰了商品（物品）。信仰物品是一種比喻，但信仰層面卻百分之百轉移至無意識之中，這樣的狀況顯現在眼前。

4-3 作為宗教的資本主義

虔誠的守財奴

馬克思認為現代是由資本主義的生產方式所支配的社會。《資本論》作為他分析現代的書，事實上我認為其中最重要的洞見是：資本主義是一種宗教，是讓現代得以成立的某種無意識宗教。「作為宗教的資本主義」雖然是後來華特．班雅明所使用的詞彙，但我認為馬克思說的與這個概念相近。

熊野純彥[12]寫了一本大部頭的書，名為《馬克思 資本論的思考》（マルクス 資本論の思考），若想要認真閱讀《資本論》時，推薦可以將這本書放在手邊，閱讀上會變得相當方便。他沿著《資本論》的脈絡，並根據他一直以來累積的研究成果進行解說，熊野並在這本書的最後，寫到《資本論》的中心思想隱含著宗教批判，實在是相當精彩。

馬克思和宗教之間存在一個有名的命題即是「宗教是人民的鴉片」。但「人民的鴉片」完全不是馬克思獨創的；在當時的黑格爾左派之間，這已是十分老套的說法。先前介紹的費爾巴哈的異化論就是這句話的理論支持，而且不如說，馬克思優秀的地方在於更細微之處。《資本論》的副標題是「政治經濟學批判」，我們聽到「經濟學批判」可能會認為是批判經濟學這個特定的科學領域，但事實上這同時也是宗教批判。熊野指出這是馬克思非常重要的一點，我認為這是完全正確的。

事實上，《資本論》到處都使用神學的隱喻。這不僅是文學修辭的問題，更有貼合內容本質上的含義。雖然到目前為止，在關於物化論和價值形式理論的說明中，我想大家都已經能理解資本主義的宗教性，但是在這裡我想要討論得更深入，因為這也能作為後面出場的馬克斯・韋伯的伏筆。

馬克思說，要理解資本或資本家的現象，最好先了解資本家和守財奴之間的關係。守財奴，就是累積貨幣的小氣之人。根據馬克思所述，守財奴距離資本家僅一步之遙，以資本家當作起點的話，就是說他們差一步就能成為資本家。這是怎麼回事呢？我直接引用馬克思的話。

> 貨幣貯藏者〔守財奴〕為了金偶像〔錢〕而犧牲自己的肉體享受。他虔誠地信奉禁欲的福音書。

12 譯註：日本當代哲學家。

乍看之下，守財奴被金錢污染，只思考關於錢的事，是最世俗的人，但思考後會發現他們非常禁慾，因為他們一點都沒有享受花錢買東西的樂趣。這種過度的禁慾，馬克思認為與宗教相關。馬克斯・韋伯的《新教倫理與資本主義精神》則更系統綜述地探討這個問題。雖然馬克思並沒有像韋伯一樣以這件事情當作重心來討論，但他認為守財奴有類似基督新教型的禁慾。

作為上帝的剩餘價值

關於這個問題，我想要復活一個如今已漸漸不太使用的馬克思用語，「剩餘價值」（德語Mehrwert，英語surplus -value）。

剩餘價值，總地來說，近似於利潤的概念。雖然嚴格說來並不相同，也可以說重要的是在最後理解它們之間的差異，但總之，在一般日常語言中要找出對應的近似概念，就請想成是利潤。資本的特徵及定義，就是通過流轉和轉換，在最後產生剩餘價值，而資本家會榨取這個剩餘價值，這成為馬克思主義者進行社會批判時的重點。

但是，剩餘價值是怎麼產生的呢？明明只能等價交換——或是說等價性是透過交換這個事實來決定的，所以此處交換是定義上的等價交換——為何會產生剩餘價值呢？這是《資本論》中最大的疑問。

通常我們會以勞動價值理論為基礎，說明剩餘價值發生的機制，但這個理論如今已為人所詬病。勞動價值理論本身不是馬克思所獨創，在當時是古典經濟學派的主流思考方式，只是馬克思又另外加入了價值形式理論，所以我就在此省略這和普通的勞動價值理論有什麼不同。總之以勞動價值理論為基礎，馬克思導出剩餘價值的理論。

如果要讓大家好理解的話，我想可以這樣說。在市場上明明只有等價交換一種方式，為何會出現剩餘價值呢，這難道不奇怪嗎？是哪裡出現詐欺行為了嗎？但是馬克思遵循市場的法則，說明即使沒有詐欺的要素，仍會產生剩餘價值。因為重點是，勞動力這個商品，是個特別的商品。根據勞動價值理論，所有的價值都始於勞動力，勞動力是唯一能夠產生價值的商品。其他的商品，會根據投入的勞動而擁有價值，但本身卻不會產生價值，只有名為勞動力的商品擁有商品本身會產生價值的性質。

雇主支付工人薪資，買下勞動力，也就是雇主會支付符合勞動力商品價值的薪資。這個被買下的勞動力商品，則會產生新的價值。但是，當購買勞動力商品時所支付的價值，和勞動力本身產生的價值間出現落差，也就是勞動力產出的價值較大時，就會成為剩餘價值。

為什麼會產生這樣的價值落差呢？當我們有這樣的疑問時，就要先問，工資是怎麼決定的？勞動力的價值和其他商品一樣，都是用同樣的原理決定的。比如說，生產這枝筆時所投入的勞動時間，決定了這枝筆的價值，這和生產這枝筆所必要的勞動力價值是相同的。勞動力商品的價值也是以同樣的理論在運作。假設，我們雇用了A，支付A薪水，這份薪水則對應屬於A的勞動力商品。這種勞動力商品的價值，因為和剛才的筆一樣，也就是讓A的勞動力再生產時所需的價值。只要支付對應的金額作為工資，就能買到A的勞動力。

更單純的說，雇主只要付出A可以活下去的薪資就可以了。雇主要A明天也能保有健康的勞動力來工作，就要付給他活下去所必須的費用，這費用就對應到工資。當然，為了維持A的勞動力，食衣住行等等的費用也包含在工資中。

但由於A不小心太勤勞，比如A活一天需要一萬日圓，然而A將自己的勞動力使用在一個工作天中，產生出相當於一萬三千日圓的價值。這個三千日圓就是對應剩餘價值。

老實說，這是非常奇怪的說明，但若犧牲細部的嚴謹度，我們姑且可以說剩餘價制的產生就是遵從這種理論。只是今日我們並不會完全採信勞動價值理論，所以關於剩餘價值，我們也不能直接從這種教科書式的說明中理解。

順帶一提，森嶋通夫[13]有本名為《馬克思經濟學》（マルクスの経済学）的書，裡面嚴格地檢討了要具備什麼樣的條件，勞動價值理論才會成立。若使用馬克思經濟學用語，這本書處理的就是「轉形問題」——「價值」怎麼轉形成「價格」的問題。從我們的觀點來看，這本書的工作是確認理論的守備範圍，並提醒我們教科書在解釋勞動價值理論時有多少適切性。

總之，最好不要全盤接受關於剩餘價值產生的說明，但即便這樣說，捨棄剩餘價值的概念也並不好。如果完全不談剩餘價值，我們就無法理解資本或是資本主義現象的異常性。

如果我們遺忘剩餘價值現象所擁有的獨特含義，就無法說明資本主義機制的關鍵部分。因此我希望大家能以不直接依賴勞動價值理論的形式，嘗試思考剩餘價值的意義。

從守財奴到資本家

剛才我說過資本家和守財奴的關係，並將守財奴當作前現代主體和資本家（現代主體）之間的媒介，於是我們可以得到三個階段：前現代主體—守財奴—資本家（資本主義的主體）。

在前現代主體的階段，也就是貨幣在變成「上帝」以前是什麼狀態呢？人類在這個階段中，理所當然也會使用貨幣交換或是相互贈與。但無論如何，這種廣義的經濟活動目的並不存在於貨幣中，透過貨幣獲得物品才是目的，因此前現代的主體以某具體的使用價值（a）為目的在生活。換言之，驅動前現代主體的是「對使用價值 a 的欲望」。

13 譯註：森嶋通夫（一九二三—二〇〇四），日本經濟學家、數學家。

下一階段的守財奴是怎麼樣呢？守財奴害怕購買商品，也就是最終的消費對象，這等同於守財奴既不需要使用價值a，也不需要b，不需要c，更不需要d……。他們逃離了物質享受，因此對什麼都沒有欲望。守財奴無物的欲望，可以定義為「對零的欲望」。

那麼守財奴和現代資本家有哪裡不同呢？守財奴對什麼都沒有欲望，只是收集貨幣。但光擁有貨幣，是無法增加貨幣的；相反的，為了增加貨幣，最好使用貨幣。資本家理解到這點，為了增加貨幣，最好使用貨幣，所以資本家為了資本的累積而投入資本。

此時就實現了守財奴向資本家的跳躍。守財奴和資本家的不同之處在於合不合乎理性，如果是合乎理性的守財奴就會變成資本家。

守財奴式的禁慾是對零的欲望，資本家的欲望則處於這種「沒有什麼具體使用價值」的對立端，也就是說，資本家將沒有使用價值的這種否定性，轉換成可能有各種使用價值的變數x，資本主義主體的定義，就是擁有「對抽象、形式價值x的欲望」。

在我的思考中，正是變成這種形式的價值才是剩餘價值，相對於使用價值等具體的內容，「剩餘」是形式的剩餘。對形式價值的欲望，正是資本主義的特徵，而這種「形式」，在實際上則採貨幣的形式。資本主義中，無法還原成任何使用價值的「某個東西」本身，成為人們欲求的對象，並且受到崇拜。若將資本主義當作是一種宗教機械論，則剩餘價值就統括了這種機械論，並成為最終信仰的對象。

什麼是階級

最後我想談論「階級」，這是馬克思重要的概念。它和剩餘價值的關係，構成了榨取剩餘價值一方和被榨取的一方，構成了資本主義的兩種社會階級。若將剩餘價值視為是一種「上帝」，則暫且來說：獲得剩餘價值的一方，就是俗稱的天選之人，而無法獲得剩餘價值，被榨取的一方，就是被上帝拋棄的人。請注意我這裡使用的是「暫且」。

階級的英文是class，原本的德語是Klasse，事實上這幾乎是馬克思創造的詞彙。馬克思使用法文classe創造Klasse，但classe並沒有含有「階級」的意思。在馬克思以前，原本應該被稱為Stand（身分）的東西，馬克思卻硬是要用新奇的Klasse一詞來指涉。為什麼他要換句話說呢？這是有趣之處。

現代社會，也就是資本主義社會中有兩種階級，資產階級（布爾喬亞階級）和無產階級（普羅階級），資產階級幾乎等於資本家階級，無產階級就幾乎是指勞動階級。資產階級和無產階級有什麼不同呢？用教科書的話語來說，資本家擁有生產手段（像是土地、工廠、機具），相對於此，勞動者沒有生產手段，能夠買賣的只有勞動力而已。普通的教科書說到這裡就可以了，但若只是這樣，其實並沒有濃縮出資產階級與無產階級這兩個概念中所擁有的細微卻重要的差別。「勞動階級」和「無產階級」指涉同樣的對象，但馬克思分別使用這兩種詞語，且後者多出一點其他含義。

是什麼含義呢？這件事和馬克思特意使用新詞語Klasse有關。我說過Klasse是從法文classe而來，這句法文原本是拉丁語classis，意指在市民中被徵召的士兵。然後根據另一個說法，若要追溯拉丁語classis的語源，就是希臘語的klēsis。而klēsis在聖經的語境中，是非常重要的詞語，馬丁・路德翻譯聖經時以「神召」（Beruf）這個詞翻譯klēsis，後來馬克斯・韋伯則很重視這件事。Beruf指的是職業，但直接的含義是「（神）的召喚」，英文是calling，中文是「天職」。簡要來說，追溯Klasse的源流，會發現意義是神的召喚。

但可惜的是，這種語源學，從今日的科學水準來看是似乎是不成立的，也就是classis是從klēsis來的這個說法與事實不符。但義大利的政治哲學家兼美學家喬治・阿岡本認為，即使這個說法搞錯了，還是十分具有魅力又有啟發性。

我們可以從這個角度思考兩種階級，資產階級是作為階級的階級，最像階級的階級，他們是一群被資本主義之神召喚的人；而無產階級則是被神放棄的階級，這符合我們剛才描述的「剩餘價值」關係。但除此之外，還有另一種轉折。

以基督教的說法來看，（看起來）被上帝放棄的人是罪人，而罪人才是真正被神召喚的人，我認為馬克思是用和這個相同的反面論點看待無產階級。就像基督教的上帝召喚罪人，真正的上帝召喚無產階級。

如果閱讀馬克思寫的《黑格爾法哲學批判》（*Zur Kritik der Hegelschen Rechtsphilosophie*）導言，真的會有這種印象。德國解放的可能性，就在於「形成一個被徹底的鎖鏈束縛著的階級，即形成一個非市民社會階級的市民社會階級，一個表明一切等級解體的等級」。當然，他指的就是無產階級。換句話說，當無產階級能夠響應神的召喚站起來的時候，就會發生革命，推翻資本主義。

II 社會的發現

到目前為止，我們談論是十九世紀重要的社會學家。其中，因為馬克思是極為特殊的存在，所以我進行了詳細的說明。

接下來，我將會以十九世紀到二十世紀交界、主要活躍於歐洲的社會學家為主軸。在這個世紀的轉換期中，社會學迎來了多產的巔峰，也就是說，出生於十九世紀後半的這些人，作為學者的研究精華期，正是在二十世紀初、並即將進入第一次世界大戰的這段時間。這些學者讓人們對社會學的認識變得成熟，社會學也因此被承認是一門獨立的科學。

為什麼在這個時期裡，會陸續地出現社會學史上的重要人物，且如今我們還必須不斷地重新閱讀他們呢？這件事情本身，恐怕就有社會學的必然性。換句話說，這不是因為天才們碰巧同時出生而已，這現象理應可以用社會學來說明。

總之，先讓我來介紹主要的學者與學說。

1 佛洛伊德　無意識的發現

1-1 無意識的發現者

社會學家佛洛伊德

首先是佛洛伊德（Sigmund Freud，一八五六—一九三九）。

一般來說，我們不會把佛洛伊德算在社會學家裡面。他可能會出現在心理學的歷史中（雖然很多心理學者認為佛洛伊德不是心理學家），無論如何，他在心理學或精神醫學史中出現還說得過去，但通常就是不會出現在社會學的歷史，可是我卻認為不能不把佛洛伊德放入其中。

值得一提的是，奧井智之[1]的《社會學歷史》中有一章就是在談論佛洛伊德，或是會在我們這本書後面出現的塔爾科特・帕森斯，他在其優秀的社會學史巨作《社會行動的結構》中也寫道，應該將佛洛伊德放入社會學的書寫裡（但事實上他並沒有放）。這些人的見解我認為是正確的。

佛洛伊德並沒有把自己視為「社會學家」，但是佛洛伊德的學說帶給社會學很大的影響，如果我們沒有將佛洛伊德放到社會學史中的話，那就會看不懂很多學說。

在這本書中，我也已經埋下了伏筆，暗示佛洛伊德有存在的必要。在說明馬克思理論的時候，我們遇到了「無意識」一詞，事實上，馬克思並沒有清楚地使用過這個詞語，是我們看到他的理論中有一種佛洛伊德般的無意識。我們說，人們對於「一般的等價形式」（貨幣）的執著堪比信仰，這就是無意識。人們認為「那種東西」很無聊，並嘲笑著貨幣不過是方便的道具，但人們在無意識間崇拜著貨幣。

真正自覺到無意識本身的無意識性，並將無意識拿來當作研究對象，進而形成理論的，就是佛洛伊德。又因為他和馬克思理論有相互連結的點，所以要進入十九世紀到二十世紀之交時，我認為從佛洛伊德切入是合適的。

只是，佛洛伊德的理論比馬克思還要困難，或者說至少與馬克思同樣困難，加上他的研究五花八門，所以若要深入探討佛洛伊德的話，就會變得很複雜，故我們不在此詳細探討佛洛伊德的整體樣貌。為了理解社會學史，我僅會在必要範圍內，為大家介紹那些「最好注意此處」

的部分。

首先，我們要注意的就是「無意識」。有的人會認為，無意識就像是沒有出現在意識表面的「隱含思想」，但這是不對的，我們可以拿前述人們對貨幣或商品價值的執著來思考，像這類執著很明顯是顯露於外的，但我們卻沒有自覺到這是怎麼回事。佛洛伊德所說的「無意識」就是屬於這種類型的概念。

臨床醫師佛洛伊德

西格蒙德・佛洛伊德生於一八五六年。若是出生於這段期間，則活動力最旺盛的壯年中年歲月，正好就會是二十世紀。那是這樣的世代。

如同大家所知，佛洛伊德是猶太人，但他的人生，特別是他的童年歲月，目前我們所知不多。他出生於摩拉維亞，是現今捷克的一個地區（當時屬於奧地利的一部分）。他父親是毛織品的商人，但非常貧窮。因為父親曾結過好幾次婚，研究者並不能確定佛洛伊德是他父親與第幾任妻子的小孩，一般會認為他是第三任妻子的小孩，但是仔細調查過後，佛洛伊德的母親似

1 譯註：日本當代社會學家。

乎是第三任妻子。

總之，佛洛伊德四歲時，全家搬到維也納。根據佛洛伊德在回顧過往的自傳式文章中所述，他還記得剛到維也納的事，像是那時的車站和火車，但他卻不知道自己是不是真的記得，也有可能是在長得更大後所創造出來的記憶。

佛洛伊德曾經留學過巴黎，但基本上一直住在維也納。後來因為納粹勢力愈來愈大，一九三八年，身為猶太人的佛洛伊德逃到倫敦，並於隔年在倫敦去世。

佛洛伊德的原生家庭很窮，所以不是所有的孩子都能上大學，只有西格蒙德（事實上剛出生的時候他叫西吉斯蒙德）因為從小就顯露才華，備受全家期待，才得以唸大學。大學時他則攻讀醫學。

當長大成人後，他是如何賺錢生活的呢？形式上，他有一段時間做類似大學教職的工作，但是這種在日文裡被翻譯為「編外講師」[2]的職位，條件比起今天所說的兼任教授還要惡劣。雖然佛洛伊德姑且成為了大學的教授，但是學校卻不支薪，開課後，他只能獲得前來聽講的學生所付的學費。

早在中世紀，大學就不支付薪水，老師是從前來聽課的人身上賺取金錢，所以這可說是最原本的作法。現代的大學一般都會雇用教師並給予薪水，但佛洛伊德卻是編外講師，他無法從大學那裡拿到錢來維持生活所需，所以他一生都在從事臨床醫師的工作，並由此得到收入。

佛洛伊德將自己臨床的經驗當作基礎，建構出新的臨床技術及科學「精神分析」，期間他與沙可（Jean-Martin Charcot）、布羅伊爾（Josef Breuer）、弗里斯（Wilhelm Fliess）及榮格（Carl Gustav Jung）等醫生和學者們交流，有時還會反目成仇。

1-2 伊底帕斯情結

伊底帕斯

佛洛伊德自己一個人，從無到有創立了精神分析這門技術與學問，他走在沒有前人開拓的道路上，不斷地從錯誤中學習。自始至終，他都是先出現新想法後，再一邊修正、琢磨出精神分析之學，所以他的新點子總感覺半生不熟，那些文字就像是在他自己也無法全面掌握的狀態下書寫而成的。我們可以將馬克思分成前期馬克思和後期馬克思兩大階段，其中的過程變化也自成體系，但我們卻無法這麼簡單區分佛洛伊德的科學發展階段。

2 譯註：德語為 Privatdozent，縮寫 PD，指獲得特許任教資格，但還沒受邀出任正式教授前的銜位。

在佛洛伊德修改過並發表好幾次的幾個概念中，如果要舉出一個最重要的概念，那就是「伊底帕斯情結」假說。

伊底帕斯（俄狄浦斯）是在希臘神話中登場的人物，尤其以索福克勒斯寫下的希臘悲劇《伊底帕斯王》而為人所知。伊底帕斯在不知情的狀況下殺了自己的父親，又在不知情下和自己的母親結婚。佛洛伊德藉由這個神話，說明人類男性——佛洛伊德幾乎都以男性為中心思考——對自己的母親有亂倫的欲望，並對父親懷有近似殺意的敵意。男性都會經歷懷有此種欲望和敵意的階段，這就是伊底帕斯情結。

佛洛伊德是在臨床診斷後才產生這個想法。在他主要為強迫症和歇斯底里症狀的患者診療時，開始認為每個人都有伊底帕斯情結。

佛洛伊德並不是從一開始就有類似伊底帕斯情結的概念。事實上，透過佛洛伊德寫的信，我們可以正確得知佛洛伊德想到這個假說的日期，也就是這個假說浮現在他腦海中的日期。他在十九世紀的最後一年，一九〇〇年出版了《夢的解析》（*Die Traumdeutung*），在這本可說是他的主要著作當中，首次出現了伊底帕斯情結這個概念。因此，即使僅透過正式發表的文獻，我們也能知道他想到這個說法是在寫下這本書的不久前，還有就像剛才說的，從他寫給友人弗里斯的私信中，我們甚至可以知道他想到伊底帕斯情結的日期是一八九七年十月十五日。

讓人倍感興趣的是，此時距離佛洛伊德的父親死後大約一年。也就是在父親死後不久，佛洛伊德對於精神障礙或歇斯底里的原因，就拋棄了他從以前一直認為的學說，改為建立伊底帕斯情結理論。佛洛伊德對父親懷有曲折且複雜的感情，在父親死後的一年內，佛洛伊德就想到了一個獨特的假說，以兒子「對父親的殺意」為中心。大家知道我想說什麼了吧？那就是伊底帕斯情結的誕生，正是來自伊底帕斯情結般的現象。

關於精神障礙或歇斯底里的原因，在這以前的佛洛伊德思考得較為簡單，事實上還更有現當代風格，像是今天我們會說，遭受過父親或母親家暴的孩子，也更容易對自己的孩子家暴，佛洛伊德原本的想法與這個相近。但是如同剛才所述，在父親死後不久，佛洛伊德卻傾向認為，這些和雙親的虐待沒有直接關係，而是孩子的內心劇場上演著伊底帕斯情結。

我們不會檢討這個有名的佛洛伊德假說是否正確，無論如何，這個假說後來變成佛洛伊德理論的重要核心，而且與社會學主題相互關聯，所以對我們來說非常重要。

我再重複說一次，社會學的基本主題是名為「社會秩序如何可能」的問題。這個提問，最終也是對人類規範與道德起源的探問。我們必須思考的是，這些東西究竟如何誕生在人類群體之中？事實上，伊底帕斯情結與在人類群體中產生規範和道德的機制有很深層的聯繫，因此，對於探問社會秩序的可能性的社會學來說，這是非常重要的假說。

閹割情結

提到伊底帕斯情結時，就必須聯想到佛洛伊德的另一個重要概念，這兩個概念是一組的，也就是「閹割情結」。伊底帕斯情結和閹割情結是一組的概念，伊底帕斯情結可說是閹割情結要產生作用的前提條件，而閹割情結則與道德及規範問題息息相關。

閹割情結在說什麼呢？根據佛洛伊德的說法——雖然這議題同樣只考慮到男性，真實性令人存疑——三歲左右的幼兒，會在無意識中做出以下推論。

在幼兒的思考中，有個前提是：所有的人類一定都有陰莖，畢竟對我來說陰莖是如此重要，所以每個人都有。但是男孩在某個時期後發現女孩沒有陰莖，在那個瞬間，男孩受到「為什麼沒有！」的衝擊。因為女孩沒有該有的生殖器，這讓男孩推測，是不是女孩的陰莖被切掉了？這想法就變成對閹割的不安或一種被閹割的威脅感。

當然男孩就會出現「是誰切掉的？」的疑問，然後他幻想著「一定是父親做的」，因此出現了父親可能也會切掉自己的陰莖的擔憂。這種父親可能會閹割自己的威脅感，對幼兒來說也成為父親權威的來源，小孩也會因此遵從父親的命令。此時的孩子，一方面可說是憎惡著父親，但另一方面又敬畏父親。佛洛伊德認為，因為這樣，所以孩子變得會聽父親的話，同時男孩會放棄從父親那裡奪走母親的念頭。

原本，男孩子就抱有想要和母親在一起的欲望，而且對父親懷有某種憎惡——這與對母親的愛情互為表裏。正因為如此，當男孩面臨到女孩沒有陰莖的情況時，會將其中包含的威脅感理解成與父親有關，且當孩子將此處產生的父親的權威內化，就變成是人類群體中「禁止」的起源。上述就是稍微單純且生動一點的佛洛伊德理論說明。

能指與所指

坦白地說，這個假說會讓人覺得「到底在說什麼？」但是，若將這個假說稍微用理論重新審視，我認為即使放在現代，也能轉化成有意義的假說。在閹割情結的概念中，若能用現當代風格重新審視佛洛伊德想說的東西，並探討理論上的意義，就能將這個假說遠離幻想，變成在理論上有意義的假說。

我認為，在一個能讓語言所代表的象徵秩序產生作用的理論條件下，就能夠解決閹割情結的問題。以下是我參考拉岡（Jacques Lacan，一九〇一—一九八一）等人對佛洛伊德的解釋，然後自行做出的闡析。這是我用現當代風格進行的闡釋，並不是佛洛伊德本人直接這麼說。

在人工智慧或認知科學的領域中，有個難題叫「符號接地問題」（symbol grounding

problem）。這個技術上的難關，與一個人類更普遍的問題有所關聯。我試著將閹割情結和這個問題連結起來解釋。

我先用現代思想的風格（透過索緒爾的結構主義）解說符號接地問題。所謂語言，就是符號。符號中，表達意義的叫做「能指」，法語是signifiant（SA）；與之相對，被賦予意義的則叫「所指」signifié（SÉ）。這兩者結合起來，會變成一個符號（Symbol）。

結構主義流行的時候，我們經常會聽到能指是「差異的系統」。以音位為例，像是日語中r和l沒有音韻上的區別，r和l是同一個音位。但是，對其他音位系統有區別的人們來說——多數語言中r和l都有區別——這是有意義的差異，因此，"right"和"light"會各別成為一個單字（語素），但對說日語的人來說這種差異並不存在。透過和其他符號的區別，符號本身變得有意義。事實上，如同剛才說明中所暗示的那樣，人類的語言符號中存在著雙重差異系統（音位系統和語素系統），但我們不是語言學教科書，所以只要理解能指是差異的系統就好了。

而所指也是差異的系統。此處為了理解方便，我們將概念單純化，將意義＝事物。嚴格來說，事物（所指對象）和意義間是有區別的，但是連接到事物的路徑必須透過意義為媒介，所以我們將兩者單純化，以等號連結。那麼，事物也是一樣，在事物系統中，和其他項目（即其他事物）間的關係＝透過差異，確定了各自的同一性（即是什麼事物）。

SA1/SA2/SA3/……

SÉ1/ SÉ2/ SÉ3/……

像這樣有二種差異體系，彼此之間又有對應關係，這就是符號。但即使有兩個差異體系，一邊體系的項目要如何對應另一體系的項目、什麼能指對應於什麼事物之間都是任意的，符號本身無法紀錄世界，能指的集合與事物的集合各成系統，因此最好的情況是，至少要有一個能指能對應到事物。換言之，至少要有一個能指能與事物的秩序接軌，擁有一個定錨點。要怎麼做到這件事情呢？用結構主義的話來翻譯，這就是符號接地問題。

具有特權的能指

在電腦領域中，符號接地問題相當棘手，而且幾乎是不可能解決的問題。我們能教導ＡＩ「艾菲爾鐵塔」和「東京鐵塔」在概念上的差異，但是我們卻無法直接教會ＡＩ什麼事物是「艾菲爾鐵塔」的指涉對象，什麼事物是「東京鐵塔」這個詞所代表的對象。因為對ＡＩ來說，「事物」還在能指的體系中。要解決符號接地問題，符號和事物之間，必須最少要有一組直接對應的關係。

人類的語言就在這種對應之中。在語言中，我們會用一種以上的東西，將兩個體系間的空隙縫合。這種具有特權的能指，能接軌事物的秩序。這種特殊的東西，明明是符號，卻也同時屬於事物的秩序。如果是普通的符號，符號A就表示a，符號B就表示b，符號C就表示c……，符號和意義是對應的。但是在這種具有特權的能指X中，它直接將兩個體系連結起來。這種X明明是能指，卻沒有對應的「意義」，它只有自己本身，在此處能指與所指無法分開。如果光是這樣解釋，的確會聽起來很神秘，但具體上我們可以用專有名詞來思考。

例如，「三角形」這個詞彙有意義，指的是平面上由三條直線所圍成的圖形，但是「山田太郎」這個專有名詞卻沒有意義。雖然也會有人反駁說，不是這樣的，專有名詞的意義就在於它是能特定出其人性質的一種描述，好比說他是講談社的員工、編輯現代新書系列、畢業於某某大學等等……。但如果是這樣的話，若山田太郎離開了講談社，這個人就不再是山田太郎了嗎?當然不是這樣。也不用荒謬地假設說：「山田太郎若不是從某某大學畢業，而是從別的學校畢業的那怎麼辦？」也就是說，「山田太郎」的意義就是名叫「山田太郎」的人。換言之，當想要解釋專有名詞怎麼定義、指涉事物時，就會陷入套套邏輯中。

所以，專有名詞就是沒有意義的能指。這個專有名詞的位置，就是能指系統與所指系統的交匯處，只要有一處這種地方，後面就沒問題了，正因為我們有專有名詞，所以解決了接地問題。好比說，「這個白板是誰的？」、「講談社的」，因為講談社是專有名詞，所以我們會再追問「講談社是什麼？」、「日本的出版社」。在這個狀況下，「出版社」是一般名詞，而「日本」是專有名詞。像這樣，專有名詞一定會在某處出現，只要有一個（以上），意義就能與現實連接。

為了要解決符號接地問題，一定要讓沒有意義的能指起作用。拉岡將其稱作「沒有所指的能指」。

以結論來說，閹割情結指的是一種為了讓符號產生作用的理論條件——雖然閹割、陰莖都是很刺眼的詞。換言之，為了要讓符號系統啟動，在系統中的某一處，最少一處，必須要有沒有所指的能指……抽象來說，閹割情結指的就是這件事情。

在閹割情結中，擔任主角的「陰莖」，正是沒有所指的能指。為什麼能夠這樣解釋呢？因為「陰莖」所代表的意義不存在——被閹割了——所以變成能夠起作用的能指。雖然佛洛伊德並沒有直接這樣說，但將他所說的事情，置換到現在的學說或理論中的話，可以這樣延伸解釋。換句話說，我們能將佛洛伊德的概念解釋成是象徵秩序要起作用的理論條件。這樣思考的話，閹割情結就能夠回歸至符號的普遍理論當中。

事實上，上述的解釋中仍有未盡的部分，像是沒有所指的能指如何與身體的特定器官相互連結？雖然這部分我也有想法，但此處不再深入探討，讓我們回到佛洛伊德本身的討論中。

圖騰與禁忌

佛洛伊德的討論乍看之下充滿各種幻想，沒有實證根據，但若把它們當作是理論的寓言，就能明白他所說的話，例子之一就是《圖騰與禁忌》（*Totem und Tabu*，一九一三年）。《圖騰與禁忌》就是佛洛伊德理論的社會學化。佛洛伊德想要將自己的學說，使用在歷史現象或人類的集體現象中。

佛洛伊德對原始社會中的圖騰崇拜現象充滿興趣，他透過伊底帕斯情結理論的應用，試圖說明這個現象，這樣聽起來，大家可能會認為這不過是個幻想的故事。

關於圖騰崇拜，後來法國的社會學者及李維史陀等人都有徹底的研究和討論。要說圖騰崇拜是什麼，就是每個部落都有其圖騰動物，這些圖騰動物如同各個部落的守護神，各種獨特的禁忌（禁止行為）也圍繞著圖騰而產生。大部分的狀況像是，不准食用自己部落圖騰的動物，其他部落的人則不在此限。例如，對於圖騰是熊的部落族人來說，熊是不能宰殺，更不可食用的特殊動物；除此之外，同一個圖騰的部落族人間不能通婚，否則會被視為是亂倫，不被允許。圖騰崇拜變成像是避免近親亂倫的外婚制系統。

我們將上述整理一下的話會發現，圍繞著圖騰崇拜產生了兩種禁忌：關於食物的禁忌（不能吃圖騰動物），以及關於性的禁忌（不能和同圖騰的人結婚）。

佛洛伊德用百分之百是虛構的故事，說明這兩種禁忌如何產生。

在遙遠的上古時代，人類生活在部落中，由幾位強大的首領支配著各個部落，首領就像是獨裁父親般的人物。這個父親獨佔了部落中的所有女性，他是貪圖享樂的原初父親，這位原始之父將女性集中起來，將部落變成一夫多妻制。事實上，大猩猩等動物也是情況類似的群體，在大猩猩的團體中，只會有一頭成熟的雄性，其他的雄性則尚未成熟，且都是成熟雄性的兒子，而雌性則被這頭成熟雄性獨佔。在大猩猩的群體中，兒子們只要性徵成熟後，就必須離開群體。佛洛伊德想像的上古人類部落中，雖然有許多性徵成熟的其他男性存在，但只有一位男性＝原初父親＝首領，會獨占部落所有的女性，其他男性則被排除在這個後宮之外。

有一天，部落的兒子們（兄弟們）團結起來將父親殺害，不光是殺害，還大家一起分食了父親。藉由將父親的身體吸收進自己身體中的這個行為，他們實現了和父親的一體化。佛洛伊德認為，因為發生了政變，父親無法再獨佔女性，但是這種作法卻伴隨著沈重的代價，也就是兒子們的心裡湧上強烈的罪惡感。

在佛洛伊德的想法中，男性們為了要解消這種罪惡感，於是留下了兩種傳統。首先是禁止殺害或食用被當作父親的圖騰動物，因為他們對於殺害且吃掉父親有非常強烈的自責念頭，因此不能吃掉身為父親替身的圖騰動物。另外，因為父親被打倒了，兒子們可以將女性們收歸所有，但因為弒父的罪惡感，讓他們無法再擁有這些女性，這就演變成絕對不能和部落中的女性交往。

這就是《圖騰與禁忌》中，以伊底帕斯情結理論為基礎的故事。當然，這種解釋因為沒有任何經驗上的證據，輕而易舉地就會被人類學者或歷史學者反駁。

但是，我認為這和閹割情結的狀況一樣，應該要把這故事看做是一種寓言，用來說明理論問題。當然，歷史上沒有發生過這樣的事，但是我們確實不會吃那些被當作神來崇拜的特殊動物，行動上也會避免近親亂倫，不對血緣關係最近的女性出手。因此人類的行為「完全就像是過去曾有過這樣的事件，而且這種罪惡感跨越了世世代代連結在一起」。雖然現實中並沒有發生這種事，但卻宛如發生過一般顯露於現象上。簡要而言，若要以寓言的方式解說伊底帕斯情結的形成，還有理論上此情結產生作用的條件，就會變成是《圖騰與禁忌》中殺害「原初父親」的故事，我認為我們可以這樣思考。

自我・本我・超我

我想再解說一點佛洛伊德的基本概念。關於「自我」、「本我」及「超我」。這是他在很後期才提出的概念。佛洛伊德於一九二三年的《自我與本我》（*Das Ich und das Es*）中，提出自我／本我／超我的三級心靈結構之理論。

自我（德語Ich，英語Ego）是最基本的。在人類心靈活動的中心，有一個保持著與自己同一性的自我。

但是人類無法自我約束，自我常被外在某種看不見的衝動所喚醒、驅動。佛洛伊德將這個不清楚是什麼的東西，以「本我」稱呼。本我（es）是德語的非人稱代名詞，但不要把這個詞當作是英文的it；一般習慣將這詞當作是拉丁語id。總之，人類感覺自己被某物所支配，而某物只能以「那個東西」來形容。更不如說，佛洛伊德認為，自我原本就是從本我分離出來的，換言之，自我是從本我衍生出來的。

自我則更進一步衍生出「超我（德語Über-Ich，英語Super-ego）」。若要以教科書的方式，並使用佛洛伊德的用語來說的話，「本我」按照「快樂原則」（Lustprinzip）行動；與之相對，「自我」則按照現實中什麼是被允許的而行動，也就是「現實原則」

（Realitätsprinzip）。但是，人有時會被「快樂原則」支配，沈溺於欲望中。「超我」則進一步禁止這種事情，它作為心中的量尺，禁止人類跳脫常規、沈溺於快樂原則。簡要來說，「超我」就是將伊底帕斯情結及閹割情結中出現的「父親」吸收後的產物。

這是一般的概要解說，但是大家若直接且仔細地閱讀佛洛伊德，一定會感到這種標準的解說有未盡之處。而且，拉岡學派的人以嶄新的概念繼承了佛洛伊德，像是剛才說的「沒有所指的能指」也是拉岡學派經常使用的語言。拉岡學派對於「超我」的解釋既有個性又有趣，但在此處我們並不討論。

1-3 死亡驅力

殺害摩西

為了讀懂社會學文本，我們大致談論了佛洛伊德理論中的一些重要概念。但是佛洛伊德在過世之前，很有可能大幅地改變了他的想法。最後我想談論的便是這個可能性。

以前我也在《量子的社會哲學》這本書中提過這件事，所以此處僅列出一個我認為最關鍵的證據，來證明佛洛伊德晚年的想法明顯地產生轉變。

佛洛伊德在過世前，於一九三七到一九三九年寫成《摩西與一神教》（*Der Mann Moses und die monotheistische Religion*）。此時的佛洛伊德為口腔癌所苦，但他仍執意寫下這本書。這本書的內容很奇怪，但重病中的佛洛伊德卻無論如何都要完成它。他應該是有自己的想法。

這本書寫的是關於猶太教的起源。表面上，他似乎是用歷史研究的形式寫作，但他其實只是充滿自信且任性地寫下了幾乎沒有證據的內容。這本書的實際內容是創作，甚至可以說是一本「小說」。

佛洛伊德想要證明兩件事。第一，如同眾所皆知，猶太教的源頭是摩西，摩西解放了被埃及人追捕的猶太人，並引導他們至迦南之地。摩西是出現在聖經中的最重要先知，所以一般來說摩西是猶太人才對，但是佛洛伊德想要證明「摩西不是猶太人而是埃及人」。第二，佛洛伊德想要證明「摩西被猶太人所殺」。他到底想要表達什麼才會這樣說呢？

一般的解釋是，這本書實質上和《圖騰與禁忌》相同，在猶太教的起源中，像是「原初父親」的摩西被其他人殺害了。佛洛伊德可能是以猶太教為藍本，想要再一次創作出神話。

但我認為不是這樣。佛洛伊德在生命所剩無幾的狀態下，卻堅持要寫這本書，如果是這樣的話，我不認為他會想要再寫一遍他已經寫過的東西；他應該是想要寫他以前還沒寫過，但無論如何都想要寫的東西才是。

父親再度死亡

那麼，這本書寫了什麼呢？首先，佛洛伊德想將摩西當成埃及人，是為了賦予事件意義，因為摩西超越了特定的共同體（猶太人）所固有的風土習俗（多神教），並帶來普遍的規範（一神教）。摩西對猶太人來說是外國人，從摩西的出身來看，他並沒有猶太民族的特性；佛洛伊德強調，摩西帶來的規範（例如割禮）並不是猶太人固有的習俗。

但如果只是這樣，《摩西與一神教》的內容了無新意，因為到這裡為止，都只是將伊底帕斯情結單純地換句話說而已。

接著，佛洛伊德推論，摩西是被猶太人殺害的。一般大家的理解是，這內容和《圖騰與禁忌》中殺害原初父親是相同的，但是仔細思考的話，會發現《圖騰與禁忌》及《摩西與一神教》是完全相反的描述。

《圖騰與禁忌》的故事是，兒子們將父親殺害，但反而愈來愈受父親所支配，正因為他們把父親殺了，男性不能與部落女性發生性行為，禁令變得更加強烈且奏效，對於身為加害者的兒子們來說，因為父親之死，更強的道德或規範產生了作用。所以父親透過被殺這件事回歸，反倒成為更強力的規範。

但是，《摩西與一神教》中的摩西，是一開始帶給猶太人律法的人。換言之，摩西在遇害前，已經將律法交給猶太人了；但在《圖騰與禁忌》中，父親則是在遇害後，才變成給予律法的人。《摩西與一神教》中，起初就存在著律法之父摩西，因此和透過弒父得到律法的《圖騰與禁忌》相反，這本書的結構是殺害已經給予律法之人。

《摩西與一神教》中，被殺害的是給予規範、並將規範具體化的父親（摩西），而《圖騰與禁忌》中，所謂給予規範之人，是已死去的父親；將兩者重合來看，可說《摩西與一神教》是已死去的父親再一次地被殺死。此時，另一個論點「摩西是埃及人」就產生了作用，因為換言之，摩西不是猶太人的意思是「作為猶太人的摩西已經死了」。

所以《摩西與一神教》是對《圖騰與禁忌》的否定。我認為佛洛伊德努力想要提出一個觀點超越自己以前學說，但這個觀點究竟要走向哪裡呢？

超越快樂原則

《摩西與一神教》是佛洛伊德的最後著作，所以我們無從得知後來的走向。但是佛洛伊德最後的轉向是從什麼時候開始？從哪裡出現端倪？若從這些地方思考的話，會得到一些靈感。

第一次世界大戰結束後，一九二〇年代初期，佛洛伊德提出了「死亡驅力」（德語Todestrieb，英語death drive）的概念，這是佛洛伊德的概念中最為奇特的觀點。即使是能夠接受伊底帕斯情結或閹割情結的人，也可能難以理解「死亡驅力」。活下去的驅動力、活著的本能，理所當然地被我們視為是有機體所具備的本能與特性，所以「死亡驅力」非常違反直覺。但是，佛洛伊德卻提出了這個概念。

我認為佛洛伊德晚年的理論，就是從這個概念開始有了決定性的轉向。為什麼佛洛伊德會開始談論「死亡驅力」這種莫名其妙的東西呢？只看概念的話似乎很標新立異，但若基於他臨床實驗的事實來思考的話就能理解。

第一次世界大戰剛結束時，許多為心理創傷所苦的人前來尋求佛洛伊德的協助，許多經驗不斷於當事人腦海中閃回重現，像是家人死在戰場上、自己上戰場殺人、面臨瀕死的危機等等，當事人無數次地回到現場。這類的患者非常多，這種症狀則叫做強迫性重複。但這個現象對佛洛伊德來說非常地不可思議，因為佛洛伊德在此之前，認為人類是被快樂原則所支配的。

因為遵從快樂原則，人類喜歡從痛苦的狀態逃離至放鬆安全的狀態，但是在實際的臨床案例中，人們看起來會特意面向不快樂的狀態。因為痛苦所以遺忘，那還能理解，但有些人是特意走向不快樂，不斷重現那些痛苦的經驗。如果面向快樂的傾向是「生之驅力」，那麼這個症狀完全展現了硬是要朝向死亡的驅動力，所以佛洛伊德創造出「死亡驅力」的概念。

也就是說，原本佛洛伊德是二元論的想法：單純的快樂原則，以及強制對現實妥協的現實原則。但是佛洛伊德注意到，人類的內心有股不可理解的衝動，超越快樂原則並凌駕其上，我認為他因此才大幅度地改變了自己原來的想法。剛才我曾不滿地說過，關於超我的標準說明其實有未盡之處，就是因為死亡驅力其實也與超我有關。

總之，在佛洛伊德晚年的討論中，他全盤推翻了自己以前創建的理論，並誕生出新的可能性。但是，佛洛伊德卻再也沒有時間培育這新芽，等待它茁壯成大樹了。

2 涂爾幹 發現社會

2-1 確立方法

無意識的所在

我們說過，在十九世紀到二十世紀的轉換期，社會學的認知逐漸成熟，我們首先舉了佛洛伊德當作其中一人，但在一般的社會學史中他是會被忽略的人。接下來，我們要談的學者們同樣處於世紀轉換期，他們是社會學史中的三巨頭：艾彌爾・涂爾幹（Émile Durkheim，一八五八—一九一七）、格奧爾格・齊美爾（Georg Simmel，一八五八—一九一八）及馬克斯・韋伯（Max Weber，一八六四—一九二〇）。

這三人幾乎同齡，涂爾幹和齊美爾一樣大，生日只差一個半月，而韋伯則年輕些，但也只小另外兩人六歲，以歷史的長河來看他們無疑是同個世代。

我們先從涂爾幹講起。

之前在佛洛伊德那裡講到「無意識的發現」。無意識是什麼？讓我們再重新思考一下。說到無意識，大家可能會有的印象是「內心有個隱藏的秘密箱子，在本人也不知道的狀況下，那裡頭正發生各種事情」；但對無意識的概念來說，這其實不是適當的描述。如果要用現象學的定義來描述無意識，現象學會說，「它」是非日常思考的思考，是（彷彿）在個體以外的思考，這就是它於存在論裡的位置。我們對日常的思考、意識上的思考擁有自覺，我們在心中開展這些思考。但是無意識不同，明明是我們的思考，卻感覺像在我們之外產生，這就是名為無意識的現象。

當這樣去想「無意識」的時候，就可以說無意識的發現，極度地趨近於「社會的發現」。換言之，雖然你不是這樣想的，但卻存在著一個名為你的思考的東西，那麼，到底是誰在思考呢？答案就是社會。「無意識的發現」是發現個人內心的現象，而「社會的發現」是發現社會科學式的現象，它們看起來位於兩個極端，但事實上卻是非常接近的。

實際上，在與佛洛伊德幾乎同個世代的西歐，彷彿是支持這種想法般地，陸續有幾位優秀的社會學家登場，他們能夠應對「社會」的發現並解釋它。其中最符合「發現社會」的社會學家，是法國的艾彌爾．涂爾幹。涂爾幹和佛洛伊德幾乎同個世代，他比佛洛伊德小兩歲，佛洛伊德生於一八五六年，涂爾幹和齊美爾生於一八五八年。

涂爾幹出生於法國東部、鄰近德國邊境的一個小村莊埃皮納勒（Épinal），這裡需要注意的是，他也是一位猶太人，佛洛伊德和馬克思也是猶太人。涂爾幹的家庭可說是最像猶太人的家庭，因為他們是拉比[3]世家，他的父親是一位拉比。所以涂爾幹生於一個真正的猶太家庭之中，從小就接受猶太式教育。在當時的歐洲，猶太人面臨的問題是要和基督教世界同化，還是留下來作為猶太人，而涂爾幹因為生於拉比世家，所以他被期待要和父親一樣，從事拉比相關的工作，但最後他進了一間普通的法國中學就讀。

一八七〇年，普法戰爭爆發。對和涂爾幹同世代的法國人來說，這是特別重要的戰事，而涂爾幹在還沒有進入青春期時，就經歷了普法戰爭。但法國吃了大敗仗，後來景氣才漸漸復甦。

涂爾幹家裡有五個兄弟姊妹，他是年紀最小的。他的姊姊嫁到牟斯家，生的小孩叫做馬瑟．牟斯（Marcel Mauss）。牟斯後來成為一位偉大的學者，寫下一篇重要的論文《禮物》（*Essai sur le don*），帶給社會學及人類學莫大的影響。

涂爾幹和一般法國人一起接受教育。他的成績普通，卻想要去法國文科中的超級菁英學校

「巴黎高等師範學院」就讀。他並沒有一次考上，落榜了兩次左右，才於二十一歲時入學。

社會學的大學教授

一八八七年，當涂爾幹還是二十幾歲的時候，他成為波爾多大學社會科學講座的講師。當時還沒有「社會學」。

這裡我想請大家回想一下，至今為止登場的大學者們，還沒有一個人是大學教授，孔德、馬克思都不是大學教授。佛洛伊德雖然在大學任教，但卻是類似沒薪水的兼任教授，他並沒有在大學獲得穩定的專任教職。連在當時頗具聲望的史賓賽，也都是民間的研究者。因此，到了涂爾幹的階段，是大學教員的初次登場。一般來說，涂爾幹出任波爾多大學社會科學課程的教授，被視為是法國大學的「社會學」課程之濫觴，這是在他就任時新開設的課程。順帶一提，世界第一個社會學課程，是一八七五年，威廉・薩姆納（William Sumner）於耶魯大學創設的「社會科學」課程（那時的課本還在使用史賓賽）。

3 譯註：拉比（Rabbi，又譯辣比），是猶太人的特別階層，指學者、老師等，象徵智者，地位崇高，經常受邀主持宗教儀式。

涂爾幹在波爾多大學教了一陣子後，於一九〇二年前往巴黎大學，那時巴黎大學還沒有「社會學」這門課程，起初是合併在「教育學」中，不久後才新設「社會學」課程。涂爾幹於一九一三年成為巴黎大學的第一位社會學教授。

涂爾幹的一生較為平穩，並沒有什麼大起大落。硬要說的話，十九世紀末發生與猶太人歧視有關的屈里弗斯事件[4]，涂爾幹十分熱心擁護屈里弗斯，主動舉發這起冤獄，至多僅是如此。涂爾幹作為學者以外的人生，實在不有趣。

涂爾幹於一九一七年去世，那時第一次世界大戰正打得火熱。兩年前，他的長子在戰爭中死去，這帶給他沈重的打擊。不可思議的是，在這之後要談的重要社會學家，大家都在第一次世界大戰時死去。大家如果閱讀歐洲的精神史，會有一個印象，那就是第一次世界大戰等於畫下一個休止符，偉大的社會學家們在同時期去世，所以即便是短暫的社會學史，也能以此區分出不同階段。

方法的自覺

涂爾幹、齊美爾和韋伯都是非常重要的社會學家，他們的重要性在於，因為他們的緣故，社會學作為一門科學的獨立性提高了，並被承認是一項專業學門。例如，我們說過史賓賽在十卷的哲學論中，加入了「社會學原理」，換言之，史賓賽認為社會學是廣大精深的哲學中的一部分。孔德也是如此，因為他原來是數學家，所以社會學是以數學為基礎的廣大學問中的一個部分。

但是到了涂爾幹、齊美爾和韋伯時，他們清楚地意識到「自己在研究名為社會學的獨立科學」。涂爾幹能夠在名為「社會學」或「社會科學」的大學課程中獲得穩定的教職，也是這件事的間接表現，更重要的是，他們都寫下了規範社會學方法的書籍。

特別是涂爾幹和韋伯，他們出版關於社會學作法或社會學方法的書，涂爾幹有本知名的書叫做《社會學方法的規則》（*Les Règles de la Méthode Sociologique*，一八九五年），岩波文庫有出非常優秀的日文譯本，這是研究社會學的人的必讀文獻之一，不過在介紹這本書之前，我先簡單地介紹另一本最能突顯涂爾幹風格的書。

4 譯註：名為阿弗列・屈里弗斯（Alfred Dreyfus）的法國猶太裔軍官被草率判為叛國罪，爆發嚴重爭議。這起冤獄事件於一九〇六年獲得平反，屈里弗斯後來成為法國英雄。

2-2 作為物的社會

《自殺論》的動機

最能突顯涂爾幹風格的書是《自殺論》（*Le Suicide*，一八九七年）。涂爾幹的重要著作中，有兩本比一八九七年出的這本還要早——其中一本是我剛才舉的《社會學方法的規則》，另一本則是《社會分工論》（*De la division du travail social*）——但這些著作我移到後面再討論，我們先從這本著作開始，它明顯表現出涂爾幹所帶來的革新。

這本書的寫作動機是什麼呢？在許多人不曾深思、信以為真的常識中，存在著一個幸福假說：「人類因為現代化，生活變得豐富，變得幸福」，也就是說現代化增進（或實現）人類的幸福，這個命題是以功利主義的世界觀為基礎。但這個假設是真的嗎？《自殺論》的目的之一，就是駁斥這種假說（日本的社會學者富永健一也是這樣解讀）。

但是我們難以判斷人類是幸福還是不幸，即使一個人嘴巴說著「幸福」，但仍不一定是幸福的。因此，涂爾幹以自殺當作標記。他的前提是，自殺的人感覺自己不幸，如果這個前提成立，那麼就可以用自殺的頻率當作量尺，審查幸福假說是否為真。這就是他背後的動機。

雖然有點離題，但這讓我想到研究「皮拉罕人」（Pirahã）的語言學者丹尼爾．艾弗列特

（Daniel Everett，一九五一—）的書。皮拉罕人是生活在亞馬遜雨林深處，遠離文明的狩獵採集民族。艾弗列特想把皮拉罕語的研究當作基礎，以此反證生成文法[5]的基本概念。但我想說的不是他的學術目的。艾弗列特去到當地的時候，因為他同時也是一位基督教的傳教士，所以他想向皮拉罕人宣揚基督教，但卻不怎麼順利，因此他決定拿出殺手鐧。在他過往的經驗中，無論多頑固地拒絕信教的人，只要聽了這個故事都會流下淚來，並因為深受感動而決定信教。

於是他講述了關於他伯母自殺的故事。但是皮拉罕人聽完這個故事後，反應卻出乎意料，故事內容他們是聽懂了，但他們都對這個故事瘋狂大笑。當聽眾是「文明人」的時候，一定會在此時流淚。關於「自殺」這件事情，皮拉罕人有著和我們完全不同的感受。

回到涂爾幹。沿著自殺的主題，我也順便說一下這個人稍微冷酷的地方，像他清楚地說過，「犯罪對社會來說是必要之惡」。大家在一個社會中生活，某些事物會變成規矩，而犯罪就是為了彰顯這個規範或制度的必要事物，所以犯罪在正常社會中有一定機率會發生。

那麼自殺又是如何呢？自殺同樣是在現實中有一定機率會發生的事，但涂爾幹認為，原本

5 譯註：生成文法（generative grammar）是理論語言學的一種理論，其嘗試給出一套規則，以預測在一個語言中，什麼樣的詞彙能組合成正確句子。

這件事情應該無限趨近於零。因此，自殺的數量就成為顯示社會有多「失序」的指標。

社會性自殺的三類種型

《自殺論》的重要命題是，自殺能用社會學來說明。一般來說，多半我們會認為自殺是基於私人的理由，像是失戀、重要的考試落榜、家庭紛爭等等，自殺是由於非常私人的理由，或是只有當事人才能明白的理由。因此，自殺看起來沒辦法用社會學解釋來說明。

但是，涂爾幹卻想方設法論證，唯有社會學才能說明自殺的數量及頻率。換句話說，涂爾幹論證，包含那些極私人的自殺因素在內，自殺是個普遍的社會現象。

這本書的特徵是涂爾幹使用了海量的統計資料，雖然使用統計資料已經成為當代社會學論文的典型之一，但是將這麼大量的統計資料用在實證中，這本書可說是第一本——就連多少會利用統計資料的韋伯，都不及這本書的程度。這本書就像是現代社會學論文風格的先驅。

涂爾幹先把各種「非」社會性的原因加以排除，例如氣候的原因——像是到了春天——導致自殺率會增加，或遺傳和人種的因素使人容易自殺，或大部分自殺的人有精神疾病等等；涂爾幹使用統計資料，一個個排除這些經常出現的假設。有趣的是，「模仿」也被排除在自殺原因以外。涂爾幹會這樣說，是因為他注意到他的對手加布里埃爾・塔爾德（Jean Gabriel de

Tarde，一八四三——一九〇四）的說法。於是，最後剩下的，就只剩社會性原因。

以結論來說，涂爾幹提出了一個知名的理論，「社會性自殺的三種類型」。雖然滿難精準翻譯的，但總之有1利己型自殺（le suicide égoïste）、2利他型自殺（le suicide altruiste）、3失序型自殺（le suicide anomique）三種。我在此簡單地說明。

涂爾幹當作基礎的資料顯示，在歐洲，天主教徒較多的地方與新教徒較多的地方相比，新教徒較多的地方，自殺率壓倒性地高，是天主教徒地區的兩倍。為什麼會這樣？另外，在已婚與未婚的人當中，未婚的人自殺率也高出許多。

若說到天主教和新教，不論怎麼想，都應該和教義沒有關係，因為在基督教義中，無論是天主教徒還是新教徒都不能自殺。那為什麼在天主教徒和新教徒之間，自殺率會有如此大的差別呢？天主教徒和新教徒最大的差異是——在涂爾幹的看法中——新教徒為個人主義。例如，新教徒會獨自一個人唸聖經，能夠自由的閱讀和解讀聖經，但是天主教徒不能這樣做，天主教不容許教徒自由解讀聖經，因此即使讀不懂也沒關係；新教徒卻必須自己負起責任解釋聖經，在這種形式下，新教徒形成個人主義的態度。

個人從共同體分離——用現代話來說，就是人與人的羈絆變得微弱。新教徒變成是獨自一人在反省世界與自己。個人從集體分離時，自殺就容易發生。

又好比說，失戀經常被說是自殺的原因，但是事實上有人因失戀自殺，有人則否。新教徒自殺率較高，當然不可能是因為他們比天主教徒容易失戀，要更淺顯易懂地說的話，有的人陷入失戀的沮喪時，會有朋友安慰同理他，但有的人則認為這是自己要承擔的試煉，每個人終究都得孤獨地對抗沮喪。後者，也就是孤獨的人自殺率會變得比較高，所以我們可以推測出，社會整合較弱會導致自殺。個人主義高張造成的自殺，就是利己型的自殺。

順帶一提，涂爾幹對天主教徒和新教徒進行了比較，但之後要介紹的韋伯，更是徹底地比較了這兩者。韋伯關心的是宗教和資本主義精神的關係，新教徒的非積極意圖所帶來的結果。相對於韋伯，涂爾幹對新教持否定態度，他認為比起天主教徒，新教帶給人類不幸，他們兩個人的研究中有這種微妙的差異存在。

失序型自殺與現代社會

接著，什麼是利他型自殺呢？根據涂爾幹的說法，這類型的自殺在現代社會幾乎不存在，但是在傳統社會卻經常發生，好比說殉死，像是為了君主殉死，或是因為宗教上的理由而集體自殺等等。為了崇拜的他人，或是團體的大義，這種時常發生的義務自殺，被涂爾幹稱為利他型自殺。涂爾幹寫道：雖然在現代看不太到這種現象了，但在軍隊中偶爾還是會發生。

若按照利己與利他的分類標準來列舉自殺，似乎就足以涵蓋理論上的可能性，但是涂爾幹在這兩者之外，多加了一個脫序型自殺，在某個意義上，這才是最重要的概念，是他思考的重點。「失序」（anomie）是涂爾幹的概念，雖然這是現在經常會使用的語詞，但涂爾幹是第一位將這個詞放到社會學中的人，他在《社會分工論》中導入這個概念，這本主要著作我們後面會談到。

失序是什麼情況呢？也有人翻譯成「無規範狀態」，簡單來說，就是社會規範對人類的約束力低落，社會產生解體的傾向，也可以說是社會秩序變得不穩定的狀態。

失序型自殺和利己型自殺的區別有些微妙。涂爾幹不斷重複地說服讀者這兩者是有清楚區別的，但因為他太過想要說服讀者，反而讓讀者覺得作者本人似乎沒什麼自信。大家經常會說，如果將自殺率與經濟好壞放在一起來看的話，不景氣時自殺率也會變高。但事實上，涂爾幹所調查的十九世紀後半葉的法國，景氣非常好，那時的法國歷經普法戰爭，變成第三共和國，景氣向榮。但即使如此，自殺率仍居高不下。不只是景氣差，連景氣好時自殺率也上升，這是怎麼回事呢？涂爾幹說，此時所增加自殺的就是失序型自殺。

因為大家感覺景氣逐漸回升，開始無法在欲望上踩煞車，甚至會想獲得與自己的身分能力不相符的事物。大家的欲望愈來愈膨脹，若能順利地持續下去的話那還無所謂，可是當欲望膨脹到極大後，只要遇到一丁點挫折，失望感就會被放大。在順遂的時候突然嚐到失敗，挫折感就會變得極端地嚴重。更普遍地說，因為社會變動激烈，當抑制人們欲望的枷鎖——像是階級、宗教、政治權力或公會——等要素消失時，就會產生失序型自殺。

如此一來，利己型自殺和失序型自殺的關係就變得相當微妙。利己型自殺源於個人和共同體間的聯繫弱化，這種自殺類型在社會變得自由時就會增加。即使用理論脈絡來思考，前面已經有利己型自殺和利他型自殺了，突然再加上一個失序型自殺的話，分類標準不就變得很奇怪嗎？感覺就像是有北有南——明明就沒有西——卻出現了東。

許多評論家都已經指出這兩種類型的區別不夠明確。若撇開涂爾幹不談的話，我也覺得利己型自殺和失序型自殺是同樣的概念。涂爾幹寫道，「利己型自殺是源於意氣消沈的自殺，而失序型自殺是在悲憤之下的自殺」，所以兩者不同，但我感覺這兩者是半斤八兩。即使是利己型自殺，還是有想要自殺的能量；反之，就算失序型自殺的憤怒消失，悲傷的人還是會自殺。無論是哪種類型的自殺，都有兩個面向：絕望時的失意與抑鬱，以及想要了結自己性命時的激情。所以要區別這兩種類型的自殺是很困難的。

不過，即使這兩者難以區辨，但這兩個概念的確顯示了現代社會的特徵。要說現代社會和現代以前的社會有什麼不同，那就是在現代社會中，不斷變化是一種常態，現代社會就像腳踏車一樣，沒有動作時平衡才會變得不穩。現代社會就像是一個會不斷生成失序狀態的社會，這件事情本身就是常態。因此，現代的自殺，根據觀看角度不同，可能是失序型自殺、也可能是利己型自殺，關於這點，我會在討論完分工議題後，再說明一次。

社會是物

社會經常變動，這句話指的是，社會在某個意義上，不斷地侵蝕道德及規範，人與人之間的聯繫持續崩解。對涂爾幹而言，作為一位社會學家，這個認知和他一生的課題有關，也連結到他的社會分工論和宗教論。但在此之前，我會先一邊參考《自殺論》，一邊以這本書為基礎，為大家翻譯《社會學方法的規則》的內容。因為《社會學方法的規則》裡面只談抽象的原理，所以很難馬上理解，為了便於理解，我們以《自殺論》為基礎，藉這本書說明一八九五年的《社會學方法的規則》。

《社會學方法的規則》中最知名的命題是「社會是物（法文chose，英文thing）」。所謂的「物」有兩個含義：第一，以個人的觀點來看，社會是處於自身以外的客體對象，擁有外部性，第二，社會擁有約束性，能夠制約個人的行動。社會從個人的意志中獨立而存在，並束縛個人。

我們可以想成，有一股力量，讓個人朝著利己型自殺或利他型自殺走去。像是社會規範、規則、制度或法律，雖然並不是我們自己創造的，但我們卻必須遵守。因此，社會是從每個人的特性（有什麼情緒、想要什麼、希望什麼樣的行為模範等等）的總合中獨立出來的存在。在馬克思的章節中我們談過物化理論，可以說在事實上，他們認知到的是同樣一件事，只是涂爾幹更有自覺地提出來。

外部對個人擁有強制力，將個人束縛的整體現象被稱為「社會事實」（faits sociaux），集體的規範、思考、習慣、法則等等的東西就是社會事實。雖然這個詞彙大家講得像理所當然般，但其實它是社會學的專門用語。

舉例來說，什麼是社會事實呢？制度、規範或法律是社會事實，但不只有這些。讓我們回到《自殺論》中，裡面提到有一個天主教團體，幾乎每年都有差不多數量的人自殺，明明每個當事人都是因為私人的理由而自殺，但卻造成一個明顯的團體現象。所謂的團體現象，就是那個團體擁有的性質，好比說，因為是天主教，所以團體擁有凝聚力，因為是新教，團體的連帶性較弱等等，即使本人沒有意識到這些事情，但團體現象卻會在個人打消自殺念頭或是去自殺之間起到作用。換言之，在自身以外，團體所擁有的性質，最後會強力制約個人的行動，即使自己沒有注意到。

因此，一個團體中，若是利己型自殺或利他型自殺以一定的比例發生，這也是faits sociaux。尤其當我們想強調，這樣的社會事實是人類團體的觀念產物時，我們就可以用「集體表徵」（représentation collective）的概念理解它，宗教就是其中的典型。我們也可以說，這是和馬克思所言的「意識形態」有所連結的概念。

作為社會學史的書，必須要提的一點是，涂爾幹風格的社會學思考方法被稱為「方法論的集體主義」（methodological collectivism），這是指科學本身的思考方式為集體主義，並不是指像民族主義或愛國主義者那樣，認為「團結一致才最好」的那種集體主義。這種方法論是一種社會學解釋的理論，用這種方法說明現象時，會將社會或團體等集體的性質放在前提——將現象視為不能還原成單一個人的性質或行為。

如果用數學語言說明，就像是函數中有自變數和應變數，將自變數當作是原因，應變數就是結果。好比說，社會擁有凝聚力，那麼社會連帶強就是原因，決定了個人有多高比例會自殺。從集體的性質制約個人的行為，將此作為一種方法來說明現象，就是方法論的集體主義。

「方法論的個人主義」（methodological individualism）則位於它的另一個極端，其代表就是馬克斯．韋伯。方法論的集體主義與方法論的個人主義，至今仍被視為是社會學解釋理論中的兩種典範。我們也暫且可以將涂爾幹及韋伯作為標準，他們各自代表了一種方法，但集體主義和個人主義其實無法這樣簡單地劃分，這件事我會在後面詳談。

還有另一件重要的事就是，當時無論是馬克斯・韋伯也好，涂爾幹也好，他們都非常在意要如何將社會學當作是一門經驗科學，要如何讓它具有客觀性又夠嚴謹。

社會科學類的弱項，就是無法實驗。因此，重點是要把什麼當作是與實驗相當的東西。最後，涂爾幹認為，只剩「比較」的研究方法這一條路。雖然我也經常使用比較社會學一詞，但扼要來說，他口中的社會學全部都是比較社會學。

舉例而言，什麼決定了剛才所說的自殺率呢？如果只看新教地區的話，怎麼看也看不出個所以然來，正是因為涂爾幹將新教盛行的地區與天主教盛行的地區對比起來看，才能發現有「利己型自殺」。我們能夠設定各式各樣的比較基準，像是觀察每個階級的數據，或是將不同的文化圈對照起來研究，如此一來，透過比較，我們就能明白起初是什麼起了作用，什麼又產生了效果。因此涂爾幹會說，在社會學中，比較就等於是實驗。

2-3 從分工到宗教

常態分工與病態分工

我們以《自殺論》為素材，討論了涂爾幹「研究方法」的具體模樣。接下來，我要說明的是貫穿涂爾幹社會學的原型，也就是他生涯的主題。

我用了一個有點奇妙的說法：「從分工到宗教」。這是什麼意思呢？涂爾幹最早的著作是一八九三年的《社會分工論》，而他生前的最後一本書則是《宗教生活的基本形式》（*Les formes élémentaires de la vie religieuse*），寫於一九一二年，第一次世界大戰前夕。如果大家看了第一本書和最後一本書的話，就會注意到有一個主題是連貫下來的。

這一直持續存在的主題，就是社會連帶，或是說連帶的基礎，道德。涂爾幹的目標是創造出道德或連帶的科學。

那麼，什麼是有道德的人類的連結基礎？

在早期的書，《社會分工論》的開頭中，他就已經清楚地寫下了自己的目標：他想要樹立道德的科學。這種道德的結合實體是什麼呢？就是分工。涂爾幹使用的「社會分工」（la division du travail social）一詞，是有其意涵的。比他早快百年的亞當・斯密，也曾在《國富論》中寫下分工對經濟來說是如何地重要，但涂爾幹不只將分工的視野放在經濟的面向上，而是更全面性的，像是溝通中的聯繫、宗教問題等等都包含在分工內，那些讓人類在社會中扮演相互依存角色的全體事物，都稱作分工。簡單來說，涂爾幹直覺認為，這種廣義的分工，對於人類道德的品質有著積極正面的作用，所以他想要證明這件事。

《社會分工論》提出了社會變動——也是現代化——的基本構圖。涂爾幹認為，我們可以將現代化理解成是社會連帶類型的變化，也就是從機械連帶（solidarité mécanique）走向有機連帶（solidarité organique），這兩者有什麼不同呢？機械連帶是「大家都很相似，所以關係很好」，因為彼此相似，所以連帶才變得可能，由志同道合的夥伴連結彼此；相反的，有機連帶是因為相異才產生的連帶，「因為彼此不同所以連結在一起」。

我們可以用古代的部落社會來思考。部落社會是由氏族組合而成的，氏族彼此之間有相似的社會結構及家族結構，共享同一個世界觀，遵循幾乎相同的規範，氏族間要緊密連結，才能構成部落社會。這就是機械連帶。

有機連帶則相反，每個人都在做不同的事情，所以相互依賴變得可能，而且必要時會產生連帶，唯有有機連帶，才是能存在於分工社會中的連帶。機械連帶可以說是沒有分工的連帶，有機連帶則是分工社會的連帶類型。舉例來說，有人出版書，有人生產農作物，人類需要農作物，但也會想看書，因此從事完全不同工作的人，會形成需要彼此的連帶，這就是有機連帶。

根據涂爾幹的想法，因為分工，人們的道德性變高，並帶來社會連帶。但同時，他也將分工分成「常態的分工」與「病態的分工」，分工中有異常的型態。常態分工中，人類道德的品質會提升，但在病態分工中，社會反而會解體。雖然正常與病態之間難以區別，不過以概念來說，能讓社會連帶積極且正面發展的是常態分工，而讓社會逐漸解體的是病態分工，那什麼是病態分工呢？

像脫序的分工是病態分工之一，所謂的脫序分工比較好理解，就是社會變成如恐慌般的無規則狀態。十九世紀時，當時社會出現景氣的波動，頻繁地引發小型恐慌，突然違反契約的案例增加，甚至發生擠兌的風波，這就是脫序的分工，他認為這和人們道德程度低落有關。另一種病態分工的形式是強迫分工，所謂強迫分工是指階級鬥爭，涂爾幹也視其為病態分工的一種型態，勞資之間對立的扭曲狀態也與道德品質低落有關。

更進一步地說，在機械連帶的社會中，人們會連結在一起，是單純基於彼此相似的基礎，所以難以發生問題，但在有機連帶的社會中，人們經常與社會解體的危機比鄰，即使表面上看起來有良好的連帶關係，褪去這層偽裝後，社會馬上就會崩壞。現代社會因為分工而產生連帶，雖然這和道德品質的提升有關，但同時，只要走錯一步社會就會崩解。涂爾幹認為，社會經常發生異常的分工型態，顯示了人們的道德還尚未成熟，無法與分工社會契合。

宗教＝社會

涂爾幹透過這種形式思考連帶與道德，他仰賴的是「分工」這個現象。但是像剛才說的，因分工產生的連帶很脆弱，所以涂爾幹晚年的工作——即便說是晚年，但他滿年輕就過世了，所以並不是那種年紀很大的晚年——就是在宗教中找尋發生連帶的原因。他將自己在分工中找到的現象，以宗教的格局來重新審視，所以誕生了一九一二年的《宗教生活的基本形式》。

在這本書中，涂爾幹想要探究最單純原始的宗教，換句話說，他努力思索什麼是宗教的原型。如今因為我們發現了更多事實內容，所以刺激了涂爾幹思考的那些經驗事實也有被否定的部分，但在他提出的理論中，有些想法是直到今天仍值得閱讀的。

首先是他明確地定義了宗教，也就是下面我引用的這段。所謂的宗教是：

> 一個與既超凡又不可冒犯的神聖事物相關之信仰與儀式的聚合體，這些信仰與儀式將所有奉行的人，融聚在一個被稱為教會的道德社群中。

根據這個定義，有兩個要素構成宗教。第一是神聖的事物，和信仰與儀式有關。第二是連帶，拿基督教來說，就是教會。涂爾幹沒有將這兩者視為各自獨立的事物，他認為這兩者的關係是一體兩面。

那麼，最原始的宗教是什麼呢？他引用其他人類學者的說法，並且進行批判，最後導出圖騰崇拜的結論。

我們在佛洛伊德那章節中也提到過，每個團體都有被視為圖騰的動物或生靈，與圖騰相關的事物被視為是神聖的，人們也會為圖騰舉行儀式。人們設定了神聖與世俗的區別，而且一個圖騰結合了一個氏族。人們共享一個作為象徵的圖騰，這個事實成為一個紐帶，將氏族成員團結在一起。簡要來說，圖騰崇拜滿足了宗教定義的兩種要件。

涂爾幹說，「宗教表現出來的實體是社會」，他的意思是可以將宗教和社會視為一體。如果說，正因為有分工才有社會，這句話在某個程度上是理所當然的話，那以涂爾幹的觀點來看，分工和宗教在功能上是同等的事物，因為這兩種現象都能帶來連帶，這樣思考的話，我們就能理解「宗教＝社會」的看法，也不會覺得有什麼奇特之處了。

階級與分工

如果我們沿著涂爾幹理論的核心道路前進，我們就能領會到，有一個主題整齊地貫穿了他的學術生涯。首先，他找出分工是產生連帶的主要原因，並將社會統合成一體；而宗教則擁有和分工同樣的功能，甚至比分工還要強大。最後，當社會連帶或一體感被破壞時，形式上就會以自殺率的增加來表現這現象。不過在此處，我想要進行學說歷史間的比較。

我想嘗試比較馬克思的階級概念和涂爾幹的分工。

階級也是廣義上的分工，如果使用馬克思的用語，就是「生產關係」，將生產關係放到社會的整體系統來看，它就以名為階級關係的形式呈現，涂爾幹也將同樣的現象看作是分工（有機分工），所以在某個意義上，這兩人都看到了同樣的現象。但是他們的看法和解讀卻有極大的差異，甚至可以說是互相對立。

這是怎麼回事呢？先前我稍有談及，涂爾幹有「常態分工」與「病態分工」兩種類型，雖然在概念上可以區分二者，但放在現實中，這種區分就顯得有些微妙。涂爾幹認為，階級對立或階級鬥爭，也是病態分工的一環，但階級鬥爭也可以解釋為是社會分工的本體；而事實上，依照馬克思的觀點，資本主義社會就是全體階級鬥爭的結果，因此，對涂爾幹來說是異常的現象，對馬克思來說卻是正常（常態）的，但他們指的是一樣的東西。若要用比喻來描述這狀況的話，就像是兩人看著一幅灰色的畫，一位說：「這是白色的畫吧？」而另一位則回應說：「不，這是黑色的吧？」

然後，希望讀者們能留意的是，之前我說過，馬克思使用階級這個概念的時候有著一股獨特的熱情，階級甚至可以說包含著宗教般的性質。「階級」（class）的概念是馬克思所創造的，雖然現在無論是在學術領域，還是非學術領域，階級都已經是常用的詞彙，但原本這個詞語沒有今天的意涵；「階級」一詞原本是和軍隊有關的用語，而馬克思是第一個將階級的概念用來描述社會階層和身分的人，所以我的看法是，馬克思讓這個詞包含了某種宗教的意義。

涂爾幹也是如此，他年輕時在分工中看到的現象，最後在宗教裡也看到了。因此對涂爾幹來說，分工和宗教是密不可分的關係。

但是涂爾幹和馬克思又是在兩個極端，涂爾幹注重的是宗教產生社會連帶，馬克思則將宗教的含義帶入階級概念中，他的問題是，在資本主義的宗教中，有被拋棄的人和沒被拋棄的人，有被拯救的人和沒被拯救的人，被拯救的人稱為資產階級，被拋棄的人則稱為無產階級。馬克思的基本認知是，名為資本主義的宗教為社會帶來分裂及鬥爭。相對地，涂爾幹則認為宗教為社會帶來統一和連帶。

因此馬克思的目標是一種宗教改革，名為資本主義的宗教會拋棄某些人，並把他們當作罪人，但這些罪人會尋求救贖，革命起義。如同耶穌基督會剛好現身，赦免罪人上天堂，發生革命後，在共產主義社會中，至今為止沒被拯救的人會變成被拯救的那方。馬克思透過宗教世界的階級概念，描繪出糾葛與鬥爭。

或者也可以這麼說，在社會學的歷史中，涂爾幹將「社會」的概念精確地公式化，將社會變成可以用研究來分析的東西。意即，他發現了社會，並且發現連帶會給予社會實體一個實際的內容，對涂爾幹來說，分工和宗教都會產生連帶。

但從馬克思的觀點來說，這種連帶並不存在。以馬克思的風格來看，涂爾幹所說的社會是一種幻想，因為若使用階級的概念，社會內部就蘊含著無論如何都無法克服的分裂。

因此，涂爾幹會說「社會存在」，其證據就在分工與宗教之中；而馬克思認為「社會不存在」，因為資本主義的緣故，在階級中就能看到社會不存在的證據。涂爾幹和馬克思彼此是對照組。

3 齊美爾 作爲互動行爲的社會

3-1 都市的感性

又一位猶太人

接著我要談的是格奧爾格．齊美爾（Georg Simmel，一八五八—一九一八）。和涂爾幹、韋伯相比，齊美爾是個難以讓人列點舉出「他是這樣說」的人。他談論了各式各樣的事物，若要整理出他的論點會是個浩大的工程。

但是，以結論來看，齊美爾和涂爾幹做了相同的事。涂爾幹想要精確定義社會事實、集體表徵、作為物的社會等概念，換言之，他發現「社會」，幾乎是同個時期，在德國的齊美爾也發現了「社會」，他同樣發現了直到十九世紀中期為止，社會學家們都沒看到的社會，只是他的方法和涂爾幹不同，齊美爾也有自己獨到的見解。

齊美爾和涂爾幹於同年一八五八年出生，他生於三月，早涂爾幹一個半月。

齊美爾生於普魯士，那時還沒有叫做「德國」的國家，他成長在德語圈中最強大的都市，柏林。

齊美爾是猶太人。真的很多社會學家都是猶太人，其後的社會學家中也有許多猶太人，但這並不僅限於社會學界。不知為何，在西方的知識領域中，猶太人佔壓倒性的多數。「為何猶太人引領西方知識呢？」這是一個非常有趣的知識社會學主題，對於這個問題，大家有許多假設，但卻不容易實證，只知道在事實上有這個明顯的傾向。

齊美爾的家庭非常富有，雖然他的父親早逝，但他父親創立的巧克力公司莎樂蒂（Sarotti），直到二十一世紀的今天都還存在。

如同前述，涂爾幹成為了法國第一位大學社會學的教授，但是齊美爾卻沒有此等際遇，他一直都沒辦法獲得大學的教職。他在很長的一段時間裡，都只是沒薪水的編外講師。

但是在當時，作為民間學者的齊美爾相當有名，享有很高的聲譽。相比之下，佛洛伊德在一開始的時候書就賣不出去，在大學裡也拿不到正經的一官半職，生活充滿無可奈何。齊美爾作為作家卻有很高的人氣，同時代的知識分子會善意地閱讀他的著作，同時視齊美爾為社會學家，給予很高的評價。

但即使如此，他還是無法在大學任職。馬克斯．韋伯曾經規劃，要邀請齊美爾來他任教的海德堡大學擔任教授，但卻沒有辦法順利實行。我認為最主要的原因還是因為齊美爾是猶太人的緣故。在法國，身為猶太人的涂爾幹可以毫無問題地拿到大學教職，但在德國卻沒辦法。

在齊美爾的晚年——即使這樣說，這人也在六十歲左右就去世了——才成為史特拉斯堡大學的哲學系教授；這一年是一九一四年，也就是在他去世的四年前。不過雖然在此以前他沒辦法成為大學的正式教授，但他的家境富裕，所以沒有經濟上的困難。附帶一提，在史特拉斯堡大學任教後，他還出版了重要的著作之一《社會學的根本問題》（*Grundfragen der Soziologie*，一九一七年）。

都市的感性

關於齊美爾的生平事實，有一點我們必須要注意，那就是他生於柏林，而且一直都住在柏林。柏林在當時是非常大的城市，雖然齊美爾在晚年遷徙到史特拉斯堡這個位於德法邊境的城鎮，但他的人生幾乎都在歐洲首屈一指的大城市中度過。為什麼我要再次強調這一點呢？因為大家經常會在齊美爾的社會學中，指出都市的感性這一點。

我的大學同學，同時也是社會學者的奧井智之，他有一本叫做《社會學的歷史》的書，他在裡面非常重視齊美爾所擁有的都市感性，並使用了導演文．溫德斯（Wim Wenders）的電影《慾望之翼》（*Der Himmel über Berlin*）來比喻，這是一個很高明的譬喻。在這部有天使、有人類的電影中，人類是看不見天使的，但事實上天使卻充斥在人類周遭，而且天使能看透人的行為及心中所思所想，並將這些記錄下來。人類看不見天使，但天使看得見人類，而且一直在觀察人類。天使與人類之間不能溝通或互相影響，因此天使是人類世界的旁觀者。奧井說，柏林這個城市的旁觀者就是天使，而天使不就像是社會學者嗎？

奧井如此定義社會學者的本質，但我想要持保留的態度，如果社會學家真的只能像天使一樣，是命中注定的旁觀者的話，那研究就太寂寞了，大家也會對這門知識的存在價值產生疑問吧。不過，齊美爾這位學者的研究態度就真的像是天使一樣。齊美爾擁有非常銳利的觀察之眼，他將人類所做的事情纖細地記錄下來；齊美爾的著作是由許多讓人覺得「原來如此，講得真好」的文章組合而成的。

我想先稍微從齊美爾離題，再多解釋一點關於《慾望之翼》這部電影。溫德斯的這部電影，主題不是把天使擁有洞察力、天使能看透人類當作核心，相反地，這部電影的主題是天使的悲哀，因為他永遠只能當個旁觀者。在電影的最後，身為主角的天使化身為人類，明明身為天使的話能夠得到永生，但他卻自願變成會老會死的人類，只為與人類女子相愛。所以這部電影並不是從正面角度來描寫天使的存在。

為什麼我要偏離正題解說溫德斯的電影呢？因為我認為，對於社會學這門科學來說，我們最終的課題是，社會學家要如何最大限度地成為天使，但又必須完全是個人類？這件事情如何可能？我們要如何才能是人類世界的冷靜觀察者，但同時又愛著人類？我認為社會學這門科學的目標就是這個。後面我會談及，馬克斯・韋伯就是想成為兩者兼具的學者——天使與人類，我認為可以如此解釋。

社會差異化

前面已經說過，齊美爾的特徵是作為都市人的感受與知性，他的第一本巨著《論社會差異》（*Über sociale Differenzierung*，一八九〇）就經常出現這些內容。涂爾幹的主要著作為《社會分工論》，這兩人都是在處理非常相似的議題，因此齊美爾的《論社會差異》和涂爾幹的《社會分工論》經常被拿來比較。

我們可以說，齊美爾和涂爾幹都將目光放在非常相似的現象上，但是他們注重的層面不同，甚至可以說，關於這個現象代表什麼意義、帶來什麼結果，這兩個人有完全不同的看法。

接下來，我就要說明這是怎麼一回事。

首先，「社會差異化」（Soziale Differenzierung）的「差異化」是什麼呢？在廣義上包含分工，但這概念比分工還要廣。好比說，某人一開始是位學生，後來有一時期從軍，之後在出版社任職，最後自立門戶開了間會計事務所。我們假設一個人在人生中擔任了各種角色責任，齊美爾認為，這件事情就是時間在社會中的差異化。

在社會中，如果只看一個時點，也就是在共時層面，我們能夠分化出各種角色，以歷時的層面觀看某人的一生，也會有各種角色的變遷。齊美爾觀察這兩個面向，他認為帶來這種結果的背後原因，就是都市經驗。

若要以概念來理解都市經驗本身，那就是個人「社會圈」的擴大。社會圈是齊美爾的用語——他有許多獨特的說話方式——若用英文來說可能會比較清楚，就是social sphere。社會圈的意義相近於一個人所屬的團體，但是社會圈指涉的範圍比團體更廣一些。換言之，即使沒有明確邊界或是會員資格，只要暗中共享利害關係或同個目標，有這種意識的人類全體成員就稱為社會圈。

因此，好比說在傳統社會中，大家能感受到親戚網絡是彼此命運共同體的社會圈，或是村落作為地區共同體。現代化以後，重要的社會圈變成是以大城市或國家為規模，社會圈變得十分廣大，這是現代化的重要特徵，而都市化的現象則最直白地呈現了社會圈擴大的樣貌。

結合與分離

如果是涂爾幹的話，在此處他就會說，社會連帶變得日漸強韌，但齊美爾的看法則相反。若我們在非常小的團體中度過一生，那麼成員間相互的連結就會變得非常緊密且強韌，這力量會十分強悍，就像用鐵鍊將彼此綁在一起。若我們活在非常大的團體中，我們會以各種形式與各式各樣的人連結在一起，像是工作上我們會跟某某某聯繫，但我們在社區自治會中又是另一種樣貌，我們有經常一起去喝酒的朋友，但我們又和誰誰誰是情侶等等，如此一來，人們彼此連結的每一條線，都變成是細細的繩子，雖然繩子有很多條，但觀察每一條繩子都是細細小小的。因此，當連結數量較少時，紐帶就會像粗鎖鏈一樣，將每個人牢牢束縛住，當連結數量變多時，每條紐帶就像細繩般，束縛個人的力道就變小了。以結果而言，社會圈愈是擴大——也就是愈來愈都市化——個人就會變得更獨立，因為每個人與他者連結的繩索數量增加了，所以每個人對單一繩索的依賴程度就變小了。

齊美爾與涂爾幹相反，他注重的層面是，當社會圈擴大，也就是社會差異愈來愈大時，團體的認同會變得愈發稀薄，在齊美爾的理論中，此時個人從整個團體獨立的程度就會變高。透過社會圈的擴大，個人獨立程度變高後，結果會促進社會圈內部的差異化，也就是分工，或是形成更小的從屬團體。

在齊美爾的論述脈絡中，這種變化劇烈地影響了責任或罪責等概念。在前現代的部落社會中，若誰犯了什麼罪，一定會變成是部落的責任。如果某人殺了隔壁部落的人，遭殃的不僅是直接殺人的當事者，部落全體成員也必須負起責任，變成是連帶責任。在前現代社會中，所謂的「責任」原則上是團體的責任，因為團體擁有同一個身分認同。但是當社會圈擴大後，個人的獨立性反而變高，責任變得可歸結到個人身上。

齊美爾和涂爾幹都將目光放在現代化現象上。伴隨著現代化，社會的規模不斷向外擴大，內部則產生各種差異。涂爾幹認為，如此一來，社會就能夠創造出大規模的連帶，但齊美爾則相反，他認為個人會因此被解放，社會為個人帶來獨立的效果。換言之，涂爾幹是將重點放在結合的面向上，但齊美爾將重點放在分離的面向，我們能夠看到他們有著不同的構圖。

齊美爾社會學的中心主題正是這種「結合與分離」，一般來說，因為結合和分離是對立的概念，所以大家會傾向認為結合力道愈強，分離的力量就愈弱；分離愈強，結合就愈弱。但人類社會的不可思議之處就在於，我們不能如此單純地思考它。換句話說，結合及分離不是兩個不同的概念，它們其實深深地連結在一起，這是齊美爾社會學的中心構想。總之，若比較「社會分工論」與「社會差異論」的話，會發現涂爾幹的重點在結合，而齊美爾的重點在分離，但事實上這兩者（結合與分離），如何在人類的互動或溝通中深深地連結在一起，並以什麼樣貌呈現，才是齊美爾社會學中最重要的重點。

3-2 互動行為的形式

社交與社會

我們說過，齊美爾站在涂爾幹的對立面觀察現代化的效果。他認為現代化不是連帶的強化，而是帶來個人化。但是我想先提出來一個核心命題，那就是齊美爾是以齊美爾派的方法，發現了這個無法還原成個人行為或心理的「社會」。只是齊美爾發現「社會」的地方，和涂爾幹相當不一樣。

齊美爾在哪裡、發現了什麼意義的「社會」呢？齊美爾做為一位非常敏銳的人類行為觀察者，對「社交」現象提出了獨到的分析。他非常正向地描繪了「社交」這件事，如果我們從這點入手的話，就比較容易明白對齊美爾而言「社會」是什麼了。

如果只能從齊美爾的社會學中，找出一個重要的用語，那一定就是「互動」（德語

Wechselwirkung，英語interaction），而且互動一定會兼具內容及形式。

人與他人互動，也就是溝通的時候，行為中一定會有「內容」。例如，出這本書會得到某些利益，或是讀者想要得到什麼有用的資訊，或我們用甜言蜜語追求另一半等等，溝通中一定會有某些內容＝目的，這就像是每位參與溝通的人的目的或動機。

為了達成目的，人們採取各種溝通的「形式」。例如互相幫助、合作、分擔、競爭、吵架、服從、模仿等等，這就是各種不同的形式。而為了達成某種特定內容的目的，人們就會採取各種形式的互動。

在這些溝通中，互動有兩種面向，即內容層面及形式層面。齊美爾非常重要的著眼點在於，他認為這兩者是彼此獨立的。

他舉了兩個例子作為這兩個層面彼此獨立的證據，一是遊戲，另一個是社交。遊戲是什麼呢？假設小孩子在玩扮家家酒。原本在家族的互動中，存有內容及目的，大家作為生活共同體，活下去就是目的，但是在遊戲中，形式可以與這個目的分離，小孩演出名為家族的形式，讓扮家家酒的遊戲得以成立。

同樣的事情發生在大人的社交行為上。無論大家在社交中抱有什麼樣的目的或意圖，甚至在心裡討厭對方，但大家在表面上仍看起來感情很好，彼此行禮如儀。所謂的社交，就是指將互動行為從內容中分離出來，只享受於形式。社交這個現象，反應出互動的形式與內容是不同的層面。

當然，社交和社會不是同一種東西。社會用德語來說是Gesellschaft，社交是Geselligkeit。社會是由互動的內容及形式兩方面所構成的。但是，是形式而非內容讓社會成為社會，這是齊美爾的論點。獨立於內容的形式，於現實中展現各式各樣的面貌，如果我們只觀察這點，也會明白在互動行為中，形式與內容是不同的兩個面向。如果只有內容，那麼所謂的社會，就只是每個人的動機、心情或目的的集合體而已；但是形式與內容不同，形式將人類結合在一起或使人類分離，所以社會才會是社會。齊美爾想要發現的是，在互動的形式層面中社會獨特的真實樣貌，這是個人目的或動機的內容所無法消融的部分。

如果看以前的社會學史教科書，裡面經常會出現「形式社會學」一詞，這就是指齊美爾。以前的人還會給孔德或史賓賽安上「綜合社會學」一詞，而從齊美爾時代開始，大家則會普遍地使用「形式社會學」。為什麼孔德或史賓賽是「綜合社會學」呢？因為他們將社會學放在像是一般哲學原理的綜合學門當中，此時的社會學還是一個模糊不清的科學領域。

齊美爾則創造出一門獨特的社會學，他把目光放在互動的形式層面。舉例而言，經濟學是處理關於經濟的部分，此時，經濟的內容之一，就是溝通。經濟的分工、生產，都是以利益為目的而成立的，不過人們在行使這些行為時，會使用互動的形式，如交換、贈與、從屬、合作等等。處理這些形式的就是社會學，社會的真實也在這之中。

我為大家介紹一個與此有關的齊美爾用語。

人們透過互動來形成一個具備形式的社會，這樣子的過程叫做「社會化」（Vergesellschaftung）——不過這個概念只有齊美爾使用。雖然「社會化」概念經常出現在社會學或心理學的課本上，但德語是Sozialisierung，和齊美爾說的Vergesellschaftung意義不同。

這兩種社會化有哪裡不同呢？Vergesellschaftung直譯的話，是「成為社會」的意思。所謂的成為社會，就是人們彼此互動，而互動會創造出形式的一個過程，人們彼此之間可以是主從關係、師生關係、朋友關係、鬥爭關係，在這些情狀下，我們把社會形成的過程稱為Vergesellschaftung。

Sozialisierung則是一般用語，使用在完全不同的意義上，像是「讓孩子社會化」，也就是教育小孩，讓他們學習社會的基本規範，孩子透過發育、成長，學會規範，學會適合社會的行為。翻譯成中文的話，兩邊都是社會化，但是意義完全不同的詞彙，齊美爾的特色是Vergesellschaftung。

如果是英語的話，Vergesellschaftung會翻成sociation，但這個是自創的語詞，而

Sozialisierung則理所當然就是socialization。

橋與門

人類透過社會化，創造各種形式。作為社會化的形式有「結合與分離」的關係、「上位與下位」的關係、「和解與鬥爭」的關係、「交換與贈與」的關係等等。齊美爾和涂爾幹或韋伯不同，他思考方式不是系統性的，所以他想到什麼就舉什麼，並不怎麼整理。韋伯的思考則特別有系統性，而齊美爾擅長的則是就具體的事例，描繪出屬於那事物的細微特色。

不過客觀而言，在種種齊美爾所思考的社會化形式中，唯有「結合與分離」是他全部形式的總綱，或是說原點，也是社會化形式的要素。讓我舉一個能夠代表齊美爾特色的例子。齊美爾是有名的隨筆作家，所以他有大量短小精湛的文章，其中有一篇經常被人引用的知名散文〈橋與門〉（一九〇九年）。

雖然這種文學性的文章經過摘要就會變得很無趣，但以結論來說，無論是橋還是門，都有分離與結合的兩種面向。好比說，橋樑結合了兩岸，但是我們會產生需要蓋一座橋的想法，首先就是因為兩岸是分離的。因為分離所以結合，這就是他論述的順序。關於橋，在結合的背後一定有分離，但是門的道理順序和橋相反，門是用來分離屋內和屋外的東西，但需要用門分離，就是因為如果沒有門，兩邊就會結合，所以才蓋了門讓兩邊分離，這次是分離的背後有結合。

也就是說，所有的互動都有結合與分離的雙重性。所有互動行為，都成立在這兩種向量的競爭之上，這是齊美爾的出發點，也是他的直覺反應。結合和分離兩者並不矛盾，所有的溝通中都有這兩個面向，社會學者奧村隆就將齊美爾的核心想法做如此解釋，我也是從他的《反溝通》（反コミュニケーション）這本書中學到這個觀點的。

無論哪種互動都有朝向結合的力量與朝向分離的力量在作用，但是要達到二者平衡，方式有許多種，因此互動的形式產生不同的樣貌，沒有完全只有結合的互動行為，也沒有完全只有分離的互動行為。互動必然藏有多樣的形式，因為分離和結合的化合反應也擁有多樣性。

秘密這個現象

讓我們用幾個齊美爾細心觀察的例子，來確認互動是由結合與分離所組成的。

例如，齊美爾有一篇知名的隨筆討論秘密這個現象。所謂的秘密，就是互相隱瞞，秘密的性質為「只有我（們）知道」，排除其他人。那麼，如果沒有秘密的話，大家就結合在一起了嗎？也未必是這樣。什麼秘密都沒有的關係是不安定的，如果彼此的認識都是透明的，關係反而無法持續，我們之所以能夠維持穩定的連結，不如說正是因為我們都不知道對方的全部，彼此之間都懷有少許的秘密，有的時候我們會說出真心話，但也會有所保留。因為有秘密，反而讓人能夠穩定地結合，秘密雖然會創造分離，但也會加強結合，這是秘密的結構。沒有秘密，關係就會變好嗎？答案是沒有這種事。

齊美爾還說，強大的秘密更有相反陳述的性質。換言之，一個人為了要從人群中隱匿才擁有秘密，但如果一個人懷抱著驚天秘密的話，反而會顯得醒目，不小心就引起他人的注意，覺得那傢伙怪怪的。

從此處就可以連結到齊美爾「那宛如飾品」的討論。飾品也有獨特的性質，就是結合和分離的雙重性。這是什麼意思呢？戴上飾品，妝點自己，就是為了將自己與他人區別開來，讓自己更顯眼的意思。在這層意義上，我們把自己放在相較他者而言更具優勢的位置。此處，飾品起到的作用是，將自己與他人垂直地分離開來。

為了讓飾品擁有意義，一定要讓別人覺得「好美」、「好羨慕」，飾品要產生功能，他者的羨慕變成是必要的，羨慕是一種他者給予的承認。如此一來，明明我們是想要透過飾品，將自己從他者之中垂直地分離開來，但是唯有當他者承認我們時，飾品才開始擁有意義。換句話說，戴著飾品的我們，是依存在他者身上，並不是突出於眾人，更不如說，是被他者與其他同等地位價值的事物向下拉扯。飾品具有兩種作用力，也就是垂直分離的力量以及水平下拉的結合力量。齊美爾根據這個論點寫下關於飾品文章，內容非常有趣。

再舉一個關於鬥爭的例子，齊美爾也用了結合與分離的理論做出精彩的說明。一般來說，我們認為鬥爭只會造成分離的局面，如果發生鬥爭，只會有分離不會有結合。但如果是這樣的話，一次都沒有吵過架的朋友就代表關係很好嗎？並不盡然。有時如果能率直地互相討論，甚至吵起架來，反而關係會顯得更為親密，並不只有風平浪靜的關係才是良好的，在這種情況下，鬥爭所擁有的分離要素，並不一定會弱化結合，有時甚至會強化結合。有時我們要經過激烈的爭吵（分離），才會產生更真摯深刻的友情（結合）。

齊美爾的研究中有更複雜的分析，像是與外部團體間的鬥爭，會幫內部團體帶來這種雙重效果，這也是他的論點。

經常會有的一種狀況是，因為出現共同的敵人，所以平常會爭吵的同伴為了大同捨棄小異，彼此間小小紛爭就消失了。但是也可能發生相反的情況，當我們必須要與重要的敵人戰鬥時，為了產生強力的結合，我們會變得開始在意起平常忽視或是一直以來無視的差異，之前因為沒有要和敵人戰鬥，所以彼此的關係才顯得不錯，但和敵人的戰況變得嚴峻時，團體之中的糾葛就浮出表面了，甚至有的時候還會走向決定性的決裂（分離）。和外部團體的鬥爭，會影響到內部團體結合與分離之平衡。

無論什麼互動行為都有結合和分離的兩種面貌，也未必會產生矛盾，反而因為有兩種面向，透過相乘的結果效果更強，或者說，當這種平衡崩壞時，團體就會崩壞。這是在齊美爾的洞察中最根本的想法。

為什麼互動行為有形式呢？因為互動中有分離和結合兩種面向。為什麼溝通需要獨特的形式呢？因為互動中的個人，其內心的內容（動機、心情、目的、利弊……）都是不同的，從這裡就產生分離的面向，但因為有形式的層面，所以即使各式各樣的人們擁有分離的部分，懷抱著各種想法與差異，但卻能更加地連結在一起。

或是反過來說，在人與人的連結中，為了持續保持各自的動機或目的，保有彼此之間的分離性，互動行為的形式是必要的，就像是吳越同舟[6]的故事一樣。每個人都有不同的目的、動機、背景，但卻能彼此合作、仿效、互助。在內容的層面上人與人之間存在著差異，但同樣的，我們卻又必須擔保彼此能夠結合。為了調節這兩個方面，形式變成是必須的，形式的作用淺顯易懂地表現在剛才所講的「社交」上。

6　譯註：指吳、越兩國互為敵國，但有危難時則互相救助。

三人群體

藉由齊美爾分析二人群體及三人群體的討論，也有助於加強我們對互動形式的理解。在齊美爾社會學的理論當中，這也是我特別喜歡的理論，蘊含著非常敏銳的觀察。

我先講抽象的結論，在齊美爾的想法中——或者是說，將齊美爾的想法稍微更清晰化、更武斷地說——本來的「社會」就是從三人群體之中誕生的。二人群體是在社會形成以前的階段，從三人群體開始，社會才形成真的社會。因為在三人群體中，有無法化約成二人關係的第三人登場，而和這第三人起到同樣作用的，就是在互動行為中的形式。換句話說，因為形式獨立於當事人的心靈內容之外，多虧了形式這東西的存在，一個社會才實際存在。而在人際關係中的第三者，則扮演著和互動形式相同的角色。

若順著齊美爾的論述，做具體解釋的話，那就是在二人群體的狀況下，「感覺每個人只是獨立於自己以外的，沒有存在什麼超個人的生命體」。當只有二人關係時，獨立於「我和你」之外的「我們」並沒有辦法變成實際的存在。這與德國故事「摔破碗盤的社團」是類似的，因為他也有寫這個故事，所以我來為大家介紹。

有一次，眾人聚在一起吃飯，結果有一個碗盤掉到地上摔破了，眾人仔細一看，餐盤碎片的數量剛好和吃飯的人數一樣，於是眾人決定各拿走一塊餐盤碎片，創立一個「摔破碗盤的社團」。

假設現在這裡有七個人，摔破的餐盤也剛好碎成七片。但是這七人並沒有結合，就算有七個人，但不存在獨立於這七人的第三者，所以這七人只不過是二人群體的集合罷了。為什麼即使有七個人，卻仍然無法超越二人群體的層次呢？如果有一天，拿到餐盤碎片的大澤死了，因此山田將大澤擁有的碎片用接著劑黏到自己的碎片上。接下來井上也死了，而山田也將他的餐盤碎片黏到自己的碎片上。每當有人去世時，每塊碎片就會逐漸結合在一起，漸漸地組成一個餐盤，到最後山田也死了。在這個瞬間，社團也消失了。換言之，這個社團並沒有擁有獨立於這七個人之外的實存性。在這七人死亡的時刻，作為社團的身分認同也百分之百地消失了，「二人群體沒有擁有超個人的生命」就是這個意思。兩人群體是沒有擁有超越個人生命的生命，是「橫豎都會死去的團體」。

但是，三人群體就是別種光景了。這是為什麼呢？所謂的三人群體，是假設有我有你，還有除了我們以外的第三人存在。相對於二人群體，三人群體中加入了半分離、半結合的第三人。因為要相對於這第三人，我們才開始存在，這個「我們」不是我，也不是你，而是從第三人之眼中看到的「我們」，這個高維度的統一體在突然之間開始存在，這是和我和你都不同的東西。當第三個次元加入群體時，名為社會的生命才存在於其中，獨立於個人，也無法化約成兩位當事人的任一人。

這就像是有一個團體，如果只有其中的夥伴，就會變成「摔破碗盤的社團」。但是假設在他們之中存在著一位國王，然後大家對這位國王有「不死之王」的印象，或即使國王真的死了，國王也會透過世代繼承王位造成不死的印象，如此一來，在與國王的關係中，我們就會變成家臣，雖然每位家臣都會死去，但是在與國王的關係中，得到身分的家臣團體會持續存在。如果有這種第三人的層次存在，即使人們會來來去去，會出生死亡，作為超生命體的結合則永存於世。在這個階段裡，第一次有了像社會的社會，有了傳統意義上的社會。雖然我現在提供的是「國王」的例子，不過齊美爾還列舉了其他各式各樣的三人群體事例，像是作為中立者的第三人、漁翁得利的例子，或是間接支配的例子等等。

最後此處是我自己的解釋。雖然我們思考的是「第三人」的介入，但是和這個「第三人」起到同樣功能的就是互動行為中的「形式」。所謂的互動形式，就像是擁有變數的「函數」，能夠代入擁有不同動機或目的（意即內容）的個人。無論在函數中代入什麼數值，函數本身不會改變，這個函數就等於「超個人的生命」，所以互動中的形式和「第三人」介入，這兩件事情起到的是同一個作用，也就是說，當我們在行使具有形式的互動時，即使沒有具體的第三人存在，也可以說是潛在的三人群體。

3-3 貨幣論

和盧梭的比較

讓我們試著比較齊美爾和之前出現過的其他學者吧，這樣能讓我們更理解齊美爾的特色。齊美爾是十九世紀末到二十世紀初的人，若要看出這個人與十七、十八世紀的思想家，有什麼不同的世界觀或觀察到什麼不同事物的話，盧梭是很好的比較對象，因為盧梭和齊美爾的想法可說是天差地別；指出此點的也是剛才我提到的奧村隆。

盧梭和齊美爾要如何進行比較呢？在齊美爾的論述中，人類的互動行為、人類的溝通，無論關係如何緊密，都擁有分離的面向。如同剛才講過好幾次的那樣，明明是分離的關係，卻依然能保持結合，是因為互動行為中有形式。齊美爾最重要的洞見就是，無論怎樣的互動行為＝溝通行為中，必然會孕育出距離＝分離。

此處請想到盧梭。制約著盧梭的最原始感覺，就是溝通的完全透明性。盧梭有一個想像是，人們的心意完全互通，並化為一體，他認為這件事情是可能的，也應該要是如此，但齊美爾則認為秘密擁有正面的作用，不正是因為有秘密，大家才能順利往來？但這種見解對盧梭來說既荒謬又難以原諒。對盧梭來說，彼此之間百分之百了解才是最理想的狀態，或者是說，盧梭十分厭惡社交，他認為社交就是說謊，人類在內容層面如何思考，就應該要彬彬有禮地於外呈現，欺瞞是不可以的，所以他批判文明人。但是齊美爾重視社交。

盧梭談論的社會契約，是用他自己的方式在觀察社會，至少齊美爾發現的社會，在盧梭那裡是不存在的。齊美爾看到了盧梭沒看見的東西，在盧梭認為那是完全不重要的現象之中、在盧梭認為最好不要實現的事情之中，齊美爾看到了社會正常的樣貌，齊美爾發現了盧梭沒看到的事物。簡要而言，不得不說盧梭這部分是貧乏的，他沒有走向既存實體社會的自覺，而且這個社會並不是個人意識的直接延伸。

和馬克思的比較

還有一個我想拿來比較的人是馬克思。馬克思同樣非常重視形式或形態（價值形式理論的形式及形態），雖然他總是將目光放在市場的關係上，但先前我有提過，其實他關心的層面超過經濟關係，包含著社會關係。總之，馬克思也重視互動所擁有的形式層面。馬克思重視的是，人們擁有某些使用價值，相對於此，每個人也都有身為人的渴求與慾望，但價值形式則獨立於此之外——也就是貨幣。

因此，我試著拿馬克思的「形式」和齊美爾做比較。齊美爾有馬克思沒有的東西，而馬克思也有齊美爾沒有的東西。這是什麼意思呢？

首先，即使馬克思有談到形式，但他只處理抽象程度最高的形式。他用市場全體通用的一般等價形式——也就是貨幣——將所有產品賦予作為商品的意義，賦予它們價值的形式，馬克思的目光只放在這最抽象的形式上面。但是，齊美爾更加體察入微，他認為所謂的形式有分很多層級，從非常微觀到宏觀，互動行為有各種層級的形式，他細緻地觀察到這些形式有獨特的作用。在這層意義上，齊美爾有著遠遠勝過馬克思的細膩，他的描述是非常讓人耳目一新的。

同時，也有的東西是馬克思有，但齊美爾沒有的。如果硬是要使用齊美爾的用語來形容的話，馬克思的問題意識就是內容和形式間的張力，他的疑問是，形式這個東西是怎麼生成的？馬克思想導出一個關於生成的理論，結果就形成《資本論》中的價值形式理論。價值形式論理想要描繪的是，在人類的不對稱關係中，產生了名為貨幣的機制，無論這個機制成功與否，內容與形式之間擁有複雜的角力關係，在這角力中產生了形式從內容獨立的契機，形式在穩定下來後發生作用。

與此相對，即使齊美爾確實使用了「社會化」一詞，但實際上，比起描繪出一個動態的

「理論」，他更像只是紀錄發生的事情。比起說明現象，齊美爾更像是觀察發生的事情然後紀錄下來而已。馬克思以動態的方式說明理論的脈絡，在這個意義上，齊美爾仍有不足之處。

貨幣哲學

我將齊美爾和馬克思相提並論，是為了連接到這節的主題。其實齊美爾和馬克思一樣都對貨幣非常感興趣。《貨幣哲學》（*Philosophie des Geldes*）是齊美爾的主要著作之一，此書正好寫於一九〇〇年，是一本十分厚重的書。

由於他在這本書中寫了非常多東西，所以我很難以一句話說明他到底寫了些什麼，但是我會挑選出一些重點來介紹，讓大家比較容易理解這本書的特色。

馬克思的思考以勞動價值理論為前提，在我的想法中，馬克思的勞動價值理論和古典派的勞動價值理論有一線之隔，但若不談論那細微的區別，馬克思理論的基本就是勞動價值理論。但是新古典經濟學派以後的經濟學者，都已經不採用勞動價值理論了，他們的基礎理論變成是邊際效應理論，邊際效應是學經濟學時第一時間就會出現的概念，而齊美爾也在《貨幣哲學》中提及「邊際效應」。比齊爾美這本書再更早一點的時候，邊際效應理論就已經出現了，所以比起勞動價值說，齊美爾的前提較接近新古典經濟學派的「價值」理論。

後來的邊際效應理論使用了「無異曲線」（Indifference Curve），變得如同數學般的精確，但齊美爾還沒有這種概念。不過齊美爾的確採用了比勞動價值理論更接近新古典經濟學派的價值理論，如果要將這理論單純化，更粗糙點說的話就是，價值是從需要－供給的關係中，從欲望之中誕生，並不是從勞動之中產生。我會立足在這一點上，描述齊美爾《貨幣哲學》中的兩個特徵。

其一，齊美爾描述了與欲望對象之間的「距離」問題。這點很有趣，因為這是普通經濟學文本中沒有的觀點。根據齊美爾的說法，是什麼東西產生價值呢？是我們與欲望對象的適度距離。換言之，不能太近，也不能太遠。人類欲望的是處於中間狀態的事物，既不能距離太近，也不能相隔太遠，這些事物也因此才產生價值。

這樣說的話似乎很抽象，但簡單來說，這就像是我想要山田的某樣物品，山田說可以用一萬日元賣給我，所以我拿出一萬日幣，想要買下那樣物品。此時，雖然我還尚未擁有那樣物品，但它就在那裡，如果我付了一萬日幣，那樣物品就如同已經到手般離我那樣近。在這種形式下，有適度的距離，但也不是完全得不到，當物品擁有這兩種面向時，就會產生經濟的價值，貨幣也產生功用。貨幣與處於適當距離的他者之間——事物因此擁有價值——建立起交換關係。我想大家都注意到了，在這種以貨幣為媒介，名為中間距離的概念中，齊美爾再次提出互動關係的雙重性主題，也就是分離＝結合。當同時存在遠距的分離面向及接鄰的結合面向時，貨幣就登場了。

其二，這本書重視的是貨幣使人自由、貨幣給予個人自由。齊美爾在一開始的《論社會差異》中，就已經說過社會圈愈擴大，人類的自由度就愈高，關於貨幣他也說到同樣的事情。

我們可以試著思考兩種狀況，一是以貨幣繳納稅金，二是以勞動或農作物繳納稅金。如果能以貨幣繳稅的話，人類就會變得自由，因為人類無論進行什麼活動都能獲得貨幣，托貨幣之福，人類得以自由。請試著回想之前我們以馬克思的物化理論或拜物教理論為基礎時，曾經這樣說過：在傳統社會中發生的是個人的支配，但是到了資本主義社會或現代社會時，則變成是物品的支配。更直接地說，封建社會的臣子或農民，整個人都皈依於領主，但是在資本主義社會中，當勞工被雇用時，他對資本家既沒有恭順之意，也毫無忠誠度可言。勞工只是單純地作為一個自由的勞動者，只是為了自己的利益與資本家締結契約，進入僱傭關係之中。以貨幣為媒介的僱傭關係，遠比人格被支配的狀態自由；僱傭關係的本身，就已經是人類自由選擇後的產物了。

齊美爾也描述了相同的問題。貨幣於外部將人格支配關係（內容）切離，使人類變得自由，這個論點和馬克思理論是同時並進的，他們都描述了從個人支配到商品支配的過程。齊美爾主張，進入貨幣經濟的時代後，感性不再具優勢地位，這是悟性與知性處於優勢地位的時代，而這個論點，也可以從馬克思的理論中推導出來。

但是，雖然馬克思和齊美爾的著眼點是相同的，著力點卻不同。齊美爾認為，人類因此變得自由。但馬克思則相反，他認為，當支配關係的狀況從個人轉移到商品時，人們確實在意識層面變得自由，但在行為的層面、無意識的層面則不是這樣。雖然人們並沒有被人格之神所支配，但是商品之神出現了，人類卻沒有意識到這點，從而被束縛在對商品之神的信仰中。這是馬克思的想法。

齊美爾則認為，當從人格的支配轉移到商品的支配時，人類就被解放了。而馬克思的重點則是，束縛只是透過這個移轉，改變了其降生的場所而已，但是同樣的支配關係仍然存在。

簡單來說，齊美爾認為，以前神體現在人格上，現在神則體現在名為貨幣的物品上，但人類還是在貨幣之神這邊比較自由。相對於此，馬克思則認為，人們可能覺得變得自由了，但是既然人們膜拜著貨幣，那麼就與服從上帝沒有什麼兩樣。

十八世紀的自由／十九世紀的自由

最後，我想要稍微補充齊美爾所說關於「自由」的問題。

齊美爾說過，即便使用同樣的「自由」一詞，十八世紀思想中的自由，以及十九世紀——也就是他自己所在的時代——的自由，也是不同的意思。這是非常有趣的看法。

十八世紀，像是盧梭，有個理所當然的前提是，自由與平等是並存的兩種現象。因此，將人民從封建領主或國王等，相當於主人的傢伙手中解放，大家就會獲得自由，並且實現平等。只要獲得自由就會變得平等，自由和平等被相等看待。

但是十九世紀後，大家發現，自由和平等之間不如說是取捨關係。換言之，出現了「沒有自由的平等」或「沒有平等的自由」等想法。沒有自由的平等，說到底像是社會主義——說「沒有自由」的話可能有人會被激怒，但就是比較輕視自由的平等。為了追求平等，所以允許壓抑自由，相對地，也出現相反的想法，那就是沒有平等的自由。

此時可以聯想到的是尼采或士來馬赫（Friedrich Schleiermacher）等人。他們肯定超人的狀態，肯定一個擁有特權的個人，會從普通的眾人中脫穎而出，鶴立雞群，享有自由。但是這個想法卻否定平等性，因為只有獨一無二的人才會擁有自由。十八世紀追求的是「眾人的自由」，相對地，十九世紀出現的想法是，自由的人是恰如其分的天才，擁有特別的性格，是獨一無二的人。齊美爾將兩個時代相互對照來看，他把十八世紀稱為「量的個人主義（自由）」，十九世紀則是「質的個人主義（自由）」。

4 韋伯 理性化的悖論

4-1 精神疾病

順遂的人生

十九世紀末到第一次世界大戰的世紀轉換期，社會學史上最重要的學者幾乎同時出現。涂爾幹、齊美爾、然後是馬克斯・韋伯，他們甚至可以稱作是社會學連峰，其中最特別的高峰，就是接下來我們要談的韋伯。

我先來談一點關於韋伯的人生。如同〈序〉中所言，韋伯從某時期開始，就苦於嚴重的「精神疾病」，比起稱作「精神疾病」，或許叫憂鬱症更為貼切。總之，他深受非常嚴重的憂鬱症所苦，我在〈序〉中曾「預告」過，這是一種「社會學式憂鬱」，為了要連結到這個主題，我想先來看韋伯的人生歷程。

廣義來說，韋伯和涂爾幹、齊美爾同個世代，但是他比這兩位再年輕些。涂爾幹和齊美爾生於一八五八年，韋伯比他們小六歲，生於一八六四年。

韋伯不是猶太人，他出生於普魯士王國薩克森（Sachsen）的埃爾福特（Erfurt）。他的父親名字也叫馬克斯，所以容易搞混。他的父親似乎曾是位紡織業者，也是地方上的有力人士，後來他為了成為政治家和律師，舉家遷往柏林。他在當上市議員後，終於成為「國民自由黨」（Nationalliberale Partei，略稱NLP）所提名的國會議員候選人，雖然在之後的選舉中，他並非常勝軍，但還是姑且成為了議員。也就是說，韋伯的父親是位政治家。

馬克斯・韋伯雖然出生於埃爾福特，但如同前面說的，在他年幼時，父親就在柏林開創了新事業，一邊學習法律，一邊作為政治家活動，所以韋伯可以說幾乎是在柏林長大的。

韋伯的母親是位有錢公務員的女兒，同時也是非常虔誠的新教徒。韋伯後來在《新教倫理與資本主義精神》一書中，描述了新教徒的生活態度且重視其歷史意義，並藉此展開自己的理論，而他自己的母親正是一位虔誠的新教徒。如果閱讀韋伯的傳記，會看到有的段落描述說，韋伯會因為母親太過虔誠而感到困擾。

所以韋伯的家庭是名門世家，有許多知識分子出入，是社交的場所，他就是在這種充滿知性的環境中長大。

起初，他仿效父親學習法律，也響應國家徵兵，他曾在與法國接壤的史特拉斯堡服兵役。在當時的德國，優秀的學生會輾轉在各大學中取得學位，韋伯曾於海德堡、柏林、哥廷根等有名的大學中學習，最後他於柏林大學取得法學博士的學位。現在幾乎沒有人知道他是以《羅馬農業史》一書獲得大學教授資格的。

韋伯加入了在當時相當有勢力、叫做社會政治聯盟的學會。一八九二年，他成為柏林大學的編外講師，那時他才二十八歲，也是在同年，他受到學會的委託，前往易北河以東地區（德國東部）對農工進行調查。這件事情顯示了韋伯是多麼有才華，並且受人矚目，學會對他的將來寄與厚望，所以才將這浩大工程委託給一位未滿三十歲的年輕編外講師，讓他前去調查。

當時的波蘭移工進入了易北河以東地區，並以極低廉的薪資從事勞動，韋伯要調查的是，當波蘭的移工進入後，易北河以東地區的農業、文化及生活有什麼改變。事實上，這份調查非常有韋伯的風格，他在文件記錄及演講中，有好幾次都提到這份調查，以結論來說，他認為從波蘭來的移民破壞了易北河以東地區的文化。

自由派的民族主義者

如同這份報告所暗示的那樣，韋伯是個熱情的民族主義者，因此他會擔心外籍移工破壞德國的文化。若要以一句話概括韋伯的政治立場，那就是「自由派的民族主義者」了吧。此處重要的是「自由派」。說直接點，自由派所代表的就是和西方看齊，尤其是德國的知識分子，經常會懷有一種情結是害怕自己「不夠西方」，我認為韋伯也不例外。這種向西方看齊的心態，會特別表現在他們對英國的欽慕上。

放到今天，以後現代主義的多元文化主義者的觀點來看，韋伯這種淺白的、現代主義式的民族主義，是該被批判的吧。但是，韋伯在政治上採取什麼樣立場對我們而言不是那麼重要，因為若不思考時代的狀況，即使將這件事情當作問題提出來也沒有意義。

只是無論如何，我們必須要清楚地理解到韋伯是非常政治的人。他擁有非常強烈的政治信念，並且他想懷抱著這樣的信念去影響和干涉社會，他有活動家的面向，這個事實很重要。該學會也對此次的波蘭移民調查給予高度評價。

之後——在調查易北河以東的隔年——他和名為瑪麗安妮的女性結婚。為什麼只有在談到韋伯時要講他的結婚對象呢？因為這位瑪麗安妮十分有名，她在韋伯去世後，寫下了韋伯的傳記，也幫忙整理了韋伯遺稿，無論在好的意義上或不好的意義上，她都是一位重要的人物。

也幾乎是和結婚同個時間點，韋伯成為弗萊堡大學的經濟學教授，這段時期的韋伯狀態絕佳，他還主辦了十分民族主義者的演講「民族國家的經濟政策」。

一八九七年，才三十歲出頭的韋伯，就已經成為母校海德堡大學的經濟學教授。海德堡是一座大學城，即使在歐洲，海德堡大學也是最好的知名大學。而且，在這個時期，韋伯除了是一位自由派的民族主義者，他作為一位政治評論家也十分受人矚目。他給人的感覺是好辯、具攻擊性且擁有優秀的才華。

至此為止，韋伯過著一帆風順的人生。如果韋伯達到的成就停留在這裡，那麼會變得如何呢？即使韋伯止步於此，對於其他同時代的人來說，韋伯都已經是位著名的學者和辯論家了。剛才說的波蘭移民調查、羅馬農業史，在當時都已成書出版，並且獲得與之相符的高度評價。但儘管如此，這些作品不一定會在百年後成為經典，並被人反覆閱讀。換言之，這個階段的韋伯還沒有在社會學史上留下任何一本應該要被人注重的重要作品，然而涂爾幹或齊美爾，在和韋伯同樣的年紀時，都早已經出版了他們的第一本主要著作。

兒子審判父親

總之，在這以前的韋伯過著順遂的人生。但是在這之後，韋伯卻遭遇到了意想不到的挫折，這是無論哪本韋伯傳都會寫的事情。此時他剛到海德堡大學任教不久，那是一八九七年的夏天晚上，當他和妻子瑪麗安妮一起在一趟西班牙旅行中，韋伯突然陷入了連自己都不知道原因的憂鬱之中，開始受「精神疾病」所苦。到底原因是什麼呢？一般認為，直接的原因起於韋伯和父親之間曾有過的爭執。當時他的家人也是這樣認為的，事情的經過如下。

一八九七年，韋伯獲得名門大學海德堡的教授職。當韋伯移居至海德堡時，他在柏林的母親說想要到兒子住的海德堡參觀幾週。事實上這裡離母親的娘家滿近的，但母親說想要暫時住在兒子的新處所，似乎有什麼隱情。其實從母親的角度來看，和丈夫馬克斯——也就是韋伯的父親——一起生活是很辛苦的，即使丈夫是位有實力的人，也常獲得大家的讚美，但就是時常落選。他並不是那種選舉上百戰百勝的政治人物。她想要從這種丈夫身邊暫時逃離開來……

但是馬克斯身為丈夫卻不解風情，他心想，妳別想從我這裡逃走、我也要一起去。妻子想要暫時從丈夫身邊解脫，結果丈夫也跟著一起到了海德堡，這似乎就是事情的發端。從兒子韋伯的角度來看，他的心情大概會是「偶爾也讓母親休息一下吧！」因此兒子感到憤慨，使用了激烈的語詞怒罵父親。此時的情況雖然瑪麗安妮沒有寫得十分詳盡，但我稍微引用一段。

於是，醞釀了很長時間的災難終於爆發了，兒子再也按捺不住心頭的怒火，火山噴發，可怕的事情發生了，兒子對父親進行了審判，當著兩位女性的面跟父親算帳〔中略〕他們終於不歡而散。[7]

兒子馬克斯在母親和妻子的面前，譴責了父親馬克斯，於是父親大怒，一個人回到了柏林的自家。他的父親在回家後，旋即和朋友一起出門去俄羅斯旅行，但卻在途中於里加（Riga）驟逝。韋伯在辦完父親的喪禮後，為了放鬆身心，和妻子到西班牙旅行。在旅行途中，如先前所說的，他突然產生劇烈的精神疾病，出現嚴重的憂鬱症狀，並為其所苦。若考慮到之前發生的事件，看起來他和父親間的關係應該就是憂鬱的原因。

從此以後，韋伯的一生都沒有從這個病況中完全好起來。他的狀況時好時壞，狀況最好的時候，是第一次世界大戰正打得如火如荼時，但結果還是沒有完全根治。他好不容易以青年才

7 譯註：譯文引自《馬克斯・韋伯傳》，瑪麗安妮・韋伯著，簡明譯，北京：中國人民大學出版，2013年。

俊之姿在海德堡大學任教，結果才過了一學期，就罹患此症。授課之類的是無法進行了，但他連閱讀資料都做不到，因此和大學請休。韋伯本來是想要馬上辭去大學教職的，但校方是看好他的未來發展才聘用的，故在一開始還不斷慰留。他在數年間幾乎沒有授課，只極少數地出席過二、三次的課程講授，狀況就又不行了。韋伯不斷重複著這樣的情況。

如此過了數年，韋伯在難以忍受之下，於一九〇三年辭去了教職。他約有六年的時間都掛著德國知名大學的教授頭銜，但他幾乎沒有站到講台上，所以當然也沒有培育自己的弟子。

作為社會學者重生

相信大家馬上就會注意到，韋伯的症狀真是個典型的伊底帕斯情結。這是由佛洛伊德提出來的重要概念，雖然是一個假說，但韋伯的例子可以完美地套用在伊底帕斯情結的公式當中。雖然韋伯不是和父親打架、審判父親或虐殺他，但在那不久後，父親就於旅途中死去了。從韋伯的觀點來看，他會覺得是自己殺了父親吧。

那麼，為什麼他會殺了父親呢？因為父親限制了母親的自由，並尾隨著想要逃亡的母親。韋伯想要將母親接到自己這邊來，由自己獨佔母親，因此對父親展開反擊，於是父親死了，他們的父子關係形成這樣的圖像。

這個時代的許多歐洲男性或許都是如此，佛洛伊德自己也因父親的死受到非常大的衝擊。佛洛伊德將他的經驗普遍化，以「對男性來說，父親之死是人生中最重要的事件」為主題，寫成文章。佛洛伊德也是在父親死後不久，就完成伊底帕斯情結的理論，名為精神分析的科學於是問世，《夢的解析》也被出版，如同先前說明的那樣。

馬克斯・韋伯的情況也是一樣的。換句話說，雖然他苦於嚴重的疾病，連在大學教書都無法，但韋伯主要的社會學著作，幾乎全都是在他得到精神疾病後寫成的。無論是質還是量，在罹患精神疾病後，韋伯的研究品質大幅提升。我認為若沒有這個精神疾病，韋伯一生就會是一位平庸的學者直到生命終結，可以說，韋伯是在得病後，才重生成為一位真正的社會學家。

這是為什麼呢？一般在得病後，即使是再有才華的學者，也難以留下什麼功績，為何韋伯卻相反，正是在病中才變得更富創造力呢？

他在大學裡的狀況也很類似。當韋伯在大學任教時，即使十分優秀，但也不到名留青史的程度。相反地，辭去了大學的工作以後，他卻成為一位對理論史有決定性貢獻的社會學者。

其實辭去大學工作後，韋伯作為一介學者，或是作為一位政治評論家，他的名氣仍是非常高的。他主要的論文幾乎都刊載在《社會科學與社會政策文庫》（*Archiv für Sozialwissenschaft und Sozialpolitik*）這本雜誌上。韋伯一邊從事這本雜誌的編輯及出版的工作，一邊會先在這本雜誌上發表自己的看法。此外，韋伯還是德國社會學會的創始會員之一。

他作為政治評論家十分有名，他的政治發言帶給德國論壇與思想界影響甚鉅。好比說，德國發起第一次世界大戰時，韋伯就曾主張，不能讓美國參戰，如果美國加入的話德國會輸，事實上最後的結果也和他預測的一樣。韋伯曾為此大力地遊說政治家們，不能給美國參戰的藉口。韋伯也以德國代表的身分出席第一次世界大戰後的凡爾賽條約。作為非大學教授的民間學者，他在當時享有崇高評價。但是在第一次世界大戰後，韋伯於一九二〇年因肺炎驟逝。

他去世的原因之一，可能也和德國在第一次世界大戰中戰敗有關。他認為德國輸了之後下場會很淒慘，他為此發表了許多言論，但卻不太為時人所接受，我們能夠推測的是，這次的戰敗對他而言是巨大的打擊。韋伯作為社會學家，的確留下許多優秀的作品，但我認為他本人在去世時，仍懷抱著相當大的挫折感。

4-2 社會學的方法

價值自由——是天使也好

一九〇三年，韋伯的病情惡化，使他不得不從大學辭職。儘管如此，他於一九〇三年到〇五年的兩年間，持續寫下三篇長篇論文，並刊載於《社會科學與社會政策文庫》。這三篇的其中之一，是〈新教倫理與資本主義精神〉，不過這個我後面才會討論。其他兩篇，則是關於社會學或社會科學方法的文章，相當於涂爾幹的《社會學方法的規則》。涂爾幹也好、韋伯也好，他們重要的地方在於，他們是第一批察覺到社會學這門科學，到底是立基於什麼樣的方法上的人，並將這些方法定型化。

在這兩篇論文中，有一篇是人名出現在標題的，叫做〈羅榭與肯尼士〉（Roscher und Knies und die logischen Probleme der historischen Nationalökonomie），這篇文章也很重要，但更有名的是另一篇篇名很長的論文——只要是讀社會學的人一定要了解——〈社會科學與社會政策的知識之「客觀性」〉，一般簡稱為「客觀性論文」。

在這篇「客觀性論文」中，韋伯提出兩個重要的概念。一個是「價值自由」（德語 Wertfreiheit，英語 value freedom），另一個是「理念型」（德語 Idealtypus，英語 ideal type），而我的說明會涵蓋一般教科書中沒有寫到的東西。

首先，「價值自由」是什麼呢？就是要將事實判斷從價值判斷中區別出來（此處韋伯還沒有使用「社會學」一詞，這點很重要；他使用的是「社會科學」，但是我們先不管這細微處）。基本上與社會學有關的是事實判斷而非價值判斷，因此，所謂的價值自由指的是「從價值判斷中獲得自由」。

那麼，社會學這門科學，是否與價值判斷毫無關聯？根據韋伯的說法，彼此有間接的關係。好比說，我們下了某個價值判斷，基於那價值判斷，我們設定了一個目標，而我們要判斷的是，針對那目標採取什麼手段是適當的，什麼選項是最有效的，因為這部分是事實判斷，所以就是社會學的研究範圍。或是說，當我們有某個目的時，我們會判斷那個目的對什麼有貢獻，或是貢獻了什麼價值，這是事實判斷，所以社會學可以明白地表示出目的背後的理念或價值。因此，社會學能夠間接地連結到價值判斷。

價值自由是科學裡極為普通的基本前提，科學也是事實判斷，而非價值判斷，所以這並不特別僅限於社會（科）學。像是，物理學發現了核融合和核分裂的現象，但這並不代表說核武就是厲害的，使用核武的外交手段就是好的，兩者是同樣的道理。在某個意義上來說，我們理所當然地能夠區辨價值判斷和事實判斷，但此處仍有我們需要深入思考的地方。

在論齊美爾時，我提過一部溫德斯的電影，齊美爾就像是都市生活的旁觀者，我把他比喻為《慾望之翼》中的天使。天使從外部觀察人類，一味地紀錄人類們在做什麼、每個人心中發生什麼事。價值自由，即是命令我們要像天使一樣去行動：你要做個旁觀者，專注於觀察人類社會。

理念型——是人類也好

在「客觀性論文」中，韋伯提出的另一個重要概念是「理念型」。一般而言，大家會將「價值自由」和「理念型」兩個概念並列在一起討論，只是為了方便介紹而已，韋伯也只是單純地將它們並列在一起，但其實這兩個概念不能拆開來看，必須放在一起思考。當我們將兩者放在一起思考時，我們就能明白，乍看之下被大家認為極為理所當然的價值自由，事實上包含著不尋常的要求。

那麼，什麼是理念型？從特定的觀點來看某現象——在這裡指的當然是社會現象——僅提取出我們認為有意義的部分，並透過強調而得到的概念建構模型，就是理念型。這樣的說明可能難以理解，但只要想成肖像速寫就可以了。肖像速寫並不是將現實的臉完整、正確地畫出來，但有時比起照片，肖像速寫更能讓人一看就知道是誰。在寫實性這點上，照片遠勝於肖像速寫，若只看部分的話，肖像速寫和現實的臉孔之間毫無相似之處，但即使如此，肖像速寫卻比照片還容易讓我們判斷出這是誰的臉孔。因為當我們在識別人物臉孔時，會積極誇大醒目的特徵，相反地，那些無助於識別的部分則會被忽視，人物的特色也才因此鮮明了起來。所謂的理念型，就是類似於肖像速寫的東西。

這裡要注意的一點是，理念型和「平均」群像是不同的概念。例如，韋伯認為現代西方人的理念型是「禁慾的新教徒」，但是禁慾的新教徒在當時的西方並不是多數，也非平均值，更毋寧說是少數派，但他們卻是韋伯說的理念型。因為禁慾新教徒與西洋逐漸發生的本質變化（資本主義化）有所關聯，所以這個人類圖像才有意義。理念型並不是只能活用於社會（科）學中，包含自然科學在內的所有科學，都必然在建構一個理念型，也就是在建構某種模型。

若價值自由與理念型兩者都很重要的觀念是正確的，那麼此處應該要留意的是，當我們一同思考這兩個概念時，會發現這兩者間有強烈的緊張關係。這是為什麼？首先，所謂的理念型是「只提取出最要緊的重點」，但什麼是要緊的，什麼又是無關緊要的？若沒有一些價值判斷在其中干預，我們是無法施加出這種區別的。唯有對事物有慾望、有熱情的人，才能分辨出有意義和無意義的東西，所以對徹底實行價值自由的人來說，對那些如天使般虛心受教的旁觀者來說，他們原則上是無法建構出理念型的。

因此，價值自由和理念型彼此是面朝反方向在作用。如果徹底執行價值自由，理念型就不可能存在；而要建構理念型，我們就必須在某處終止價值自由的原理。因此，若以溫德斯的電影來比喻，價值自由和理念型這兩個概念所要求的，就是命令我們既要是天使，也要是人類。

如此說來，韋伯所要求的是社會學或社會科學領域不可能做到的事嗎？他是想要形成一個不可能的構圖嗎？至少韋伯自己沒有意識到價值自由及理念型間的取捨關係（相互扯後腿的關係）。但即使如此，基於純粹的價值自由，也就是把所有的社會合意都放入強調的括號中時，最終有可能產生理念型嗎？我認為這個提問是有意義的。

社會學的定義

如同先前所述，在「客觀性論文」的階段中，韋伯沒有使用「社會學」一詞，而是說「社會科學」，但韋伯最後也將自己專門研究的領域稱為「社會學」。

社會學是什麼？和涂爾幹一樣，韋伯也給予社會學這門知識一個獨有的定義，出現於〈社會學的基本概念〉（Soziologische Grundbegriffe）等論文中，這篇文章出自一本厚重論文集，發表時間遠遠晚於「客觀性論文」。根據韋伯所述，「社會學」的定義是這樣：「是一門科學，其意圖在於對社會行動進行詮釋性的理解，並從而對社會行動的過程及結果予以因果性的解釋。」[8]這是個非常有名的定義，給予其後的社會學史極大的影響，讓我們一起來整理這個定義的組成概念。

8 譯註：譯文引自韋伯《社會學的基本概念》，顧忠華譯，遠流，1993。

首先，什麼是「行動」？韋伯認為是「主觀上思考『意義』（Sinn）」的行動。如果沒有意義的話，即使是身體的運動也不能稱作行動，例如「無意識的反射動作」就不構成「行動」。所謂的「意義」，指的是主體有動機，想要做些什麼，擁有目的，這就是「行動」。這個「意義」的概念，在進入二十世紀後變得非常重要。

在韋伯的社會學定義中，即使是在行動的範圍裡，也只有「社會行動」是研究對象。所謂的社會行動，不是指獨自一人在自己的房間內沉思，而是指向他者的行為。像我的這門授課，面對的是大家的聽課行為，所以當然是社會行動。所有的行動幾乎都是社會行動，不，或者要問，非社會的行動有可能存在嗎？以我剛才的說法，似乎是在暗示說，獨自一人沉思的行為是非社會行動，但是根據看法不同，就連這種行動，都會有人認為是面對他者的行為。真正的問題在於，行動有可能完全消除「社會」的部分嗎？這個問題就連結到了維根斯坦（Ludwig Wittgenstein）的提問：純粹的私有語言（private language）是否可能？這是個有趣的哲學課題，但我們先放下它繼續前進。

總而言之，重要的是，根據韋伯的定義，社會學的研究有兩個要素。一個是「詮釋性的理解」，也就是要理解社會行動有什麼樣的動機，要理解此行動的意義，另一個是「因果性的解釋」，除了要理解意義外，還要說明其行動本身構成了怎樣的因果關係。社會學不能沒有理解意義以及說明因果關係這兩個部分。

說明因果關係是科學性的，所以被我們視為理所當然，但是加入了「理解」後，就產生了社會學的特徵，因此韋伯的社會學也被叫做「詮釋社會學」（verstehende Soziologie），他自己也曾使用過這一語詞。這也是二十世紀中葉到後半之間的社會學裡，相當受到重視的概念。

在韋伯的「社會學」定義中，出現了被稱為「方法論的個人主義」的韋伯風格，和涂爾幹的「方法論的集體主義」相反（無論是方法論的集體主義，還是方法論的個人主義等語詞，韋伯或涂爾幹都沒有使用過，是後來的社會學者們命名的）。換句話說，韋伯理論的出發點，是理解每位行動者抱持著什麼樣主觀的或主體的「意義」，藉由個人內心所產生的意義出發，進而理解及說明社會現象，這是韋伯的理論結構。涂爾幹則相反，他採用的前提是無法再還原成個人的社會或團體事實，並以其為出發點說明理論。韋伯的理論可說是方法論的個人主義。

透過我這樣介紹，韋伯和涂爾幹聽起來就像是位於完全對立的兩端，但是我認為，他們在理解或說明實際的社會現象上，並沒有表現出如此明確的對比。這點我在之後會討論，總之，上述是一般的標準解釋。

4-3 理性化

「只有在西方」

那麼，暖身操大概就到這裡，我們終於要進入韋伯社會學的內容了。到底韋伯對什麼感興趣呢？他的社會學整體是以什麼為主題呢？

韋伯的討論可視為圍繞著一個主題而展開，這個終極的主題，就是「理性化」（Rationalisierung）的現象。韋伯認為現代的本質就是理性化，換言之，所謂的現代化是社會中各種領域的理性化進展，這就是名為現代化的現象。

縈繞在韋伯心頭的疑問是，為什麼理性化只在西方真正地發展起來？為何理性化只徹底發生在西方？「只有在西方」是韋伯文章中頻繁出現的一句話，特別是在全三冊的《宗教社會學論文集》（*Gesammelte Aufsätze zur Religionssoziologie*）中，在開頭的序言〈世界宗教的經濟倫理〉（Die Wirtschaftsethik der Weltreligionen Einleitung：需注意這不同於《世界宗教的經濟倫理》論文集的〈序言〉），他就常常使用這句話。許多能夠解釋「理性化」發生的文化現象，唯有在西方才看得到，韋伯對此非常驚訝，他想知道為什麼只有西方發生這種現象。

針對只出現在西方的文化現象，韋伯列舉了下列事項：只有在西方才有科學事業、只有在西方才有合理的法律、只有在西方才有和聲音樂、只有在西方才有歌德式建築、只有在西方才有報章雜誌並且廣為流傳、只有在西方才有現代官僚制度、只有在西方才有定期選出的議會和為此負責的「總理」，並形成由政治領導者所支配的形式、只有在西方才有合理制訂的憲法、只有在西方才有專業官僚人員基於憲法和諸多法規而執行行政行為，並確立（作為政治機構的）國家，最後，更重要的是，只有在西方才誕生了資本主義。再加上，只有在西方才有理性的生活態度並且普及……

像這樣，許多事物「只有在西方才發生」。以現在的眼光來看，其中有許多事物如今遍及世界，但是這些事物的確全部都先在西方出現，為什麼？這是韋伯的基本疑問。

當然，為了解開這個謎團，不能只看向西方，韋伯需要比較西方與西方以外的現象，也就是世界上其他的重要文明，以結果來看，研究世界的宗教變成是必須的，因此韋伯的工作變得相當浩大。

在任何一本韋伯論中都會提到上述的說明。我們在此處必須思考的是，剛才所列舉的「只發生在西方」的各種現象，性質五花八門，這些事物之間有共通性嗎？科學、報紙、歌德式建築、和聲音樂、總理和資本主義之間，有什麼共通性？

原本說到這類的事情，如「只有印度才有種姓制度」、「只有中國才有科舉制度」、「只有日本才有漢字假名混寫文」、「只有峇厘島才有甘美朗音樂」等等，每個國家都有許多屬於那個國家自豪的文明，都可以用「只有……才有」來描述。所以有的人覺得韋伯很奇怪，為什麼只驚訝於西方的現象，但是話並不是這樣說的，因為乍看之下繁複的西方現象，其實有某種共通性，那就是「合理性」或者說是「理性化」。

無論是在當時還是現在，都會有人對於這種「只有在西方才有某某」的論調提出反駁，像是「我們這裡也是有法律的」、「我們這裡也是有資本主義的」。如今資本主義橫行全世界，全球的人都在貪婪地追求利潤，也都有營利的衝動，這不是人類共通的現象嗎？從古至今，這是大家對韋伯批評最多的部分。

不過，韋伯並非不懂。那麼，到底是什麼「只有在西方才有」呢？或許所有的人都在追求利潤，但問題在於「合理性」。換言之，只有在西方的人會透過往來交換，預期或期待獲得利潤，他們會理性地組織自由的勞動者（受僱勞工），將家計與營收分離，並透過理性的簿記計算資本，而且是和平非掠奪地運作資本主義……。為什麼這些現象先在西方發生？追求利潤的商人在全世界各地都有，無論在中國或伊斯蘭國家都是如此，但是，理性的經營、理性的投資，將一切生活理性化——若使用韋伯的話來說就是「實用理性的生活態度」——這個意義上的資本主義只在西方發生。

我再重複一次，所謂「西方才有的現象」的基礎是合理性，是實用理性的生活態度。雖然如此，還是有些面向讓人困惑，像是歌德式建築、和聲音樂和官僚制度……這些事物共通的合理性是指什麼？雖然我們的確在直覺上感受到它們有「某種」共通點，但這個「某種」是指什麼？

可惜的是，韋伯自身沒有定義過理性化或合理性。因此我們必須先跳脫韋伯的論述，將理性化本身是指什麼給概念化。這麼做本身也含有非常重要的認知與實踐的意義。因為「合理性」這件事情說明了：為什麼「只有在西方才有」的特殊文化現象，最後卻成為全世界的標準。為什麼科舉制度沒有成為全世界的標準，而是由西方傳來的官僚制度成為全世界的標準，能夠說明這其中差異的，就是「理性化」。這是什麼意思呢？

支配的正當性

讓我們從外圍進攻韋伯吧。

韋伯有一個有名的概念最能鮮明地體現他所說的「合理性」，而且與我們的社會學史內容相符合，我們可以將這個概念當作線索。

韋伯認為，政治支配有三種類型，他將這個概念歸納為「三種支配類型」，這個概念帶給後來的社會學莫大的影響，成為社會學的公共財，不僅被大家所繼承，也被許多人所使用。

韋伯說，為了讓支配變得可能，必須要有自發性服從的一群人。也就是說，支配要變得穩定，人民需要有服從的意願和動機，雖然眾人在服從支配者的權力時，也包括了「雖然不想服從但無可奈何」的含義在裡面，但即使附上「無可奈何」的但書，眾人終究還是接受了這個支配，這是重要的一點。為了要產生穩定的支配，被支配的人們一定要是自發性地接受這個支配才行。

那麼，什麼事情會帶來人民服從的動機呢？為了讓這種動機存在，韋伯認為，必須要有支配的「正當性」。以正當性的由來為基準，存在著三種支配的純粹類型——也就是理念型。這是韋伯相當知名的理論，此三種為：

1 魅力型支配　charismatische Herrschaft

2 傳統型支配　raditionale Herrschaft

3（有官僚制的行政人員）法制型支配　legale Herrschaft

當理性化發展到後來的程度時，我們能看到韋伯所假設的理論並沒有錯。讓我們來簡單地看這些內容。

首先是魅力型（卡理斯瑪）支配。卡理斯瑪是我們也經常使用的語言，這是形容一個人的資質非池中之物，他個人的內在特質使他看起來似乎擁有超自然或超人般的力量，讓人覺得他是神所派遣的使者，或是神授與他能力及權力，讓他能擁有特權，這就是卡理斯瑪。人們對他有崇高的評價，視他為主人，如此成立的支配就是「魅力型支配」。

為了要讓魅力型支配得以成立，支配者必須讓服從者持續地接收到他是擁有卡理斯瑪的那個人。換言之，支配者會不斷地讓服從者認知到，他是有卡理斯瑪的，所以支配者也必須用不同的方法證明這件事。因此，支配者要發揮神力，展現奇蹟，讓服從者頻繁地看見他擁有超凡的能力。

魅力型支配最大的弱點在於繼承問題。支配者必須要找到下一個擁有卡理斯瑪的人，但這並不是那麼容易，因此在繼承方法上會產生許多形變，最普遍的方法是，支配者會說卡理斯瑪是透過血統繼承的，所以父親的卡理斯瑪會被兒子所繼承。在這種狀況下，卡理斯瑪就被劃到氏族之中，這種觀念被稱為「世襲性卡理斯瑪」。

另一個繼承卡理斯瑪的方法，是透過秘密儀式等手段傳授或讓渡給繼任者，也就是透過秘密教育讓卡理斯瑪傳承下去，韋伯稱這個情況為「官職卡理斯瑪」。無論哪種情況，卡理斯瑪都會從特定的人物——特定的個人身體——之中獨立出來，成為一個實體，並且透過血緣或教育傳承下去。卡理斯瑪（在世襲性卡理斯瑪的情況中）可能會往傳統的支配靠攏，或是（在官職卡理斯瑪的情況中）往合法的官僚制支配靠攏。

接著是傳統型支配，支配者從傳統的秩序或統治者權力之神聖性的觀念中，得到支配的正當性。在這個支配中最重要的是，服從存在於由傳統所決定的秩序之中，而非存在於制定好的規則之中。傳統型支配的型態，從最原始單純的到最複雜的都有，可以分類成好幾個子項目。

最單純的傳統型支配，就是家父長制或長老制度。統治者僅能支配較小的團體，最大的特點是沒有行政官吏；但是當需要支配較大的團體時，行政幹部（類似官僚人員）就是必要的，家產制或蘇丹體制就是這類擁有行政幹部的傳統型支配。所謂的家產制，就是支配者將土地或其地位當作是家產（所有物）來處理，並由特定的家族（大抵上為父系組織）所繼承，在這種情況中，支配者底下有行政官吏。中國的皇帝制、日本武士的幕府，都是家產制的傳統型支配。所謂的「蘇丹」原本是伊斯蘭世界中「國王」的稱呼，但韋伯使用這個詞語時有自己的定義，他將這個詞語的意涵普遍化，其認為：統治者的任意性（自由度）極端地大，甚至大到能短暫逃離傳統的束縛時，就可稱為「蘇丹制」。隨著行政官吏的形成，以前的「夥伴」變成了家臣。更進一步來說，在家產制的支配中，一旦支配的權限本身，被身為家臣的行政官吏壟斷時，就會變成身分制支配——或說是封建制度。所謂的封建制，就是家臣本身，在各自的地域內成為傳統型支配的統治者。

最後是法制型支配，這也是現在的我們十分熟悉的支配型態。人們有目的地制定作為規則的法律，這種支配就是由人們對法律的服則而產生。法制型支配位於魅力型支配的另一個極端，人們服從的不是支配者人格上的威勢，而是非人格的抽象秩序。這個情況的前提是統治者——不如說是上司——也必須遵守同一套法律。法制型支配中，官吏的行政事務會持續不斷，並被規則所束縛，所以這種經營方式就伴隨著官僚制。

法制型支配的合理性

我們概觀了三種支配的型態，到目前為止，我都只是將普通教科書所記載的內容加以整理而已，但從這裡開始，我想要更深入地探討一些問題。

從魅力型支配開始，經過傳統型支配，再轉移到法制型支配，似乎給人一種印象是合理性程度變得愈來愈高。但其中被視為是「理性的」事物是什麼呢？為什麼我們會認為法制型支配，比魅力型支配或傳統型支配來得更理性呢？所謂合理性的本質到底是什麼？

我們服從的是由支配者所發佈的命令，但哪個命令擁有正當性，必須服從不可？哪個命令又沒有正當性？在法制型支配的情況中，至少在道理上，我們能夠參考法律，也就是法律能夠提供正當性，而且能夠決定最根本（沒有歧義）的意義。什麼命令是必須遵守的，什麼命令又是無效的？在法制型支配下，至少在表面上，命令是以所有的法律為依據，所以決定事情時沒有曖昧的空間。而且，在法制型支配中，命令與命令之間首尾一致，沒有矛盾，命令的集合體在整體上成為一個整合的系統（即使命令與命令之間有矛盾，法律本身也不會改變），因此服從者大致上可以預期，支配者發佈了什麼樣的命令，而自己要下什麼樣的判斷。

與之相對的是魅力型支配，在這個情況中，命令仰賴於超凡魅力支配者的恣意妄為。命令與命令之間不僅沒有統一性，每個命令的意義也不取決於一個意思，服從者難以預測支配者會頒布什麼樣的命令，有時支配者會頒布服從者沒有料到的命令。

在傳統型支配中，命令的任意程度就會變得較低，因為有傳統慣習的制約。但即使這樣說，傳統本身就是沒有根據且任意的，每當問到為什麼要這樣做時，其根據僅是「因為是傳統」，這就和套套邏輯是一樣的道理。因此立基於傳統型支配的命令，比起法制型支配來說，仍有巨大的任意性及曖昧空間。

藉此我們可以推測，韋伯所謂的「合理性」就是與這些情況有關。

除魅化

讓我們再進一步討論。為了對理性化這個現象的核心有更深刻的掌握，這次我們要看的是對韋伯來說最重要的題材，宗教。

韋伯有一個概念的含義等於「宗教的理性化」，那就是「除魅化」。韋伯認為，巫術是不理性的。廣義上來說，巫術也是宗教的一環，但在狹義上來說，巫術和原本的宗教間有所差異。比起巫術，宗教的合理性更高，因此韋伯會說除魅化。[9]在韋伯的觀點中，所有類型領域的理性化原型，就是這個「世界的除魅化」（Entzauberung der Welt）。

但是，這裡有一個必須思考的重點。以現代科學的立場來看，無論是宗教還是巫術，都是不合理的。事實上，美國福音派的教徒在提倡上帝創造天地說時，還會被科學家批判，禁止他們說這些不合理的事情。所以即使是宗教，也被認為是非常不理性的。

然而，根據韋伯的說法，（狹義的）宗教比起巫術更為理性。在什麼意義上可以這麼說呢？更重要的是，有個差異區隔了巫術與宗教，而這個差異正是合理性的原型。所以韋伯想說的並非宗教是合理的。他的問題在於，宗教與巫術的差異。

我先將後面的結論放到這裡來說：宗教之中，最理性的是新教教義。後面我們會使用到我

9 譯註：巫術之日文原文為「呪術」，而除魅化之日文原文為「脫呪術化」。原作者這句話還另一層意思，是在日文的語境下，強調為何是「脫呪術化」而非「脫宗教化」。

們所定義的「合理性」，然後從理論上解釋新教教義，尤其是以預選說為中心的教義，到時大家應該就能了解，為什麼新教教義能夠成為合理性的極致。

無論是巫術或是宗教，在廣義上都會出現超自然的存在（神或者眾神），這存在超越人類，超越一般的自然現象，甚至還有額外的附加力量。韋伯在《宗教社會學》中說，將這些全部的存在統整起來，於廣義上思考神時，我們會發現，巫術得以成立的原因是「強制神」，而宗教則是「崇拜神」。

什麼是強制神與崇拜神？舉例來說，一到新年正月，日本人就會投入一百日元左右的香油錢，向神明祈禱，希望今年一整年健康平安，這就是強制神的一個種類。我們會用香油錢收買神明，希望祂能有所行動，這是一種賄賂。人類或身為專家的人類（巫師），為了得到救贖或利益，甚至會使用一些手段驅使神明，這就是強制神。

與之相對，人類完全從屬於神明的就是崇拜神。具體而言，崇拜神會被具象體現在貢獻、犧牲、禮拜、祈禱等行為上。強制神對應於巫術，而崇拜神則對應於（狹義的）宗教。所謂的除魅化，就是由強制神所代表形成的世界，轉移到必須崇拜神的世界。

人類與眾神關係的循環

問題在於，為什麼強制神與崇拜神相比之下，被認為較不理性？我們要理解箇中原由。以下我會在解釋韋伯所寫的東西時，加入我個人的創造性解釋。我認為其中關鍵在於，（眾）神與人類之間的關係。請各位思考下面這個例子，巫師透過某些巫術手法，借用超自然存在的力量，下雨或咒殺敵人。所謂的巫術，就是必需要借助超自然的存在者，也就是眾神。因為人類的行為或是人類所屬的世界，是由眾神所規定的，大家會認為，人類世界所發生的種種善與惡，都是由眾神的意思或行為所導致的。但是另一方面，在巫術中，若沒有人為的影響，眾神就不會活動。在這個情況中，人類行為的本身，才是眾神活動的主因。

於是，人類與眾神間的關係，描繪出了一個自指（Self-reference）的循環。神本身的活動規定了人類行為及體驗，但神的活動也被人類的行為所規定……換句話說，我們無法判斷人類與神哪邊才是位於優勢地位。人類本身的作用會及於超越人類的神……如果是這樣的話，人類與神的優劣關係是不斷翻轉的，會一不小心就翻轉過來。這和說謊的悖論是相同的結構；「我在說謊」這個命題，因為是自指的形式，所以吾人無法斷定真偽。同樣地，在強制神的關係中，神對人類來說是否是超越人類的存在？人類陷入了無法判斷的境地。

當完全清除且克服了這種曖昧時，人們才會出現崇拜神的態度。如果神對人類來說是優越的，是超越人類的，那麼就不可能出現崇拜神以外的關係，透過巫術操縱神明是荒謬絕倫的行為。在崇拜神的關係中，到底是神的行為決定了人類的行為，還是反過來，是人的行為規定了神的行為呢？對此人類已經沒有無法判斷的餘地，因為很明顯的就是前者。

例如宗教改革，也可以解釋成要清除天主教中殘餘的巫術渣滓。馬丁·路德批判贖罪券，因為人們購買贖罪券就可以被赦免罪愆，這件事情代表著，如果人們稍微賄賂教宗，罪愆就能被赦免。但是，赦免本來是只有神才能做到的事情，贖罪券的機制，不就是教宗這個人類侵害了神的職能，並且操縱神的判斷嗎？這不就正是強制神的狀況。

理性的宗教，擺脫了只以自身的標準為依據致使人類無從判斷的情況。我們將這個概念，與剛才說明的支配三種類型連結起來後，就會發現「魅力型支配→傳統型支配→法制型支配」的順序，也能解釋成和這個進程類似，這是一個無法判斷性隨著階段逐漸變小的過程。舉例來說，卡理斯瑪和普通的人們其實沒有任何差別，原本就不存在任何正統的判斷根據，所以卡理斯瑪要以各種方法證明其卡理斯瑪性，藉此確保自身的優越性，但也不是每次都能成功。

卡理斯瑪之所以能是卡理斯瑪，幾乎就和巫術一樣。如果將這種卡理斯瑪的功能移轉至傳統或法律中的話，一種超越人類的權威就會變得愈來愈穩定，存在於支配各型態中的合理性與存在於宗教之中的合理性，呈現出並行的關係。

Ratio

此處，我想要稍微偏離韋伯有直接講過的東西，試著追溯合理性一詞的原意。我想如此一來，大家應該就能夠明白，韋伯合理性的概念極為忠實地反映出它的原始意涵。

合理的，英語是rational，這個詞彙是從拉丁語ratio而來，意思是「理性」，但原始的含義是「比」。換言之，合理性的問題，事實上和「數」，尤其是「自然數」有關係。

所謂的「比」，就是自然數之間的關係，像是「2：1」、「3：2」、「4：3」，古希臘有一個以「畢達哥拉斯定理」命名的團體，叫畢達哥拉斯學派。他們重視音樂，認為音樂中有邏各斯在起作用。他們會這樣想的原因，恰好就是和比有關係。當我們觀察和音或是和諧的音律關係時，其中必定有整齊的比例在發揮作用。

比如說一個最基本的八度，將其看做弦長的話，剛好音與音之間的比例關係是2：1，其他像是五度或四度等乾淨的和弦，弦長也能由單純的比例——像是3：2或是4：3——所組成。畢德哥拉斯學派從這種事實的發現中認為，音樂具有合理性，理性在其中起了作用。合理性與一種能夠完美歸納數字的感覺深刻地結合在一起。

讓我來解釋更清楚一些。什麼是自然數？自然數的結構就是由最單純的1開始，然後是2、3、4……每當數字增加時恰好就是加1。所謂的合理性就是最單純的事物，能讓人感覺到不證自明的東西（指的就是1），合理性能夠明確地回答「那個」是什麼的疑問，並且能將意義統一。例如說，比例可以定義成是自然數之間的關係，由最單純的事物關係所構成。所謂的合理性，即是「可以用比例表現」。

所謂的比例，簡要來說就是分數，以中文來說，類似於「除得盡」。事實上，沒有多餘，剛好能夠整除，我們就會覺得美麗或是合理。這種沒有曖昧或殘留的「整除」感，就是理性這件事的重點。

畢達哥拉斯定理及自指

畢達哥拉斯學派雖然在歷史上實際存在過，但我們至今仍不太清楚他們到底是什麼樣的團體，不過他們確實認為音樂和數字間具有神秘的關聯，並且想在其中發現合理性或世界理性的作用。然而故事到這裡並沒有結束。當他們開始思考理性「可以用比例表現」，並從這個合理性的原理出發時，西方的理性才發現到，事實上，世界上一定會存在著不可能以比例表現的事物。諷刺的是，帶來這個發現的也是畢達哥拉斯學派。如今我們是透過發現這個意義的定理，而記住這個社團的名字的，那定理就是「畢達哥拉斯定理」。

「畢達哥拉斯定理」嚴重挑戰了合理性的問題。怎麼說呢？假設，現在有一個等腰直角三角形，兩腰長為1。如果將這個等腰直角三角形的斜邊長，當作是一個正方形的邊長，那麼這個正方形的面積就會變成2。由畢達哥拉斯定理我們可以導出這個結論。因為假設這個正方形的邊長（也就是直角三角形的斜邊長）為X，他的X^2就會變成2。換言之，存在一個數字相乘兩次後就會變成2。

$$X^2 = 2 \quad \cdots\cdots ①$$

我們知道，這個X無法變成分數，換句話說，這個X無法成為任何自然數的比。如果我們將自然數比當作是合理性的前提的話，那麼我們就無法將這個存在，歸納進我們所認知的合理性當中。世界存在著無法回到比例的數字X，對畢達哥拉斯學派來說，這件事否定了他們教團的基本教義，這是個如同醜聞般的事實。但後人則是透過否定他們的這個事實，才得知了這個學派團體的名稱，對他們來說是很悲慘的事吧。

那麼，要解決這個問題，只能導入「無理數」，這種數字不同於能以自然數或比定義的數字（分數）。方程式①的解答就是「$\sqrt{2}$」，在這裡我並不是想要複習國中的數學，而是希望大家能夠理解，導入無理數到底代表著什麼。

如果將方程式①的兩邊都除以X，就會變成下列的方程式

X＝2/X……②

大家有注意到，這個算式擁有自指的形式嗎？為了定義（上面的）X，（下面）也使用了X，也就是將X用X來定義，像這樣的一元二次方程式（①），其實是擁有自指形式的方程式（②）（最早讓我注意到這件事情的是數學家G．史賓塞－布朗（G. Spencer-Brown）的書《形式定律》（*Laws of Form*），他談論這關係時是使用虛數，不過在虛數以前，於無理數的階段中就會出現這種自指性）。這裡我希望大家能夠回想起來，包含強制神在內的巫術，眾神與人類之間的關係也伴隨著自指性。

那麼，在數學中如何解決這個問題呢？如同剛才所說，就是導入無理數。無理數用英文來說是irrational number，有理數是rational number。有理數和無理數的翻譯近似於誤譯——至少有理或無理到底表示什麼讓人完全搞不清楚，有理數的英文rational number，其實是「成為ratio的數字，可以用比表示，可以變成分數的數字」，另一方面，irrational number則是「無法成為比的數字」，若翻成有比數或無比數的話，可能就比較好理解。

這裡我想要確認的是，導入無理數，和我們克服了自指所帶來的無法判斷性（不可能分數化），其實是一樣的意思。所謂的無理數（例如平方後會變成2的數），就是涵蓋了自指性

（同方程式②）的數字，韋伯在除魅化中也說了同樣的事。我們導入超越人類的神，神成為人類崇拜的對象，就是克服了巫術的強制神。在強制神的情況下，人類與神的關係必然會帶有自指形式。導入純粹且超越人類的神，和導入無理數，可以說帶有同樣的效果。

在數學的領域中，我們透過帶入無理數，將看似即將崩壞的合理性，以更高的層次重構。同樣地，在宗教的領域中，我們確立了超越人類的神以及人類對那個神的崇拜關係，克服了巫術的低合理性，形成了層次更高的合理性。

音樂的理性化

因為我們已經偏離韋伯本身的論述許多，所以這裡再帶回來韋伯自己的描述。韋伯也透過數學與音樂的關聯，論述理性化，我們可以利用韋伯的論述，再次確認剛才所說的事情。韋伯的著作中，有一本晦澀的書名為《音樂社會學》（*Zur Musiksoziologie*）。韋伯認為，音樂正好體現出了西方理性化的精髓。音樂在全世界都有，並不是西方特有的現象，但韋伯重視的是西洋音樂中獨有的特徵，也就是平均律，嚴格來說是十二平均律。

根據韋伯的看法，音樂理性化的最大成果，就是讓調性（合音）變得可能的系統，這個系統就是現代的平均律。所謂的調性，指的是C大調或A小調等，以一個特定的音（主音）為中心，組成有秩序的連續音，這件事情和合音深刻地結合在一起。當十二平均律（將一個八度分成十二個音）出現時，調性音樂變得可能，具體而言，韋伯指的就是出現在巴洛克音樂以後的音樂。

讓人感興趣的是，此處和無理數有關。這是怎麼回事呢？畢達哥拉斯學派曾發現音樂調和的合理性原型，聲音的和諧對應於自然數的比。但是，人們漸漸理解到，無論怎麼重複堆疊被稱為純五度音程的協和音程，創作出來的音樂都無法有完整的八度。無論堆疊多少個純五度音程，每個八度間都會出現些微的縫隙，而且無法解決。換言之，它們之間就是沒有整齊的公倍數，代表著使用畢達哥拉斯學派的作法，無法創作出平均律。

所以該怎麼辦呢？人們意識到拘泥於自然數的比已經是行不通的了。所以人們強行將一個八度分割成12個半音音程。每個音與音之間的音程比是「$\sqrt[12]{2}$」，人們放棄自然數的比，創造出有無理數差異的微妙音程。因此，小提琴的音程和鋼琴的音程難以完全一致，因為用弦創造的音和用鍵盤敲出的十二音階，並沒有完全一致。無論如何，這樣大家應該能夠明白，導入平均律和導入無理數是一樣的事情，此處透過導入無理數的音程，使得合理性的層次變得更高。

所以，從音樂可以看到的東西，在宗教中也能看到。順帶一提，在西方，平均律誕生的時代和宗教改革發展的時代幾乎是一致的。

目前為止，我們大概講了一半韋伯的理論。但僅是這些的話，還是無法完全捕捉到合理性的本質，大家在讀韋伯的時候，多半都會有一個盲點，沒注意到他其中一個重點，那就是韋伯在書裡寫了許多關於合理性的討論，但是仔細閱讀的話，他其實是在討論兩種類型的合理性，換言之，韋伯的理論中，合理性有兩種系列，而且韋伯本身並沒有充分意識到這件事。

4-4 預選說的悖論

二種類的合理性

若參考韋伯的「社會行動的四大類型」，就能猜測到韋伯的合理性概念似乎有兩個系列。這個分類相當知名。韋伯可說是個非常熱衷於分類的人。他因為觀察敏銳，所以很會分類。我有時會讀到那種沒意義又進行繁複分類的論文，真的會覺得很火大。總之，韋伯說「社會行動」（德語soziales Handeln，英語 social action）中有四種類型。

那麼，社會行動的四大類型是指什麼呢？第一是情感導向的行動（affektuelles Handeln），第二是傳統導向的行動（traditionales Handeln），若要對應於「支配的三種類型」，那麼第三種應該就是理性導向的行動。但是，韋伯在此處將理性導向的行動分成兩種，工具理性的行動（zweckrationales Handeln），以及價值理性的行動（wertrationales Handeln）。

讓我們來思考這分類和支配三類型的對應關係。情感導向的行動，是被激情所驅使、被非理性的熱情所驅動的行為，對應於魅力型支配，因為對非凡魅力的愛意、敬意或崇拜，也能通往情感導向行動。傳統導向的行動則是遵從慣習的行為，當然與傳統型支配有很深的關係。

然後韋伯將對應於法制型支配的理性導向的行動，分成兩種，這造成三種類型（支配）和四種類型（社會行動），彼此的數量對不起來，這兩種類型之間不是整齊的一對一關係，至今仍不時有人將這個問題指摘出來。

而我認為，這不是社會行動的類型多出了一種，事實上是支配的類型少了一個。我來說明為什麼必須這樣思考吧。

社會行動之所以會有四種類型，並不是韋伯剛好想到而舉出這四種來，這四種類型之間有理論上的關係。工具理性的行動否定傳統導向的行動，而價值理性的行動則否定情感導向的行動，彼此兩兩一組。因為不理性的類型有兩種，所以理性的這方也必須是兩種，所以是支配的三種類型中，少提了一個屬於理性這邊的類型。

屬於非理性的兩種支配型態，也就是魅力型支配和傳統型支配之間，有很清楚的關係，因為卡理斯瑪的各種型態，逐漸日常化的話就會變成傳統，而對應於這兩者的兩種理性類型（工具理性與價值理性）之間，也應該和它們同樣有什麼關係才是。

那麼，我們要怎麼思考這關係呢？我認為，韋伯最重要的著作《新教倫理與資本主義精神》中就有闡釋這兩種理性之間的關係，雖然應該沒有人這樣解讀過，但如果能夠精確地理解這本著作的話，自然就會知道這兩種理性之間是什麼樣的關係。

資本主義的精神與天職

接下來，我們要讀的是韋伯不朽的名著《新教倫理與資本主義精神》。他寫下這本書的時候，是他在患了嚴重的精神官能症，離開大學後，病得最嚴重的時期。事實上有許多人批判這本書，但這是因為這本書太精彩了，精彩到讓人想說點什麼意見的緣故。如果是不怎樣的內容，完全沒有說服力的書，從一開始就沒有批判的必要。

一般來說，人文社會學系的書或論文，其重要度就等於被批判的程度。有的書因為內容平庸，而且寫的是誰都知道的事，所以連批評都沒有，但我卻想不到任何一本含有獨到見解卻沒有被人批評的書。

讓我們回到《新教倫理》這本書吧。首先，什麼是資本主義精神？我們必須先將這件事情弄清楚不可。

韋伯特別以一位名叫班傑明・富蘭克林（Benjamin Franklin，一七〇六－一七九〇）的人為例，說明什麼是資本主義的精神。而且為了弄清楚這件事情，韋伯將富蘭克林與中世紀德國──也就是早於新教倫理之前──的大商人雅各布・福格（Jacob Fugger，一四五九－一五二五）放在一起比較。福格是大富豪，極度貪婪且追求利益，但是韋伯認為，他和富蘭克林不同，福格並沒有體現資本主義的精神。他們有哪裡不同？

富蘭克林以「時間就是金錢」這句名言為人所知。在富蘭克林的思想中，他將工作視為任務。換句話說，富蘭克林擁有職業是義務的倫理思想。因此，如果沒存到錢，並不是單純的「損失」，他會覺得自己「做了違反倫理道德的事」。「時間就是金錢」這個命題除了浪費時間就是損失，還有更深刻的含義。對富蘭克林這類的人來說，浪費時間不事生產，存在著倫理上巨大的錯誤。

將追求利潤視為職業，這件事情存在著某些宗教意涵。簡要來說，所謂的資本主義精神，就是將理性地追求正當利潤當作是「天職」的態度。富蘭克林有這種態度，但福格沒有。前者因為有天職的觀念，所以將追求利潤，與形成親力親為、沒有浪費、理性的生活態度連結在一起。在資本主義的精神下，生活各方面都被理性所統治，和追求利潤無關的部分，則因為有倫理意識，所以被排除在外。

將職業視為天職的思想，韋伯認為始於馬丁．路德（Martin Luther，一四八三—一五四六）。耶穌並沒有以追求利潤為天職的倫理思想，聖保羅也沒有，天主教裡也沒有。這個倫理是隨著路德開始的，因為由路德翻譯並且普及的聖經中，路德將職業譯為「Beruf」，這是我們稱之為「天職」這個詞的德文單字。英文的「calling」，也就是召喚。誰在召喚呢？當然就是上帝。回應上帝的召喚就是工作，路德翻譯的聖經給予了信徒這個倫理。路德替日常的勞動帶來宗教上的含義，勞動並不只是為了存錢而已。

讓我說明得再更詳細些。我說過在路德以前的基督教世界中，勞動中是沒有宗教性和倫理性的，但嚴格來說，這與事實稍微有點出入。從古代、中世紀開始，修道院中，勞動就存在著特別的倫理性，指的就是「祈禱且勞動」，因此路德的宗教改革，才能夠把修道院世俗化，也賦予日常的勞動倫理性。不，若要更忠實地解釋韋伯的意思的話，應該要反過來說路德是將世俗給修道院化才更為貼切。

這裡我想稍微離題一下，討論韋伯和馬克思的關係。

韋伯透過路德，理解到在與新教有關的歐洲精神中，職業變成是被上帝所召喚的使命。例如說，我是出版社的員工，我做了一本好書拿去販售，但比起讓公司賺錢，讓獎金增加，這個勞動更有特別的含義在裡面。雖然以結果來看，公司因此賺到錢，但這卻不是我首要的目的。

在討論馬克思的章節中，我們說過馬克思挪用法語，導入「階級」（Klasse）的概念。而這個「階級」的概念，和韋伯提出的概念相同，含有「召喚」的含義在裡面。只是在馬克思的思想中，他認為在資本主義的社會裡，結構分裂成兩邊，一邊是受（神）召喚的人，一邊是沒被召喚的人，前者是資產階級，後者是無產階級。然而，沒有受到資本主義之神的召喚，被放棄的階級，卻才是真正被上帝召喚的人，他們最終會響應召喚站起來……這就是馬克思對革命的想像，這些內容我們之前已經提過。

當韋伯在論述「Beruf」這個概念的意義時，他腦海中應該沒有想到馬克思的階級概念吧。但是如同我所論述的一樣，將他們的理論連線後，就能看到一條綜合韋伯和馬克思理論的道路。

不可思議的預選說效果

無論如何，韋伯認為，只靠和路德有關的改革，是不可能脫離傳統主義的。要突破傳統的障礙，還需要其他更重要的元素，那正是以喀爾文教派為代表的禁慾類型新教徒。路德和喀爾文（Jean Calvin，一五〇九―一五六四）同樣都是宗教改革的核心推動者，但是路德比喀爾文還要年長快一個世代。路德雖然很重要，但是喀爾文更起了決定性的作用，這成為韋伯理論的核心。當韋伯加入了喀爾文教派的討論時，我們也開始能看到此處與合理性主題的關聯。

韋伯重視的是喀爾文教派的預選說。嚴格來說，預選說並不是喀爾文教派所提倡的，也並非喀爾文教派所創建的，但是喀爾文教派的確特別重視預選說，預選說明顯地與喀爾文教派有很深的關聯。即使如此，預選說要怎麼與資本主義的精神連結在一起呢？雖然韋伯的新教理論非常的出名，但若認真思考的話，會發現其中的脈絡十分複雜難解。

什麼是預選說？什麼被預選了？在基督教的設定中，於末日會有審判，有的人會被拯救，進入天堂享有永生；有的人則會被詛咒下地獄。所謂的預選說教義，就是上帝已經事先決定好要拯救誰、要詛咒誰，而人類的行為並無法改變這個決定。

首先我們要注意的是，這個教義從韋伯的觀點來看是極為理性的，可說是宗教理性的頂點，如同我們剛才在「除魅化」中說的那樣。因為在天主教中，如果有個人犯下各種罪行，似乎要下地獄了，但他可以透過告解或購買贖罪券等方式被赦免，最後可能還會上天堂。講到這裡，大家馬上就能明白這是強制神的概念。但如果以預選說為前提的話，就不會發生這種事情，人類的善惡行為並無法改變上帝的旨意。當神擁有超越人類的非凡性時，其推導出的教義就是預選說。

嚴格來說，上帝的預選並不是只有在最後的瞬間、在最後的審判中的那個判決而已。為什麼人類無法更改上帝的預選結果？因為上帝是全知全能的。上帝事先就已經知道了每個人要做什麼，人類不可能做出沒有在上帝計算裡的善行或惡行，而讓上帝變得不得不變更預選結果。因此，上帝已經預訂好直到最後的審判之間的全部過程，並且知道全部事情。

預選說的另一個重點是，人類無法事先知道上帝預選的結果。上帝已經決定好每個人的命運了，這件事情是千真萬確的。但是人類無法事先知道，自己被怎麼樣安排，會被加諸什麼樣的審判，因為上帝遠遠超越人類，所以上帝如何判斷、上帝認為什麼是好的，遠遠超出人類想像力的範圍。從上帝的觀點來看，什麼是好的，什麼是值得拯救的，對人類來說，從一開始就無法理解。

我們從出生到死亡會做的事情，上帝全部都決定好了，而且人類無從得知，這個雙重性是預選說思考方式的主幹。而韋伯說，這件事情與資本主義的精神有所連結。

問題就出在這裡，預選說是如何與資本主義的精神連結的呢？韋伯確實有嘗試針對此點說明，但卻沒有說清楚講明白，因為實在是很難說明。如同剛才所說的，資本主義精神導向的勞動，被世俗內的禁慾所約束，但是正常思考的話，我們不會認為預選說能與倫理上的禁慾生活連結在一起。

如果說，預選說會帶來世俗內的禁慾（合理的禁慾），那真是荒謬的悖論。就如同下面這段譬喻一樣，看完這段比喻，更會感到這說法真的很沒道理：老師在學期初要上課前，對學生們這樣說：「我已經決定好你們及格與否了，無論你們想做什麼──想讀書或想偷懶──都不會改變這個結果。」這段話看起來就是預選說的方式。那麼，學生會對這段話有什麼反應呢？他們會積極地唸書嗎？絕對沒有這種事情，毫無疑問地，幾乎所有的學生都會偷懶。如果想讓學生用功唸書，唯一的辦法是對學生說，你們的成績、你們及格與否，是憑著你們有多用功，有沒有好好來上課，有沒有好好回答老師的問題，是否有寫出水準以上的報告為標準的，有就會拿到「優」，反之就會拿到「不及格」。

但是，在預選說裡面，上帝的行為就如同講出「你們是否及格已經事先決定好了」這段話的老師一樣。如果預選說能帶來世俗的禁慾，並且與資本主義的精神連結在一起，那麼就表示，上帝明明說了和這位老師一樣的話，但學生們卻還是積極地唸書。這不是一件非常奇妙的事情嗎？

謎之理論物理學者

這種怪異，暗示了預選說，不，正確來說是以預選說為前提的新教徒生活中，有著荒謬不合理性。但若將預選說置換成「紐康伯悖論」（Newcomb's paradox）的話，或許就可以解釋這種不合理性。紐康伯悖論是某個賽局設定中會出現的悖論，韋伯本身並沒有引用這個悖論說明自己的學說，原本這個悖論就是在韋伯過世很久後才被人提出的，所以韋伯也無從得知。但是活用這個悖論，就能夠清楚地說明從預選說轉換到資本主義精神的機制。

這個悖論是由名叫威廉・紐康伯（William Newcomb）的人所設計出來的。有人說紐康伯曾是量子力學的專家，但事實上我們不清楚他是什麼人，雖然大家會引用紐康伯的論文，但是沒有人讀過紐康伯的原始論文，迄今為止，大家都是以引用再引用的方式介紹他。恐怕這是因為，一開始「引用」的人捏造了一位名為紐康伯的人物，所以不存在他所寫的論文。

因此，最早引用紐康伯的人就變得很可疑，換言之，正是那個人冒充威廉・紐康伯，提出這個悖論，而這個人最有可能是政治哲學家羅伯特・諾齊克（Robert Nozick，一九三八－二〇〇二），因為他就是第一個發現這個悖論的人。他是以自由主義者聞名的哲學家，但實際上他原本的專業是物理學及量子力學。不過無論如何，紐康伯是誰在這裡都與我們沒有關係。

發現紐康伯悖論和《新教論理》的理論有關聯的，是法國的哲學家，讓－皮埃爾・杜普（Jean-Pierre Dupuy，一九四一）（《經濟的未來》（*L'Avenir de l'économie*）），事實上，鮮有法國人能如此深讀韋伯，因為韋伯重視新教，所以在信奉天主教的法國人中不受到歡迎，但是杜普可能比起在法語圈，更活躍於英語圈，所以他很敢於大膽地活用韋伯，開展自己的論述。我將利用杜普的理論，再加上一點我自己的風格，試著挖出韋伯理論中的核心。

導入遊戲狀況

那麼，我們必須先理解紐康伯悖論是什麼，這是一種遊戲，並由獨特的遊戲情境所引導。

首先，眼前有兩個箱子。一個是透明的可以看到內容物（箱子A），另一個則是黑色的箱子，看不到裡面（箱子B）。透明的箱子裡放了一大疊鈔票，我們假設裡面有1000萬日圓，另一方面，不透明的箱子裡則有0或10億日圓。理論上，多少金額都無所謂，只要比1000萬日圓多就好了，不過這裡我想要傳達出「確確實實地比1000萬日圓多」的感覺，所以將金額設定成這個大小。

A 透明的箱子1000萬日圓

B 不透明的箱子0或10億日圓

如果這只是「要選A箱還是B箱」的遊戲的話，就一點都不有趣了。當然也會是一個遊戲沒有錯，但卻了無深意。有人會選A，也會有人選B，慎重一點的人就拿A，因為他會想說「1000萬日圓也很賺了」。但是也會有下定決心選B的大膽之人，因為他會認為，如果順利的話10億日圓就到手了。是要小心謹慎，還是聽天由命，憑著一股有勇無謀的大膽，這只是每個人性格上的差異，這也不過是一個普通的遊戲罷了。

所以在紐康伯所設想的遊戲中，會給行為人兩個選項。

選項Ｈ１：選Ｂ

選項Ｈ２：選Ａ和Ｂ

你會選擇哪個呢？當然絕對是Ｈ２吧！無論怎麼想都是Ｈ２。運氣不好的話，Ｈ１可能完全拿不到錢，裡面是0元。Ｈ２最差也有1000萬日圓，運氣好的話，會有10億1000萬日圓，無論怎麼想都要選Ｈ２；但這樣的話，就會因為太過輕易而無法成為一個遊戲了。可是如同前述，所謂的禁慾新教徒，就是會在這時候選Ｈ１的人。但是，如果遊戲這樣設定的話，不會有人選Ｈ１的。

因此，這個遊戲要加上某個限制，我們要透過這個限制，讓這個遊戲變成預選說遊戲，在這之前，我先說這遊戲是如何對應於預選說的設定。

最重要的點在於，B是0還是10億日圓。最糟的結果，就是選B然後裡面空空如也。這情況等同於是在最後的審判中，被上帝詛咒下地獄；而拿到10億日圓，則對應於在最後的審判中被上帝祝福，前往天堂的情況。換言之，在最後的審判日中，自己能否得救，就對應於10億日圓或0圓。10億的話就是被拯救，「得到永生」，0元的話就是被詛咒，「永遠的死去」。

接著是H1和H2的意義。請將H1當作是對應於「世俗的禁慾」，我後面會說明原因。H2則對應於「懶惰」。現在這遊戲還沒有加上重要的限制，所以對應的意義可能會有點難以理解，但大家在直覺上應該還是能明白吧，也就是說，選擇H2的人，會先被眼前近在咫尺的1000萬日圓迷惑，而選擇H1的人，則不被1000萬日圓所動搖，這種人會延遲享樂。

加入預言家

我們現在要在這個遊戲中加入一個重要的程序，也就是紐康伯在遊戲外導入的「預言家」，預言家的任務是要預測正在玩遊戲的我們，會選擇H1還是H2，而且不只是預測，預言家還有一個重要的權力，唯有他才能決定箱子B裡面放的是0圓還是10億日圓。預言家會在這個基礎上進行預測。

預言家的預測，和他決定要在B裡面放什麼之間有某種關聯，也就是說，在B裡面要放0元還是10億，和預言家的預測兩相連動。

假設我是預言家，而你是玩家。唯有當我預測你會選擇H1時，我會在B裡面放10億日圓，然而，當我推測你會選H2時，我就會在B裡面放0圓。換言之，預言家是預測玩家的選項，然後決定要放入B的金額。

你也會被事先告知說，預言家的預測和B的內容物之間有關聯這件事，也就是主持人會跟你說，「如果預言家認為你會選H1，就會放入10億日圓」，「如果他認為你會選H2，就會放入0圓」。

那麼設定到此為止時，你會選擇哪邊？

乍看之下會變得想選H1吧？但是請仔細想想。

情況只有兩種。預言家推測是H1，或推測是H2，不會有第三種選項了。讓我們假設預言家預測的答案是H1，此時你選哪邊會最賺呢？當然還是H2。因為如此一來你可以拿到10億1000萬日圓，如果選H1的話只會拿到10億日圓。如果預言家預測你會選擇H2時又會發生什麼事呢？這種場合下，因為H1只有0圓，絕對是選H2比較划算，可以拿到1000萬日圓。因此無論預言家推測你會選H1還是H2，合理的選擇明顯都是H2。

到此為止是第一階段。

這裡的重點是，預言家的存在並不會對這個遊戲發生效果。無論預言家如何預測，選H2都會比較划算。換句話說，預言家無論在不在這個遊戲中都是一樣的，正常來思考的話，拿走A和B兩個箱子是最穩賺不賠的。

禁慾新教徒的無意識推論

這是第一階段，但禁慾的新教徒會如何行動呢？他們會選擇Ｈ１。禁慾新教徒的選擇，從一般的觀點來看，是不合理的選擇。為什麼會選Ｈ１？到底是為什麼呢？如果我們能理解箇中原由，就能理解預選說對信徒的行為起到什麼樣的作用。

這是由於預言家是我（人類）還是上帝的差異。如果預言家是人類，他做出來的推測對遊戲設定來說沒有任何的效果，他的預測對玩家來說沒有半點關係，但是，禁慾新教徒卻會對預言家（上帝）的推測起反應，他們會希望預言家能夠預測Ｈ１。新教徒會推測預言家的預言，並在行為上做出符合這預言的行動。這就是禁慾新教徒。

為什麼會有這種差異呢？

當我是預言家的時候，無論是誰來思考，都會認為選Ｈ２比較划算，但是當預言家變成上帝的時候，新教徒就會變成選擇Ｈ１。

一般人在這階段中會有一種認知，那就是你認為我的猜測當然有可能是錯的，也就是，我大澤真幸並不一定能正確看穿你的行動。

但是超凡的上帝卻不同。上帝的猜測不可能有誤，更嚴謹地說，如果你是信徒的話，在信徒的認知中，上帝已經事先知曉了你的行動。上帝能夠預言，即是指上帝全知全能，因此事情只會如上帝預言的那樣發生。如果是這樣的話，B之中有10億日圓的情況——也就是身為信徒的你被救贖的情況，只有當你的選擇是H1的時候才會發生。因此，為了被救贖，你變成只能選擇H1。這就是禁慾新教徒的理論，是他們在無意識中進行的推論。

所以，信徒會做出符合上帝預言——或是說那些在認知中歸類給上帝的預言——的舉動，客觀來看，以第三者的觀點來看，這是本末倒置。普通的情況下，只是你行動，然後我預測行動而已，你的行動和我的預測間沒有任何關係。我為了讓預言成真，會努力讓自己預言的內容符合你的行動，但你的行動有優先權，我的推測只是緊貼著並配合著你的行動。

但是當預言家變成上帝的時候，情況就反了過來。上帝已經是全知全能的，所以祂的預言一定符合祂所知的內容，不會有錯誤……這是我們的認知。此時，身為信徒的你，行動要符合上帝的預言——也就是上帝知曉的那樣。當上帝＝預言家時，配合的方向就和一般的情況相反，信徒想要配合上帝＝預言家的預測＝認知而行動。於是，上帝的預言就變得精準無比了——或是說上帝變得果然知道你的行動。但是這件事情是理所當然的，因為你選擇的行為，就是為了配合你認知中的上帝的預言（上帝全知全能）。

在博弈理論中，一般認為較合理的選項被稱為優勢策略，在這個情況中，H2就是優勢策略。但是，如同剛才所說，在新教教義的設定中，產生了背叛這個優勢策略的H1，這正是信徒的世俗內的禁慾。這在某個意義上——也就是非優勢策略的層面上——是不合理選擇下的產物。但當以預選說為前提時，這種不合理就變得看不到其不合理性了。

行動時想像上帝是全知的

以上是利用紐康伯悖論解讀《新教倫理》，從這裡可以延伸出兩個教訓。

第一，在巫術解放的意義上，預選說的教義的登場，是理性化的頂點。如果以最嚴格的標準檢視上帝的超凡性，就會變成預選說，預選說是除魅化的最終型態。但是，我們剛才看到的是此處有著毫無道理的逆轉。因為客觀上來看，在這個頂點上，上帝變得更依賴人類的行動，而且比巫術的階段還要徹底。預選說的上帝之所以能為上帝，是人類會猜想上帝的預言——或是說上帝的所知，並依此而行動。客觀來看，結果正是人類（信徒）自己，拯救了上帝的無能，製造出上帝擁有權威的情境。

如果人類這邊，放棄對上帝的預言、全知的「認知」，那麼上帝忽然就會變成無能的旁觀者了。只是看著人類的行為，預言著人類會如何如何，但卻無法帶給人類行為任何影響。沒錯，就和《慾望之翼》中的天使一樣，只是眺望著人類的旁觀者而已。我想說的是，當宗教理性化推進至極限時，在那裡等待著我們的，難道不是極端的反轉嗎？我有這種預感。當上帝在最嚴格的定義中擁有超凡聖性時，上帝卻變得最為強烈地依賴著人類。

不管怎樣，在預選說的設定裡，客觀來看，人類（信徒）自己拯救了上帝，但是他們卻沒有這個自覺，在他們的意識中是上帝拯救了自己。

讓我們來更進一步，將馬克思的相關討論附加進來。先前我概略說過，若我們把新教世界中，關於上帝的具體表象省略的話，就會導出馬克思所發現的現象，也就是在資本主義中，貨幣或商品神化的狀況。在資本主義中，人們並不是認為貨幣有神秘的價值或力量，所以人們想要追求貨幣，人們有意識的自覺到，貨幣本身是無能的，是因為人類彼此之間的「默許」，所以貨幣才能作為交換或支付的手段流通於世。但是，人們的行為舉止，卻像是貨幣本身擁有價值一樣，於結果而言，因為人們的舉動，貨幣就等於擁有崇高的價值。

和這件事情的性質類似，新教徒們的行動，讓上帝彷彿是超凡神聖的，是全知全能的，這樣一來，上帝在實際上看起來也會是一位全知全能的非凡者，我認為新教徒的態度可以說距離資本主義的物神化僅一步之遙而已。

不合理性與合理性

第二個教訓是，禁慾的新教徒在生活的各方面都是禁慾的，而且他們會理性的行動，完全遵循「時間就是金錢」，哪怕是轉瞬之間也過著不浪費時間的生活，他們的行為變成是能夠體現「資本主義精神」的行動。但這件事情之所以變得可能，是因為信徒們認為有一位身為上帝的預言家存在，祂會以全知的視角做出預言。但是信徒們是沒有任何根據地相信上帝擁有全知的視角及上帝作出的預言。這一切就像是上帝的心血來潮，用稍微困難的詞彙形容的話，就是一切都充滿了偶然性。

信徒會認為，自己已經被上帝預選為是要被拯救的人，但是上帝要把哪位信徒選入「救贖」這邊，沒有任何合理的根據，都只是上帝的心血來潮，上帝的恣意妄為而已。根據預選說，上帝要救贖一位信徒，並不是取決於那位信徒做了什麼偉大的事而打動了上帝。如同前述的遊戲，參加遊戲的玩家，認為預言家應該會在箱子B中放入10億日圓，所以他才會行動選H1，但玩家在判斷預言家的預言時，卻完全沒有憑藉著什麼合理的根據，預言家也有可能決定要在箱子B裡面什麼也不放。明明放入0元與放入10億日圓是同樣的機率，玩家卻一味地認為，預言家應該會決定放入「10億日圓」。

也就是說，信徒的前提是一個沒有根據，在意義上也不合理的認知，在信徒的認知裡，充滿上帝的任意性以及偶然的決定（「上帝會拯救我」），信徒將他們認知裡的上帝決定，當成是行動的前提，但這是毫無根據的認定，也是一種盲目的許諾。如果將這種認知都當作是前提的話，就會導向禁慾的理性生活態度。用剛才的遊戲來說，信徒們盲目地採用了預言家「應該會在箱子B中放入10億日圓」這種沒有根據的前提，於是他們就能拒絕眼前的快樂，選擇H1這個禁慾的選項。

合理性之所以能普及於生活的每個面向，有賴於完全不合理、沒有根據的猜想與判斷。如果沒有這不合理的一點、沒有這不合理的前提，就無法貫徹合理性。在合理性的根本上，有著無法回歸於合理性的不合理性。

上帝的任意選擇

讓我們回到韋伯的合理性中有兩個種類的論點，現在的我們就能明白，這兩種合理性其實互相關聯。這是什麼意思呢？

禁慾的新教徒過的是極度理性，窮盡計算的禁慾人生。但這樣的信徒，面對他人生中最後會出現的審判，卻是以毫無根據的「上帝的任意選擇」為前提。信徒將沒有合理依據的上帝的選擇、上帝的預言當作是人生前提，他們一生都按照著這個前提行動，如此一來，他的整體人生就能被理性所約束。

韋伯的合理性有兩個種類，目的理性與價值理性。如果除去信徒對任性且偶然的上帝選擇，有著盲目的許諾這一點的話，他剩下的人生及行動，全部都可說是目的理性，他過著機關算盡的人生，這和官僚制擁有的理性是同個種類。

但是，信徒的人生是以上帝的任意選擇、沒有根據的預言為前提，若涵納這一點的不合理性，他整體的人生顯現出來的是價值理性。正是這不合理的前提、這份想與上帝許諾的決定本身，對應於「價值判斷」。也就是那個韋伯倡導「價值自由」時，想從社會學中排除的價值判斷。

讓我們藉由前述的遊戲來說明。預言家是人類的話，玩家會選擇H２，大家只會撲向眼前的享樂而已，人類預言家在或不在都沒差別，即使沒有預言家，玩家同樣會選擇一樣的行動。但前提若變成是，有一個如同上帝般的預言家存在的話，會變得怎樣呢？事實上，沒有任何理性的根據能夠保證會有這類型的預言家存在，但若是玩家將之當作前提，就會出現選擇H１的行為，這就導向禁慾的行動，玩家不會選擇妥協，朝著眼前的享樂飛奔而去。

要將選擇H１的行為變得合理，前提就是預言家＝上帝般的存在，玩家要有這種不合理的認知才行。目的理性只捕捉到選擇H2的理性，而價值理性則將選擇H1的不理性認知包含在內。

韋伯和涂爾幹——「超越個人的社會現象」

接著，我想在此比較韋伯和涂爾幹。

先前我說過，韋伯是方法論的個人主義，而涂爾幹是方法論的集體主義。請大家比較韋伯的《新教倫理與資本主義精神》還有涂爾幹的《自殺論》，這樣一來，大家就會知道他們確實有某種差異。換句話說，韋伯在說明「資本主義精神」的生產機制時，他考慮的是信徒如何行動、如何思考等等，韋伯說明了信徒對上帝預選說有什麼反應，他能解釋並理解信徒內心的問題。

相對於韋伯，涂爾幹並不考慮自殺發生時，自殺的人是在煩惱什麼，因為死亡有很多種理由，可能是失戀，也可能是考試落榜……。但是，會讓人下定決心自殺的，並不是因為落榜；如果一個人在落榜之後，有迎接他的共同體或家人，那麼他就不會自殺。因此，並不是考試有沒有及格決定了自殺率，決定自殺率的是，有沒有像安全網般的連帶接住掉下去的人。所以涂爾幹迴避了自殺的人在想什麼的心理狀態，他的說明完全繞過這個部分。韋伯則是將信徒怎麼想、怎麼感覺的這件事情，當作是重要的因素加入說明之中並進行闡釋。

這裡是方法論的集體主義和方法論的個人主義的差異，但是大家不可以太過高估這種差異。我們必須要注意的是，韋伯和涂爾幹事實上是大同小異。

雖然韋伯的確將「信徒如何想的」這件事情放入他的考量內，但資本主義精神是從新教誕生的這件事情，並不是人們積極意圖的結果。人們如果想著，成為新教徒後資本主義就能順利進行的話，那就不是真的信仰上帝了。即使一個人為了要讓資本主義成功而變成新教徒，新教也絕對不可能變成他真正的信仰。唯有完全為了上帝，作為上帝的工具而活著的人，其所思所想，才會在結果上實現資本主義，這與那個人的意圖無關，更不如說是違反了原來的意圖。

如果有一個人說：「為了讓資本主義成熟，大家何不成為新教徒？這樣比較有利。」這應該不是信仰吧？因為信仰一定要相信上帝是真的存在才行。因此，在韋伯的理論中，雖然他重視的是理解人們內心的思考及意圖，但是他同時也超越了他們心中預期與意圖的東西，正是這樣，他才看見了社會現象的本質。

涂爾幹的狀況則是，自殺率已經被別的因素決定了，這和自殺的人有什麼意圖無關。韋伯的情況也是一樣，即使信徒的思考在某個意義上和結果是有關係的，但並不會帶來直接的結果，更不如說，社會現象之產生彷彿是背叛了信徒所預期的結果。

這兩者，無論是那種情況，社會現象的發生都不是當事人的預期結果，和當事人的意圖無關，或甚至是社會層面所發生的現象，背叛了當事人的意圖。韋伯的發現中，最重要的地方就在這裡。換句話說，他說的不是個人意圖或意義決定了社會，而是，在與其意圖和意義都不同的層面上，發生了社會現象，這是韋伯理論的活力所在。這兩種情況都無法還原成個人動機、意圖或信念，他們兩人將目光放在與個人不同的層面上，而社會現象在那裡發生。

在這個意義上，無論是涂爾幹還是韋伯，他們的研究都無法還原成個人意識，而是在獨立於個人的地方，發現了所謂的「社會」。請大家思考社會契約論的那些學者，無論是霍布斯還是盧梭，他們都是想按自己的意圖實現社會，霍布斯為了人類的安全，所以將自然權讓渡給利維坦，盧梭則認為，透過人類意圖的透明整合，就能出現全意志。因此，當社會契約論的人們在思考社會時，那個社會，是位於從每個個人內心所直射出的延長線上。

到了十九世紀末、二十世紀初，讓社會學成熟的涂爾幹或韋伯，他們卻認知到，在無法於個人內心所直射出的延長線上找到的地方，才是社會現象的誕生之處。這是這個時代中，社會學之所以擁有決定性力量的重要理由。

4-5 政治家的責任倫理與社會學者的憂鬱

信念倫理與責任倫理

在此稍作整理。

我們來談談韋伯的《以政治為志業》（*Politik als Beruf*）這本書，這是韋伯在過世前的一年半左右，於一九一九年一月，在慕尼黑的學生團體前進行的演講。明明許多政治家讀都沒讀過，卻會隨便引用，所以只有書名變得非常有名。讓我們以目前為止所讀到的脈絡，來思考此處韋伯說這些話的意義吧。

韋伯談了信念倫理（Gesinnungsethik）與責任倫理（Verantwortungsethik）。對政治家來說，不只要有信念倫理，責任倫理也是必須的。意思就是，政治家無論講多少遍「我很認真地努力過了」，都沒有用。政治家必須對結果負起責任。講「我已經很努力了」會被原諒的，只有普通人；政治家不可以說：「我已經很努力了，但日本還是垮台了，真抱歉。」或者也不容許說：「我是真心想要推動經濟政策，但日本遭逢出乎意料的不景氣，以致國家失敗。但我個人真的很努力在做了。」韋伯口中的政治家是這樣的。責任倫理的意義也是如此。

此時的韋伯會對政治家有過度嚴苛的要求，是因為各種事件引發了誰都沒料到的後果。在第一次世界大戰開打之際，所有人都沒有預料到，奧匈帝國的皇位繼承人於塞拉耶佛被刺殺，會演變成為第一次世界大戰，所以也不會有人想說我們就此停手吧。在那不得了的時期中，戰爭演變成世界大戰，最後死了幾百萬人，這並不是只要政治家或什麼人真誠、頭腦好或深思熟慮就能預料到的事。這些是誰都不知道的事。

但即使不知道，韋伯還是說政治家對此必須要負起責任。以倫理學上來思考，這是不可能的事情，是過分的事情，也是過度嚴苛的要求，因為韋伯是要政治家負起連倫理學的根據都沒有的責任。換言之，韋伯主張，如果政治家沒有負起作為人類來說不可能負起的責任的覺悟，那還是不要當政治家了。

這是一般對韋伯說法的理解，但是我在此處，會用剛才的紐康伯悖論說明韋伯對政治家的要求。

實際上，上帝以為你會選擇H2，但是你卻認為上帝預言你會選H1，所以你選擇了H1，那麼你一毛錢也拿不到，你打開箱子B後發現空空如也。上帝預言你的行為，卻預言失敗了。此時上帝如果說：「抱歉啦，我以為你會選H2，一般的賽局理論中就應該要選H2。」你應該會滿肚子火吧。明明你是因為信賴上帝，所以才選擇了H1，結果卻沒有拿到半毛錢。

當然，因為上帝沒有猜中你的行為，信徒會視祂為假冒的神而拋棄祂（韋伯的宗教社會學中，有個知名的考察叫做「苦難的神義論」。這裡我不會詳細說明，但是苦難的神義論大體是一個論證，用以說明當某一個神，如同這種假冒的神一樣歷經失敗後，信徒要怎麼接受「那不是神的失敗，神還是真正的神」。事實上，猶太人的上帝在營救猶太人時不斷地失敗，但卻被苦難的神義論所挽救，最後上帝成為不屈的唯一真神，率領著猶太人）。

所謂政治家必須負起責任倫理，指的是不能說出假神所說的話。換句話說，負起責任倫理，即是要連神的部分一起承擔，要像神一樣負起責任。即使政治家是人類，也要連同神的那份一起承擔。以身為人類的立場來說，這是不可能做得到的要求。不過，即便是神的選擇，也以人類的身份負起責任，這就是責任倫理。

天使與上帝

最後，我要談的和價值自由有關。我在先前已說過，價值自由，即是進行社會學研究時，要從價值判斷中解放，如同《慾望之翼》中天使的立場。作為一個無能為力的旁觀者，眺望著集體的現象，僅是預測並紀錄現象，這就是天使的立場。

剛才我們用紐康伯悖論，分別說明當預言家是大澤真幸（人類）以及是上帝的情況，天使就對應於前者的預言家。大澤擅自預測玩家的行動，但這個預言對玩家來說沒有任何影響，這就是站在價值自由的立場，做像旁觀者會做的事。

但是，這樣不是非常寂寞嗎？我作為一位社會學者，無論有沒有做出預測都無所謂，我是個可有可無的人。但這樣的話，社會學是為何而存在的呢？因此，我們都想要再深入社會一點。如果我是預選說的上帝，那麼預測——雖然倒不如說是隨心所欲的決定或選擇——就確實能帶給現實影響。如果是大澤的話，他的預測不會帶來任何影響；而若是預選說的上帝，祂的預言則會帶給現實一些效果。

社會學這門科學，畢竟無法完全滿足於只是身為天使而已。我們想要像預選說的上帝一樣，祂的決定會帶給社會或世界決定性的變化……當然這麼假設的話也太誇張了，但如果是身處在人類的境遇中，但嘗試背負起預選說的上帝之力的一部分，那可不可以？至少，我認為在韋伯的社會學中，雖然沒有明確地表達出這個野心，但卻暗含這個意思。

韋伯將這個暗含的野心，於實踐層面寄託在政治家身上，科學層面則寄託在卡理斯瑪概念上。事實上，當社會學具有了「社會學」的資格，哪怕只有一點也好，它也想要承擔上帝的那部分；但是對於這份願望，我們必須有所節制。因此，韋伯將這份剩餘的野心外包給政治家，並於科學上，將野心封印於名為卡理斯瑪的概念中。

因此，研究社會學時，人會分裂成兩種立場。天使雖然一邊抱持著想成為上帝的野心，但還是必須止步於天使的地位。既是上帝，也是天使。這兩種身分是互相矛盾的。韋伯被這兩者撕裂，為此受苦。恐怕正是這個結果，韋伯才會嚴重憂鬱，罹患「精神官能症」吧？這是他想做一位真正的社會學者的證明。

III 系統與意義

1 帕森斯 功能主義的公式化

1-1 社會學來到美國

美國社會學的勃興

綜觀歐洲思想史，以第一次世界大戰為界產生了一個明顯的分水嶺，西方爬升的上坡段似乎到此為止。總之，第一次世界大戰與第二次世界大戰的戰間期是個微妙的時期，西方歷經了一個時代的轉換。

在社會學的領域中，涂爾幹及韋伯等人也正是於此時去世。我想表達的是，這些事件並不僅僅是巧合。涂爾幹的兒子死於第一次世界大戰，這帶給他相當大的精神打擊；而韋伯是個熱情的愛國主義者，第一次世界大戰時他仍很健康，但一直到戰爭落幕，德國輸了之後，他的生命似乎也跟著被澆熄了。所以在社會學的歷史上，戰間期也一樣發生了斷裂。

談到目前為止的社會學史，都以歐洲學者為主要人物，但從這裡開始會出現美國人。二十世紀確實是以美國為中心的世紀，社會學的重心也變成美國——這樣可能太誇大，但至少，美國成為了另一個重心。以韋伯為首，無論是馬克思也好、佛洛伊德也好，他們的名字會出現在各式各樣的科學領域裡，不只是出現在社會學的領域中。但接下來出現的學者，若不是從事社會學研究的人，就不太會讀到他們的名字；不過若是學社會學的人，則會發現他們的名字出現之頻繁，到了讓人厭倦的程度。這些學者們將成為接下來篇章的主角。

一開始的章節我會以塔爾科特．帕森斯（Talcott Parsons，一九〇二－一九七九）為主。但是，在講帕森斯之前，我想先說明美國本土的社會學是如何興起的，並藉此當個緩衝，因為美國已經發展出具有自己特色的社會學，而這是歐洲所看不到的。

美國的大學從很早開始，就已經有社會學課程了，只是起初幾乎都是在模仿歐洲。他們會翻譯歐洲學者寫的書當作是大學課堂的用書，美國幾乎沒有自己的社會學。歐洲因為第一次世界大戰沒落以後，美國才開始出現自己的社會學。此時，不僅限於社會學，所有科學的重心、知識的中心，都從歐洲移轉到美國。

其中一個直接的原因就是逃亡。伴隨著納粹勢力的擴張，重要的猶太裔學者都流亡到了美國，像是法蘭克福學派（Frankfurt school）的霍克海默（Max Horkheimer）、阿多諾（Theodor Adorno）、馬庫色（Herbert Marcuse）、佛洛姆（Erich Fromm）等人，或者如經濟人類學家卡爾・波蘭尼（Karl Polanyi）也在流亡英國後橫渡到美國；而對社會學的調查研究影響深遠的拉查斯斐（Paul Lazarsfeld）也是流亡者，漢娜・鄂蘭也是在這個時候移居至美國，李維史陀也曾有一段時間住在美國，他於流亡的期間將他的南美調查整理成博士論文。有的學者像李維史陀一樣，在第二次世界大戰結束後，就從美國再回到歐洲；也有的人相反，像鄂蘭一樣留在美國。

只是，若僅用某個時期、某幾個人的遷移理由，仍無法充分說明知識的重心於二十世紀轉移至美國，即美國變成另一個知識中心的現象。我們應該把這件事想成，這也是文化霸權隨著政治或經濟「霸權」移動的一部分才是。這是有趣的知識社會學的主題，可惜此處我們沒有足夠的篇幅來探究這個題目。

原始移民精神之研究

在美國發展的本土社會學之中，最重要的就是「移民」的體驗。除了土生土長的美國原住民以外，所有的美國人原本都是移民。二十世紀初，移民研究是在美國特色的社會學中，最初能看到的成果。

首先，我們能夠確認一個前提事實是移民大致分成三波來到北美。第一波，是在十七世紀左右，從西歐、北歐來的移民，尤其是從英國來的移民，他們從東海岸登陸。接著是第二波，也就是十九世紀後半到二十世紀，從義大利或南歐、東歐來的移民。最後是第三波，進入二十世紀後，從亞洲及中南美洲來的移民。除了這三波移民外，還要加上那些被當作奴隸，從非洲強制販運至美國的人們。

在這疊加了好幾層的移民當中，和「美國精神」形成有所關聯、佔據特別地位的，仍是最初的移民，也就是從西歐或北歐遷徙至東岸的人們。這些人主要是清教徒、熱心的基督新教徒。當說到「美式的」，在我們腦海裡最早浮現出來的形象，就是從此時新教的教義倫理而來，也就是所謂的美國精神。美國人自己也是這麼認為的，當他們被問到「什麼是美國的建國精神？」時，無論什麼教派，大家都以「朝聖先輩」[1]為規矩準則來思考。

但研究這一批最初的移民、具有美國精神的人，並非美國人自己，而是歐洲的學者，德國

1 譯註：指 Pilgrim Fathers。美國的早期歐洲定居者，領導人為布朗派英格蘭非國教徒的宗教會眾，後來這批人為逃離英格蘭，輾轉來到美洲普利茅斯殖民地。信仰近似清教徒。

社會學家馬克斯．韋伯。韋伯的《新教倫理與資本主義精神》，雖然並不是直接寫美國，但作為新教徒群像之一的——或許更可以說是典型——就是這群繼承了由英渡美的初期移民精神的新教徒。《新教倫理》一開始，就是由分析班傑明．富蘭克林的人生信條入手。

《新教倫理》原本是分兩回刊載在雜誌上，後來才被整理成一本書。在第一回和第二回之間的空檔，韋伯花了好幾個月的時間於美國旅行。他來到美國，實際觀察美國人的生活，一面受到刺激，一面寫下《新教倫理》。韋伯在繼承了美國第一波移民的生活態度的人們身上，發現了新教教義的精神典範。

第二波美國移民

研究美國原始移民這塊的是歐洲的社會學家，但是，研究其後的移民，也就是第二波以後的移民，則是美國的社會學者們。他們建構出自己的社會學，具有美國特色的社會學也從這裡誕生。

那麼在這些研究中，哪一點是最重要的呢？或是說，美國本土的社會學一開始展現的成果是什麼呢？此處我想舉出一本有名的書，如果是學社會學的人可能會經常看到這本書，但我認為實際上沒什麼人讀過，至於其他人可能是第一次看到。那就是《身處歐美的波蘭農民》

（*The Polish Peasant in Europe and America*），因為書名很長，讓我們簡稱為《波蘭農民》。

這本書的主要作者是一位名叫做威廉・艾薩克・托馬斯（William Isaac Thomas，一八六三—一九四七）的學者，共同作者則是一位波蘭的哲學家弗洛里安・茲納涅茨基（Florian Znaniecki，一八八二—一九五八）。這是一本厚實的書，全五卷，寫於一九一八年至二〇年。就是從這時開始，可以說美國人首次開啟了和歐洲無關的本土社會學。

這其實是非常重要的研究，所以我會先從這本書開始介紹。

綜觀美國的社會學，特別是早期的社會學家，大家幾乎都是從芝加哥大學出來的，因此他們被稱為芝加哥學派，一般在社會科學的脈絡中，重要的有像是芝加哥經濟學派，不過所謂的芝加哥社會學派，指的就是托馬斯和接下來會出現名字的這些早期美國社會學家。

因為叫做芝加哥學派，所以不是以什麼特殊的理論為前提的，只是，與其說這麼命名是因為芝加哥大學，我認為原因更是出在芝加哥本身。換句話說，並不是一群人偶然聚集在芝加哥，而是芝加哥之所以能作為美國本土社會學最早誕生的地點，有其原由。

雖然芝加哥現在是個大都市，但它原本是個荒涼的小鎮。第一波移民幾乎不會來到這裡，但是第二波以後的移民，從南歐或東歐來的移民在此處定居，芝加哥才變成大城市。因此芝加哥不是美國最古老的移民城市，它代表的是在第一波移民以後的城市。順帶一提，能代表最古老移民的城市是波士頓等東岸的各城市，而第三波移民則聚集至西海岸的都市。

托馬斯這個人——初期的美國社會學學者幾乎都是如此——先到歐洲留學後，才回到美國作社會學研究。

托馬斯想要調查橫渡美國的波蘭移民的實態，一開始托馬斯是獨自一人做這個研究，但在調查途中遇到了茲納涅茨基。茲納涅茨基原本住在波蘭，研究哲學，但被托馬斯感化，於是來到美國接受社會學訓練，然後他們一起調查波蘭農民的實態。

托馬斯定理

《波蘭農民》的最大目的，是為了調查原本在歐洲的波蘭農民，以及橫渡美洲的波蘭移民的實態。我認為將它放在學說史上來看有兩個意義，一個是實證研究方法上的意義，另一個是理論上的意義。

首先，最重要的是托馬斯等人使用創新的實證方法，這在當時來說是劃時代的舉措。他們腳踏實地收集龐大的一手資料，像是波蘭農民寫的信、日記，或是微不足道的自傳、集會的輯錄、社團刊物的報導、審理的紀錄等等，他們將這些全部收集起來，當作是實證研究的佐證，也因為信件等資料無法輕易獲得，所以他們會在波蘭人經常看的社群雜誌上刊登廣告，讓民眾知道一封信他們會用多少價格收買，藉此收集信件，托馬斯等人就從這龐大的一手資料中進行實證研究。

這是現在經常使用的方法，針對某個主題的非虛構寫作，或是社會學界流行的生活史研究，都是這種方法的現代版。這類的研究會將焦點放在特定的團體或個人，傳記式地追蹤平凡人物的全部人生，藉此讓社會現象浮出檯面。現在經常使用的方法的開端就在這裡，這就是《波蘭農民》的重要貢獻。

不過後來的學者也有人批判這個研究。現在的研究者會考量「資料的代表性」，會針對資料是否有所偏頗而進行各種檢證或思辨。但托馬斯等人並不在意這種事情，所以招致「資料的代表性有問題」等批評，但這不是什麼太大的問題，可以說只是在細微末節上挑毛病。

這本書對社會學的另一個貢獻是貫穿整體研究的基本概念。在某個意義上，這概念也可以說是理論的構想。雖然在這個時期的構想還很質樸，但卻是後來被承繼下去的理論原型。

這個構想被稱為「托馬斯定理」（Thomas theorem），這個名稱是由後來的社會學者羅伯特・金・默頓（Robert King Merton，一九一〇—二〇〇三）所賦予的，《波蘭農民》就是立基於會讓人想給它這個名字的獨創思考方式。威廉・艾薩克・托馬斯與多蘿西・斯旺・托馬斯（Dorothy Swaine Thomas，一八九九—一九七七。一九三五年，威廉和多蘿西結婚）於後來合著的《美國的兒童》（*The child in America*，一九二八年）中，這樣定義托馬斯定理：

如果人們把情境界定為真實的，那麼它們在結果上也就是真實的。

（《美國的兒童》）

意即，情境之所以會變成真實，是因為人們定義那情境是真實的，這個定理描述了原因與結果間的奇妙反轉。一般來說，先是發生了現實或客觀的情境，人們才會做出相對應的行為，這是我們主觀上的認知。但是這個情境，其實是被包含在行為內的「定義」產物，因此變成是行為將自身的原因假設為自身的結果。如同剛才所說的那樣，功能主義的社會學家默頓重新發現並整理托馬斯定理，後來還被「意義社會學」[2]的流派所發展繼承。

被「逮捕」的托馬斯

讓我稍微講一下與托馬斯有關的故事。

托馬斯作為美國初期的社會學家相當有名氣，《波蘭農民》是全部共五卷的大部頭巨著，最早的兩卷由芝加哥大學出版，但剩下的三卷就是由其他東岸的出版社所出。這並不是因為他碰巧換出版社而已，有個在社會學史中時常變成話題的事件和這有關係。

在出版第二卷之後的一九一八年，托馬斯突然被逮捕。雖然這恐怕是一個陰謀，但總之FBI來到托馬斯家中逮捕了他。因此托馬斯被芝加哥大學解聘，搬到東岸，從事兼任教授的工作，且再也沒有辦法重獲大學正式教授的職銜。雖然托馬斯最後被判無罪，可是在判決出來前他就已被迫從大學辭職，所以芝加哥大學出版社沒有出版《波蘭農民》的後面幾卷。這在之後，托馬斯的活動範圍也變成紐約。

為什麼托馬斯會被逮捕呢？他被懷疑觸犯「曼恩法」（Mann Act），這是一條取締色情犯罪的法律。簡單來說，因為政府想要取締過多的性工作者，卻無法輕易達成目標，於是這個法律的目的，就是責罰那些以營業為目的、將性工作者從一個大城市運送到另一個大城市，從事洲際運輸人口的人。因為托馬斯有觸犯這個法條的嫌疑，於是被逮捕。

恐怕托馬斯當時是和女性一起移動的吧。不過托馬斯獲判無罪，因為沒有關鍵證據能夠證明他的行為是以不正當營業為目的，但是我認為這事件背後有個更嚴重的問題。托馬斯在政

2 譯註：意義學派（意味学派）是日本獨有的稱呼詞彙，內容包含現象社會學、解釋社會學等等，主要研究題目是互動行為、個體行為，中文最接近的通用詞是微觀社會學。此書後面有一整章在談論意義社會學，故不在此贅述。

治上面臨危險的情況，因為《波蘭農民》主要是研究少數族群，當時的世人認為少數族群的道德低落以致問題叢生，但是托馬斯的研究卻證明了波蘭農民的問題並不是因為他們的道德感低落。對那些身為既得利益者，又有種族歧視的人來說，托馬斯的研究在政治光譜上是極為自由派且左派的，聽起來就是「危險」的主張。

托馬斯本身個性也是比較自由的人，並不是嚴謹樸質的大學教授。更重要的是，托馬斯的妻子也從事政治活動，是位女性主義者，因此他的妻子也有許多政敵。應該是有人策劃要讓托馬斯夫婦兩人在政治上噤聲，所以托馬斯才被逮捕。但是托馬斯在離開大學後，除了繼續出版《波蘭農民》的後半部外，也活力充沛地持續寫作並發表演講。

《波蘭農民》第二卷發表於一九一八年，也就是在第一次世界大戰結束後不久。在這段時期，美國開啟了不仰賴歐洲的本土社會學新頁。

實證研究的都市社會學

關於芝加哥學派我想再多談一些。

如果說托馬斯是芝加哥大學最早期的重要社會學家，那麼接下來無論如何我都希望大家記住的，則是芝加哥學派的社會學家，羅伯特・艾茲拉・帕克（Robert Ezra Park，一八六四—

一九四四）以及歐內斯特・伯吉斯（Ernest Burgess，一八八六—一九六六）。即使離開美國的脈絡，放到宏觀的整體社會學流派來看，這兩位也是相當重要的人物。他們的研究比起托馬斯來說，與芝加哥這個城鎮有更深的連結，簡單來說，他們就是現代版都市社會學的生父。

如果要寫一本「都市社會學」領域的教科書，那麼第一位都市社會學的學者就是我們已經介紹過的齊美爾。齊美爾住在柏林這個大城市裡，他細緻地觀察了柏林的風貌，或是說都市的感性以及都市人的樣貌。因此一般見解認為齊美爾是第一位都市社會學者。這個看法是沒有錯的。帕克也好、伯吉斯也好，都受到齊美爾的影響，他們也從事齊美爾的翻譯工作。

齊美爾有篇知名論文中談論「Stranger」（陌生人），帕克把齊美爾的「陌生人」概念普遍化，提出「Marginal man」這個有名的概念。最近受到政治正確的影響，我們必須要說成是「Marginal person」，不過帕克提出的就是「Marginal man」，也就是「邊緣人」。因為屬於各種團體，所以本質上並不屬於任何團體，這種人就稱為「Marginal man」。

帕克或伯吉斯以上述的形式，一面受到齊美爾的影響，一面進行自身的研究。但是，即使齊美爾的研究很優秀，卻是基於他的直接感受所紀錄下來的敏銳觀察，他的研究仍無法跳脫這個範圍。因此，雖然齊美爾的研究確實有說服力，但仍會受到反對的聲音，認為「那不過是你看到的東西而已」，換言之，這裡面存在的是對實證妥善性的疑問。相對於此，帕克或伯吉斯的研究，卻是立基於堅實的經驗調查。所以現代版的實證都市社會學的濫觴，我認為可以說是帕克及伯吉斯。

關於帕克和伯吉斯，最好記得兩個概念。帕克提倡「人類生態學」（human ecology）的概念。這門科學作為自然環境面對文化環境、社會環境，或是工學環境互動的一環，藉此捕捉人類的面貌。帕克從人類生態學的觀點調查都市的整體性。

另一個概念則是兩個人都有提到，不過和伯吉斯有較深關聯，那就是都市「同心圓模式」（concentric ring model）的公式。即使不是學者，只要觀察都市的整體面貌就能注意到這個現象，而伯吉斯將這個現象嚴謹化。在都市發展的過程中，空間分佈就像從一個中心往外畫出同心圓。單純地說，最重要的繁華區域位於中心，但是離中心較近的地帶，住的是中產階級以下的窮人，更外圍則是中產階級以上的高所得人口的住宅用地。

更仔細地說，位於正中央的是商業區，也是辦公的地方，外圍一圈則像是住宅和商業區的中間地帶，也就是住商混合區，再外圍一圈是低所得人口的住宅區（低階住宅區），向外則是中產階級的住宅區，更外側則是通勤地帶，都市以這樣五層的同心圓形狀自然地發展，這就是都市的同心圓模式。

概括而言，美國初期的社會學者們先以芝加哥為舞台活動，一開始有托馬斯和他的同事茲納涅茨基，後來則有帕克和伯吉斯等都市社會學者。美國切斷了和歐洲直接的依賴關係，開啟了自己獨有的社會學。

我們以這樣的過程為立足點，來談其中最耀眼的主角塔爾科特・帕森斯。

1-2 社會學固有主題的自覺

帕森斯的功能主義

塔爾科特・帕森斯是二十世紀中期，一九四〇年代到六〇年代左右，全世界中最具有影響力的社會學者。日本因為發起戰爭之故，直到一九五〇～六〇年代才引進帕森斯，但以全球來看，他最有影響力的時期是在一九四〇～六〇年代。

在帕森斯的功績中，最為重要的是他確立了社會學理論的基本形式。這個理論嚴格來說是「結構功能主義」（structural-functionalism），簡稱為「functionalism」（功能主義）。function是一個有許多意思的詞彙，函數也叫做function，日語中並不存在完全合適的翻譯。總之，帕森斯整理並提出功能主義的社會學理論。

我們說過，美國社會學的源流是芝加哥學派，有許多社會學家以芝加哥大學為中心活躍著。但事實上，帕森斯的背景卻和芝加哥沒有任何關係，無論是個人的背景還是科學的背景，帕森斯都位於和芝加哥學派不同的脈絡中。

塔爾科特於一九〇二年出生於科羅拉多州的科羅拉多泉水鎮。帕森斯家是一個古老的家族，源頭據說可追溯至十七世紀的最初殖民者，也就是美洲的第一批移民，只是帕森斯並不是在東岸出生，而是在西部的科羅拉多州，因為帕森斯的父親是牧師，當時在邊陲的科羅拉多地區傳教，是一位真正的新教徒。而且仔細想想，parson就是牧師的意思，所以帕森斯正是處在馬克斯・韋伯形容的環境之中。早期新教徒遠渡美洲，而帕森斯就成長在這個精神脈絡之中。

事實上，帕森斯剛成為學者後，曾經翻譯了好幾本馬克斯・韋伯的書，像《新教倫理與資本主義精神》的英文初譯本，就是帕森斯翻譯的。在還沒那麼有名時就把馬克斯・韋伯引介到美國的，正是帕森斯。在這個意義上，他個人既處於韋伯形容的環境中，身為學者，他也是位近似於韋伯的人。

大學時，帕森斯就讀於麻薩諸塞州的安默斯特學院，他並不是從一開始就想唸社會學，反倒是位理科學生。容我省略一些細節，總之後來他去英國留學，在那裡接觸到知名文化人類學者布朗尼斯勞・馬凌諾斯基（Bronislaw Malinowski，一八八四－一九四二）。「功能主義」原本是文化人類學者所使用的詞語，而馬凌諾斯基與芮克里夫－布朗（Alfred Reginald

Radcliffe-Brown，一八八一—一九五五）這兩位英國重要的文化人類學者，則是這股潮流的舵手。這兩人是競爭對手，帕森斯較接近馬凌諾斯基，並領會到以功能主義為基礎的思考。

其後，帕森斯前往德國，在海德堡大學學習，這是韋伯曾經待過的地方，雖然帕森斯去的時候，韋伯已經過世了，但他在那裡遇到卡爾·曼海姆（Karl Mannheim，一八九三—一九四七）等重要人物，並接受他們的指導。

然後帕森斯回到美國。一開始他在自己的母校安默斯特學院任教，之後就一直任職於哈佛大學。從一九二七年到七三年，他長期活躍於哈佛大學。

帕森斯的門生眾多，他培育出許多有名的社會學者，像是羅伯特·默頓、哈羅德·加芬克爾（Harold Garfinkel）、克利福德·格爾茨（Clifford Geertz）、羅伯特·貝拉（Robert Bellah）、傅高義等，都是他的學生，還有在社會學者之間相當出名的學者尼爾·斯梅爾塞（Neil Joseph Smelser）也是。許多超重量級的學者都出自他的門下，雖然哈佛大學匯集了優秀的學生，但帕森斯的學生中更是人材輩出，想必帕森斯是有實力的。

而且還有一點我認為很厲害的是，即便同是帕森斯的學生，有許多人的研究都和帕森斯不同。傅高義或貝拉給人的印象比較接近帕森斯，但其他人都從事與帕森斯相當不同的社會學研究，甚至有的學生就站在帕森斯的正對面批判帕森斯。帕森斯能夠培養出與自己不同類型的優秀學生，是一位相當有器量的人物，在這個意義上，我認為他也是一位優秀的指導者。

功利主義這個敵人

帕森斯的生平故事就介紹到這裡，接下來我要說明的是他的社會學內容和理論。

首先，他最重要的初期研究——直到現在仍值得一讀的書，就是《社會行動的結構》（一九三七年），這是一本巨著，同時也是一本優秀的學術史書籍。這本書的主題是思考「行動是什麼」，這也是帕森斯理論的基礎。帕森斯想說明社會學的研究對象「行動」是什麼東西，而且光是探究的過程就能成為一部社會學史。

帕森斯透過這本書提倡「唯意志論行動理論」。「唯意志論」是一般不太會用到的詞彙，也就是「voluntarism」，所以「voluntaristic theory of action」就是「唯意志論行動理論」。說到voluntarism容易讓人聯想到volunteer（志工），但它們沒有什麼關聯。志工是自己從事自發性地貢獻於社會的行為，而唯意志論重視的是遵從由人類的主體性、人類的自由意志而來的選擇。唯意志論行動理論的焦點就是，人類透過能動性、主體性或自由意志做出選擇的行動，而行動理論要如何解釋這個面向。

如果只是這樣解釋的話太過籠統，大家會不知道我在說什麼吧。讓我們先來思考唯意志論行動理論想要打敗什麼理論、與什麼理論互相對立，這樣就能明白這個理論的意義。

在帕森斯的腦海中，有兩個敵人。這裡只說重要的那位敵人，就是「功利主義」（utilitarianism）。

功利主義是以經濟學常說的「homo economicus」（經濟人）價值觀為基礎的理論。要定義功利主義有幾個條件，我根據帕森斯所言來說明：第一，原子論，簡要來說就是個人主義的理論，若使用前面介紹過的名詞，就是方法論的個人主義。第二，行為的合理性。第三，經驗主義，不過這並不是非常重要，也就是要以科學命題為根據，所以幾乎和「科學」同義。第四，目的的隨機性。

其中尤為重要的是「合理性」及「目的的隨機性」這兩個條件。所謂的合理性和目的與手段有關，手段會依照目的調整，我們經常會對某目的選擇合理的手段。只是，要達成什麼目的，卻是隨機的。這種價值觀就是功利主義。

我們把這件事放到我們的脈絡裡來談論。先前我們說過，對馬克斯．韋伯來說，他的題目是廣義上社會合理化的過程。對韋伯來說，「合理化」是重要的概念，雖然他並沒有清楚地定義理性就將其當成重要的概念來使用，但仔細閱讀的話，就會發現理性的概念分成兩個系列。我們說過，在他的討論中有兩種理性。用馬克斯．韋伯的用語來說，就是目的理性與價值理性，也有人說成是形式理性與實質理性。要看穿這兩種理性之間的關係，我提出的方法是解析《新教倫理與資本主義精神》，因為這兩種理性存在於韋伯的理論深處。

與此相對，功利主義的理性只有一種。以韋伯的用語來說，功利主義完全沒有「價值理性」這個部分，只有「目的理性」。而且這個目的是隨機的，而所謂的理性，只能說是目的與手段之間的關係，功利主義傳達的就是這種價值觀。

功利主義無法解決的問題

帕森斯的目標是創造出一個與功利主義不同類型的理論，但是為什麼？為什麼一個不同於功利主義的理論是必要的呢？

因為若將功利主義當作前提的話，就存在著無法解決的問題。帕森斯將這個問題命名為「霍布斯問題」（Hobbesian problem），也可以說是「秩序的霍布斯問題」（Hobbesian problem of order）。

關於霍布斯，我們在社會契約論的章節中，和盧梭、洛克一起介紹過，我們必須將社會契約論作為社會學的前史放在腦海中。

某科學得以成立的條件，在於某科學是否有固有的主題，而社會學從十九世紀左右才開始擁有固有的主題，它的前史就是十七至十八世紀的社會契約論。什麼是社會學的固有問題？那就是「社會秩序如何可能」的提問。社會秩序可以是在現實中成立的社會秩序，也可以是未來可能建立的社會秩序，或是過去曾經存在的社會秩序，可以是理論意義上的社會秩序，也可以是現實意義中的社會秩序，總而言之，社會學就是在廣義上共享理論及實證研究的形式，藉此研究各種含義上的社會秩序為什麼可能。

因此，秩序問題就是社會學的基本問題，所謂的霍布斯問題，就是將這個「社會秩序如何可能」的問題，以帕森斯流派的方式換句話說。帕森斯將這個問題，寄託於霍布斯這位十七世紀的英國思想家。

在功利主義的理論中，人類是個人主義的，擁有某種科學理性，可以自己隨意決定目的，如果連目的都有了，就會極其理性地行動，功利主義認為人類就是這種個體的集合。在這個前提之下，如同霍布斯描述的那樣，每個人都只會為了自己的生存及利益行動，發生以血洗血的鬥爭，出現無秩序的狀態。霍布斯由這種狀況中導出利維坦，但我們不能接受這個推論（因為這個結論中混入了無法化約成功利主義的要素），對這個結論需要有所保留。扼要來說，以功利主義為前提思考時，會成為霍布斯假設為前提的那種自然狀態，最終無法產生社會秩序，所以功利主義無法解決霍布斯的問題。

因此，在帕森斯的想法中，我們必須提供一個有別於功利主義理論的行為理論，帕森斯為了思考這件事情，分析了歐洲的四位重要社會（科）學者的學說作為基礎。

1-3 唯意志論行動理論

兩種系譜——實證主義及理念主義

接下來，我們要說明什麼是唯意志論行動理論。

《社會行動的結構》是一本相當厚的巨著，而且原文極為艱澀難懂。但無論如何，這本書中帕森斯依序寫到了四位學者，尤其是後面兩位特別重要，這四位是誰呢？

第一位是阿爾弗雷德・馬歇爾（Alfred Marshall，一八四二－一九二四），馬歇爾是早期的經濟學者。在經濟學領域中，最早登場的是亞當・斯密等人的古典經濟學，後來出現馬克思。晚於馬克思，現代風格的經濟學則被稱為新古典經濟學派，馬歇爾就是新古典經濟學派的創始人之一。

為什麼帕森斯要從談論馬歇爾開始呢？

以結論來說，馬歇爾在這本書中的角色是敵人，是壞蛋，是要被打倒的對象。因為這本書的目標就是打敗功利主義，所以馬歇爾作為功利主義世界觀的代表最先登場。

比馬歇爾更勝一籌的人物，就是第二位登場的維弗雷多・柏拉圖（Vifredo Pareto，一八四八—一九二三），就是那位唸經濟學時一定會出現的「柏拉圖效率」（Pareto Efficiency）概念的柏拉圖，是義大利鼎鼎大名的學者。柏拉圖效率，代表複數的人的滿足度處在均衡的狀態；以教科書上的定義來說，柏拉圖效率就是「為了讓某人的滿足度提升，至少要有另一個人的滿足度降低」。

舉例而言，大家正在分蛋糕，如果有個人說「我這樣吃不飽，所以我要連山田的份一起吃」，那麼山田的滿足度就會下降，蛋糕全部分完的時間點，就是柏拉圖效率狀態，但是如果仍有殘留的蛋糕，不需要降低誰的滿足度，就能提高其他人的滿足度時，就不是柏拉圖效率狀態。換言之，如果在最低的限度都無法滿足柏拉圖效率，就不能說是好的分配狀態。只是，將蛋糕全部切完的方法不只一種，有許多種方法，所以在柏拉圖效率狀態中，還有考量哪種分配方法是最好的空間。柏拉圖效率對經濟學來說是重要的概念。

那麼，為什麼帕森斯要提到柏拉圖呢？誠然柏拉圖效率的概念遵循著功利主義的價值觀，但是柏拉圖這個人同時也重視人類行為中的兩種類型。一是像剛才的例子一樣，為了將每個人的滿足度最大化而行動時，人類是理性的。但不僅限於這種合乎理性的行為，柏拉圖重視某種非合理的行為，即不是理性的行為、「多餘」的行為，因為是很難理解的詞彙，以前日語將其翻成「殘基」[3]，但這樣反而使人不知道意思。因此我在這裡就直接當作是非合理的行為。

具體來說，柏拉圖所舉的非合理行為的例子，如古希臘的船夫們，每年會向海神波賽頓舉行獻祭儀式，保佑航行的安全，但這卻不是立基於實證經驗的行為，只不過是自我滿足，是非合理的行為，但這類的行為卻支配著人類。人類有感情，而且會遵循情感，做出在科學上看起來是不合理的行為，柏拉圖重視的是這點。換句話說，柏拉圖意識到，人類行為中有和功利主義沒有關係的部分，這也是帕森斯將柏拉圖放在馬歇爾後面的理由。

第三位是涂爾幹，我們在課程中也已經談過涂爾幹了。功利主義是個人主義且利己的價值觀，但是涂爾幹注意到道德結合的重要性，如同社會連帶一般成為人類行為的前提，涂爾幹的看法對功利主義來說形成一種對比。

上述的三個人，用帕森斯的話來說，都是「實證主義」（positivisim）學派的人物，但只有第四位不同，那就是馬克斯．韋伯。相對於實證主義，韋伯的立場是「理念主義」，英文是 idealism，一般譯作「唯心論」，也就是在講「德國唯心論」時的那個唯心論。韋伯確實是屬於唯心論這股潮流的人，韋伯擁有與自然科學方法迥異的精神科學方法。

帕森斯認為韋伯偉大的地方在於，他重視人類行為中的理念與價值。在人類行為的前提中，存在著普世價值的約束力，正是這個普世價值，特定的（社會）秩序才得以正當化。

行動的參考架構

帕森斯討論了這四位學者，然後一邊整理他們的理論，一邊創作出唯意志論行動理論。在唯意志論行動理論中，有下列的特徵。

功利主義，就是從頭到尾主張韋伯所說的「目的理性的行為」。但是早在柏拉圖的時代開始，他就發現人類有無法歸納到這概念中的行為，柏拉圖認為人類有情感行為或傳統行為，或就像韋伯說的那樣，人類有價值理性的行為。唯意志論行動理論的第一個特徵，就是在更廣泛的基礎上思考人類的行為。

功利主義為了說明人類的行為，只會將主觀的要素，也就是動機或感情視為問題；但是唯意志論重視的是被社會多數人所共有，且內化到各種人格中的要素，如價值、規範或角色，這是第二個特徵。

第三，我們能在人類行為中看到兩個面向，由環境或外在對象所規範的被動部分，以及

3 譯註：柏拉圖的 residue 概念，日文翻譯成「残基」，中文則有些譯為「剩餘物」。

人類意志上的能動部分。唯意志論行動理論就是將視野放在行為的被動性與能動性的兩個面向上。

或許大家會覺得這是非常普通的結論，但無論如何，《社會行動的結構》這本巨著的粗略結論就是如此，因為這是一本研究學術史的書，我想帕森斯本身也有點保守。

在這本書的最後，帕森斯寫下「行動的參考架構」（action frame of reference）一詞……這是一個難以翻譯的詞彙。如果是現在的年輕研究者不會這樣翻譯，他們會翻成「行動的結構」等等。

在這本書以後，一九五一年他出版了《社會系統》（*The Social System*）一書，這本書也可以說是帕森斯的主要著作。在這本書中，帕森斯稍微積極地說明了「action frame of reference」是什麼意思，所以我在此為大家介紹。

首先，行為人對客體抱持著某種關心稱為「取向」（orientation），重點是這個取向有兩種，「動機取向」（motivational-orientation）和「價值取向」（value-orientation），所謂的動機取向，指的是行為人對客體有著滿足慾望的期待，價值取向是指行為人對客體有著實現文化價值的期待。

帕森斯本人說「自己有理論病」，他有凡事都要理論化的執著，甚至會讓人覺得理論化到這個地步到底有什麼幫助，為了說明「行動的參考架構」，也多少顯露了他這個理論化的毛病。總之，取向有「動機取向」和「價值取向」兩種，如果只是這樣還能忍受，但是接下來，他說每個取向又有三種面向，「事實認知」（cognitive）、「情感體驗」（cathectic）、「價值評價」（evaluative）。

「事實認知」就是關於客體是什麼，「cathectic」則是那事物是否能夠滿足慾望。最後，在自己與那事物的關係中，整體「評價」那客體對自己有什麼樣的價值，取向有這三種面向。

「動機取向」是只透過客體和自己慾望的關係去觀察客體，相對於此，「價值取向」是從客體和自己所擁有或信賴的文化價值的關係中，思考「那是好的」或「那是不好的」。例如，只是單純為了滿足口腹之慾，「好像很好吃」、「能吃就好了」、「好想吃」這類都是「動機取向」；相對地，即使是同樣的料理，有的卻更「美好」、會被大家評價認為是精緻美食的東西，這就包含了「價值取向」。

這就是「action frame of reference」的基線。

「那個」被解決了嗎

帕森斯想要創造的是非功利主義的行動理論、內容更豐富的行動理論，而他最終的成果就是「行動的參考架構」。

要說功利主義的行動理論有什麼不對，根據帕森斯的想法，在於無法解決霍布斯的問題。換言之，這個理論無法說明：每個人擅自設定自己的目的，為了達到目的採取對自身有利且合理的行動，但這種個人的集合體如何產生社會秩序？社會秩序是無法從這種個人的集合中成立的。

那麼，帕森斯就解決了霍布斯問題了嗎？如果只有「動機取向」的話，就變得和功利主義一樣。如果行為人只有動機取向的話，就無法迴避霍布斯所說的無秩序狀態，所以帕森斯獨創的點在於「價值取向」，因為行為人有價值取向，所以社會秩序變得可能。普世的文化價值或規範，被行為人「內化」，被社會系統「制度化」，所以社會秩序才變得可能，這是帕森斯的結論。

我稍微解釋一下術語，首先是「內化」（internalization），就是通過社會化（透過學習獲得），行為人會贊同一定的文化價值及規範，這成為他慾望的一部分。而「制度化」（institutionalization）則是將一定的文化價值及規範作為社會系統的制度，賦予其正當性，並透過刑罰（報酬及制裁）控制那些脫離制度的人。

若整理一下帕森斯理論，他的答案如下。因為普世的價值被行為人內化，並且為了保障這些價值，社會也將其制度化，如果有這些條件，就能實現社會秩序。但是，這樣有人能聽懂嗎？這樣只會讓人覺得帕森斯老師到底是在說什麼？因為「社會秩序的成立，是因為人類間共享價值」是一種乞題，也就是循環論證。

因為我們必須說明人類間共通價值是如何內化的。雖然帕森斯有說，透過制度化，人類間內化共同價值，但仔細想想，這種制度化能造成效果的狀態，不正是因為社會秩序成立了嗎？這樣帕森斯的說法就變成是，因為社會秩序成立，所以社會秩序是可能的。因此「行動的參考架構」不能說解決了霍布斯問題，這是對帕森斯的一般性批評，我也認為這個批評是正確的。

1-4 結構功能理論

社會系統是什麼

帕森斯的重要性在於，他精準地補充了社會系統理論。如今「社會系統」已經變成是日常詞彙，但其實是在帕森斯以後，這個詞彙才變得普及。

帕森斯後面，有一位重要的德國學者尼可拉斯・魯曼，這個人效法帕森斯，創建出自己的社會系統論，在這裡我簡單說明兩者的差異。

社會系統是什麼？要定義這個詞，首先必須定義系統。系統是要素的集合，且這些要素之間有獨特的關聯性，單純的集合不能說是系統。那麼社會系統的要素是什麼？這就變成是學者們之間的爭論，帕森斯認為是社會行動，後來的魯曼認為是「不是行動，是溝通」。大家或許會認為，行動與溝通之間有那麼大的差異嗎？但在科學上，這是很重要的一點。

總之，帕森斯的「行動的參考架構」，就是確定社會系統的要素是什麼東西的一項作業。帕森斯創造並提倡一套分析社會系統的理論框架，或說是公式，那就是「結構功能分析法」（structural-functional analysis），帕森斯如此稱呼他創造的社會系統理論，有時也叫做「結構功能理論」。「功能主義」是比這理論更廣泛的概念，但帕森斯認為，在「功能主義」中，能精準地捕捉到理論梗概的是「結構功能分析法」。

所謂「結構功能分析」指的是兼顧結構分析與功能分析這兩個部分，我先講概略。

系統，必須要擁有統一性或是說作為系統的同一性，來維持自身運作。因此各個要素——這種情況下就是「行動」——必須要適切地實現必要的活動。行動的「功能」是指，為了維持社會系統，這個行動要做出什麼樣的貢獻，每個行動或團體，為了達成系統的功能，都各自分擔必要的「角色」。「角色」（role）也是帕森斯重要的概念之一，指的是個人或團體必須對應於社會系統的狀態，社會系統則作為各種角色間的關係，進而擁有「結構」。

結構功能分析法會歷經兩個階段，第一，描述社會系統的結構，第二，研究這個結構滿足了什麼樣的功能先決條件，藉此說明這個結構。「功能先決條件」（functional requisite）被帕森斯視為是維持系統所必須的東西，即是這系統的「目的」。關於結構功能分析的理論，後面我會再整理一次。

模式變項

在更進一步說明結構功能分析以前，我會介紹幾個帕森斯創造的概念，它們與結構功能分析理論成立與否沒什麼關係，卻非常的有幫助。

那就是名為模式變項（pattern variables）的一連串二元對立概念。雖然日文翻譯為「變數」（変数），但是variables的意思是「變化之物」，所以不是數字也沒有關係。

那麼「模式變項」是什麼呢？也就是當我們在描述行為人與客體（他者）有關的關聯性質時，所使用的「非此即彼」的選項。換言之，這個模式關乎於行為人在面對社會客體時，面臨到什麼樣的兩難。但是這樣說太抽象了，大家可能什麼也聽不懂，因此我會具體解說每一組變項。

「模式變項」有五組，雖然是否有必要分成五組，這是可以斟酌的，但是帕森斯說分成五組有其必然性。

1. 情感性（affective）／情感中立（affective neutrality）。舉例而言，假設有位編輯認識我，他覺得「大澤不好相處，但書寫得很好」，這樣的話，就是雖然他討厭我，但會壓抑住情感，保持情感中立。相較於此，如果他的興趣是去衝浪，他只會依照自己的喜好選擇一起去衝浪的朋友，不會明明討厭對方卻還要勉強對方一起去，這就是情感性。

2. 集體取向（collective-orientation）／自我取向（self-orientation）。好比說，是為了自己去做還是為了公司去做？為了家族的名譽犧牲生命是集體取向，但如果自己覺得別人怎麼樣都無所謂，只考慮自己的事情的話，就是自我取向。

3. 特殊主義（particularism）／普遍主義（universalism）。這是我自己在寫《民族主義的由來》（ナショナリズムの由来）一書時所重視的模式變項之一。我們做事時是要為了普世的價值、理念、正義或信義而做？還是要重視特定的我方利益、我方價值觀、習慣或我方的存續和傳統？順帶一提，即使民族主義看起像是特殊主義的一種型態，但事實上我認為不能這樣分類，民族主義應該是在普遍主義和特殊主義的獨特交錯中成立的。

4. 先賦性（ascription）／成就性（achievement）。這組變項或許是社會學中最常使用的。我們在評價一個人的時候，是透過那人先天的屬性（人種、性別等等），還是那人所獲得的成就功業？任人唯親就是先賦性；因某人的成績作出評價和選任則是成就性。

5. 擴散性（diffuseness）／特定性（specificity）。例如，現在有好幾個人都和製作這本社會學史的書籍有關，此時每個人關心的事項有「大澤有那樣的知識或能力嗎」、「大澤能夠談論及書寫對關心社會學的人來說有意義的內容嗎」，或是我這邊會好奇「大家有製作學術書的素養、知識或背景嗎」、「他們是否具有專業知識，能讓書透過適當的管道傳達給讀者」，換句話說，我們互相都對對方特定的某面向感興趣，反過來說，除此以外的面向則沒有興趣，這就是特定性。又好比說，你和某人意氣相投，變成一輩子的朋友，這就是擴散性，你喜歡他的全部，而相對的，若和對方只有在工作必要的範圍之內才有關聯，就是特定性。

利用這五組「非此即彼」的組合，就能夠紀錄社會關係的性質，這在帕森斯創建的概念中，是屬於比較好用的那類。

社會學這門科學，經常將社會分類，雖然有各種作法，但「王道中的王道」，是比韋伯還大將近十歲——但將時間拉長來看，就是大致和齊美爾或韋伯同時代——的德國社會學家斐迪南・滕尼斯（Ferdinand Tönnies，一八五五—一九三六）。他有一組名為「社區（Gemeinschaft）和社會（Gesellschaft）」[4]的分類。雖然後來也有許多人以各種形式將社會分類，但是大致上，他們的分類或多或少都是「社區和社會」的變形版本或修訂版本，這個二元對立是所有社會分類的原型。《社區和社會》是滕尼斯在三十多歲時寫下的書（一八八七年），他因為這一本書而在社會學史上留名。

根據帕森斯所言，模式變項就是分析式地將「社區和社會」這組概念中所含的內容萃取出來。模式變項共是五組二元對立，簡單來說，情感性、集體取向、特殊主義、先賦性、擴散性是屬於社區系列，而情感中立、自我取向、普遍主義、成就性、特定性是屬於社會系列。帕森斯的理解是，在「社區／社會」的對立中，有各種要素混雜在一起，如果將其拆解，就會變成這五組對立概念。

社區和社會

雖然「社區和社會」是有名的概念，但滕尼斯在這本書中卻用非常困難的書寫方式描述，他說「社區和本質意志（wesenwille）有關，社會則與選擇意志（kürwille）有關」。這種描述方式讓人聯想到黑格爾的概念，不過若要講得簡單易懂的話，大概就是帕森斯所說的內容。

那麼，本質意志和選擇意志是什麼呢？舉例而言，社區的典型，就是家庭。一個家庭並不是出於理由或目的選擇成員的，大家只是作為命運共同體生活在一起，這就是本質意志；而社會的概念，就像是公司，有特定的目的，能夠同意且貢獻於那個目的的人們，選擇集合在一起並參與其中，這就是選擇意志。

在這個脈絡下，我想順道附加我的老師見田宗介先生的看法。見田先生喜歡社區和社會的概念，經常在他的著作中引用，但是為了讓這概念更清楚，他還利用了帕森斯的模式變項，以及那些源於馬克思主義、黑格爾、沙特的概念。見田先生重視的是模式變項中的第五組「擴散性／特定性」，他還以自己的方式重新編排出四種社會類型，雖然有點離題，但因為有其意義，所以我在此當作註腳介紹。

在見田先生的想法中，借用馬克思主義者以前常使用的詞彙，分辨社區和社會最重要的面向就是人格的（persönlich）及物象的（sachlich）。人格的就和擴散性是一樣的意思，也就是和那人的人格所有部分都有關聯，而物象的意思則接近objective，和那人所擁有的客觀能力有關，因此和specific（特定性）幾乎同義。

4 譯註：亦有譯作禮俗社會／法理社會；共同體／社會等等。

更直覺地說，所謂的物象，就是那事物對自己來說有什麼用，當我們和物象有關聯時，像是我們買電腦的時候，會以什麼機種對自己的工作有幫助的觀點來選購。當對象是人類時也是一樣的，如果我們選擇時，是選對我的目的有幫助的人，這就是物象的關係。因為只和對方特定的能力有關，所以也可以說是特定性的關係。

相對於此，人格的關係則是和對方人格的全部都有關聯，當你喜歡某人時就是這樣，我們並不會只看對方是否對自己的目的有幫助，或只看到對方特定的面向，對方並不附屬於我的目的之下。

這種二元對立，是社區（擴散性＝人格的關係）和社會（特定性＝物象的關係）的基本軸線，在這個軸線上，見田先生又加了另一條其他的軸線。

剛才我舉了公司當作是社會的典型例子，要再舉另一例的話就是市場。在市場中，大家都為了自己的利益切磋較量，但眾人切磋較量、相互競爭的市場，與大家一起為了達成某目的的公司，在性質上有很大的不同，因此同樣是社會，卻需要一個將這兩者劃分開來的軸線。

這條軸線名為「在己的」和「為己的」，也就是成員是否自覺地用自己的自由意志選擇關係（為己的），或是捲入那關係與我方的意志無關（在己的）。用日語翻譯的話會變成很難懂的詞彙，用英文來說，在己的是in itself，所以是「那主體自然地」，為己則是for itself，非常簡單。這是從德國唯心論，特別是黑格爾來的概念。「為己的」就是與自身保持距離，將自己對象化並進行反省，「在己的」則沒有那樣抽離自己的機會。

因此將剛才的「人格的／物象的」軸線與「為己的／在己的」軸線組合在一起，就能引導出2×2共四種社會類型，這就是見田宗介先生流派的分類。

舉例而言，作為「為己的」且「物象的」的類型，就是大家都有自覺，懷有某種目的，一起做事的組織：公司。相對於此，市場則是每個人各憑本事競爭，所以是「在己的」且「物象的」。家庭也不是自己選擇的關係，而是從一開始就存在的命運共同體，所以是「人格的」且「在己的」。「為己的」且「人格的」則像是友情或愛情，雖然是人們有意識的選擇，但是卻和對方的能力等特定的部分無關，因此可以形成自由的共同體。

這是模式變項對於分類十分有幫助的例子。

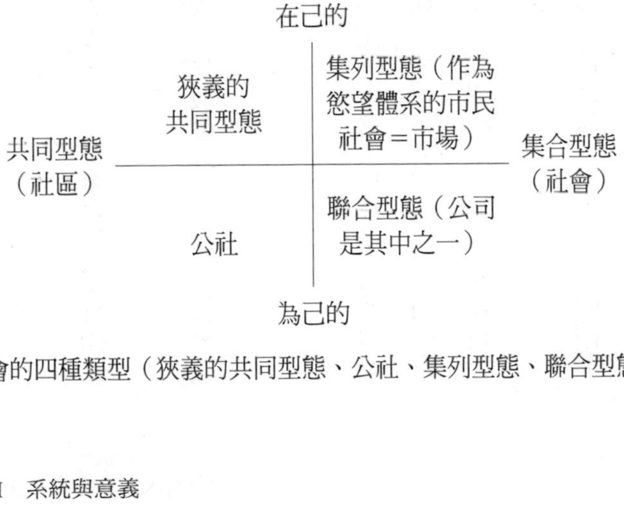

社會的四種類型（狹義的共同型態、公社、集列型態、聯合型態）

結構功能分析理論

回到帕森斯的社會學。

「結構功能分析」是什麼樣的理論呢？老實講，他的文章詰屈聱牙，十分難懂（儘管如此難懂卻仍有影響力，我認為非常厲害）。

因此，如果我們太仔細地追究帕森斯的書寫本身，會容易進入一片混亂之中，所以我會以結論的方式說明他究竟說了些什麼。

所謂「結構功能分析」的理論如下。

首先，有一個社會結構，在這個社會結構之下，實現了一個特定的社會，這件事我們用一個不太常使用的語言稱呼它，叫做「社會狀態」。具象來說，就如同公司，公司會有一個組織架構圖，這就是「社會結構」，公司會按照這個組織圖來配置員工，如果每個人都能勝任自己的角色，就會發揮公司的功能，這就是「社會狀態」（社會系統的狀態）。

如果使用「社會狀態」這個詞彙，那麼我們可以如此定義結構功能理論：透過下述的兩種分析狀況，說明（任意的）社會狀態之出現以及其變動（變化成其他社會狀態）的一種社會理論。所謂的兩種分析狀況，一是指相互關聯理論，二是指功能評價，尤其後者正是結構功能分析的核心，接下來我會依序講解。

所謂的社會狀態，抽象來說，就是一個狀態能夠以彼此有關聯的（有限的）要素＝變數的組合來表現。這樣說很抽象，但舉例而言，有一個名為出版社的組織，編輯部所做的事情、營業部門所做的事情、執行或人事部門所做的事情，彼此是相互連動的。因此，某要素＝變數的變化，會影響到其他要素＝變數的變化。營業部門的方針會影響到編輯部門，編輯部門也會反過來影響營業部門。分析這種要素（變數）之間的相互關係，就是相互關聯理論。但是我們在（經濟學的）一般均衡理論中也能看到這個理論，所以這並不是結構功能分析的特徵。

因此帕森斯在功能主義的面向，再加入名為功能評價的分析情境。所謂的功能評價可以解釋為，從相互關聯理論導出的社會狀態，其在達成功能條件的程度上，是正面評價還是負面評價。我們先前有稍微談過功能條件，簡單來說就是社會目的，無論什麼社會系統都擁有一種「目的」，也就是功能條件。社會上的成員可能會意識到那目的，但大部分的情況下，大家都沒有清楚意識到那目的。總之，社會系統擁有功能條件（目的），沒有滿足這個條件便無法維繫下去，而社會系統會評價社會狀態是否有滿足那功能條件。

如果一個社會狀態沒有達到能夠滿足功能條件的水準，會發生什麼事呢？換言之，如果社會系統判斷功能條件的達成率在合格標準以下的話會發生麼事？答案是社會結構就會改變，然後社會系統會再次判斷，在已變更的社會結構下所實現的社會狀態是否能夠滿足功能條件。因此功能條件的達成率會控制著社會結構。

例如，對出版社來說，賣書並且取得一定程度以上的收益是功能條件之一。此外，讓優秀的書得以出現在讀者眼前，啟蒙人們，將文化傳遞下去，這或許也是一個功能條件。這種時候，如果書賣不好，或是讀者認為出版社沒有出版值得閱讀的優秀作品的話，那麼功能條件就沒有被滿足。

如此一來，組織的結構也會發生變動，像是出版社會檢討營業部門的人員是否過多，或是將編輯部門更明確地分割成文學負責部、美術負責部、漫畫負責部，並給予每個部門自由裁量的權限等等。如此一來，或許就能夠達到滿足功能條件的水準。

前面所解釋的結構功能分析法，是模控學理論的一種。如果重整理論的條理，就會變成下面這樣。

我們已經介紹過結構功能分析理論，但仔細想想，許多社會學的說明實質上都是遵從這個理論的，尤其是遵從功能主義的理論。

好比說，請試著回想起這門課程已經介紹過的涂爾幹的《社會分工論》或《自殺論》，在這些書中，涂爾幹思考的是實質上社會的功能條件，也就是為社會帶來社會連帶。作為滿足功能條件的社會結構，以前曾是機械連帶，機械連帶是相同的一群人聚集在一起所打造的單純結構，相對於此，當社會規模變得愈來愈大時，社會結構就會採取有機連帶的形式，透過複雜的分工使社會結構得以成立。

在涂爾幹的社會學中，社會連帶成為一種功能條件，分工則作為社會結構有各式各樣的型態。並且，他將沒有滿足功能條件的社會狀態稱為「失序」，如果將此應用於帕森斯的公式之中的話，就能夠如此說明：

功能評價 → 功能條件

← （控制）

社會結構

← （相互關聯）

社會狀態

AGIL模式

事實上，如果這個理論只有社會結構和社會狀態的部分，那麼經濟學也是一樣的，如同市場的結構會決定一個均衡價格（社會狀態）。雖然有一套方程式能夠決定均衡價格，但這套方程式正對應於社會結構。

但重點是，在結構功能分析的情況中，除了加入前述的理論，功能條件還緊跟在後。換句話說，結果（均衡價格）會被功能條件所評價（功能評價），因此社會結構會被「控制」。而且，社會結構中的各種「相互關聯」會決定社會狀態，這是結構功能分析理論的內容。

在此處重要的是功能條件，如果是這樣的話，我們應該要問的是，功能條件有什麼內容？

根據帕森斯所言，無論什麼樣的社會都有四種功能條件，至於為什麼是這四種，他卻附上極為複雜麻煩的理由，因為太過複雜顯得沒什麼說服力，所以此處我只說結論。

功能條件有四種，習慣上我們只取每項英文的開頭字母，所以就變成AGIL，叫做AGIL模式。

一是Adaptation（適應），也就是適應外在環境，二是Goal Attainment（目標達成），三是Integration（整合），最後是Latent pattern maintenance and tension management（潛在的維繫模式與緊張管理）。

我來進行說明。

Adaptation對社會系統來說特別是指物質的環境，請記得這件事情。在這個功能條件下，有著特別重要責任的典型就是經濟系統。

Goal Attainment狹義上來說就是目的，主要指的是政治系統。例如，當我們說出「為了日本的國家利益」的時候，講的像是國家有某個目的一樣，就是指這種目的。

Integration指的是良好的關係，社會整合成一體。負責此項目的系統，帕森斯稱為整合系統或是社會共同體。

Latent pattern maintenance and tension managementn雖然難懂，但卻能靠著直覺解釋。假設今天是我們久違的見面日，在要開始聊天的時候，我們大抵上都會依循「往常模式」運作，我不用擔心「這傢伙可能會突然毆打我」，此時我們就是受到Latent pattern（潛在的模式）所保護，幾乎不用感到緊張，因為大家享有基本的價值，雙方基本上都依循著期待在行動，而負責此項功能條件的是文化或是「建立動機的系統」。

帕森斯創立這個AGIL模式並將其細緻化，但且讓我們就此打住，不再深入探討。

社會進化的理論

到這裡為止，是屬於中期帕森斯的思想。帕森斯於一九七九年過世，但我認為在六〇年代後半以後，就屬於晚期的帕森斯。帕森斯一直到一九六〇年代為止都還是極有影響力的學者，但是晚年的著作卻沒那麼有影響力了，所以我這裡只會非常簡單地整理和介紹。

晚期帕森斯的代表作有《社會：進化觀與比較觀》（*Societies: Evolutionary and Comparative Perspectives*，一九六六年）、《現代社會的系統》（*The System of Modern Societies*，一九七一年），透過這些作品，我們可以看到帕森斯想要做的事情。簡要來說，他想要建立一個到現代社會為止的全體社會進化理論，大致上，就是追溯「原始社會→中間社會→現代社會」的進化流程。

原始社會是文明以前的社會、國家以前的社會，典型如無文字社會。中間社會指的是非原始社會，但也非現代社會，典型像是前現代的帝國，中間社會也有兩種，中間社會1就是古埃及那種「古代社會」，只要想成是在與現代接軌前就已滅亡的帝國就好，中間社會2也有人稱為「進步的中間社會」，像是中華帝國或伊斯蘭帝國，也就是和現代社會接壤，用接壤的形式存續下去的帝國。

中間社會和現代社會之間，還有一個「苗床社會」，主要來說，現代社會是在西方誕生的，而這指的是成為現代社會苗床的社會，像是希伯來精神、希臘精神，苗床社會指的就是以色列和古希臘。最後來到的則是現代社會。

1-5 功能主義批判

政治的批判

重複確認一次，帕森斯最大的科學功勞，就是將「結構功能分析」模式化。這是原本我們說明社會時，直覺上就會採用的模式，但他明確清晰地將其作為科學提取出來。無論如何，帕森斯於二十世紀中葉時，在社會學的世界有壓倒性的影響力。

但與其說大家都舉雙手贊成他，倒不如說他明明很有影響力，可是對他的批判卻也多到不輸給他的影響力。我在此稍微解釋一下其他學者對他的批評。

對帕森斯理論的批評，有一半以上都不是在這個課程中需要特別提出來的問題。也就是說，大部分對他的批評，都不是科學上的質疑，也不是理論內在的問題，而是政治上的批判。在他具有影響力的一九六〇年代，美國正有民權運動，也是學生運動愈來愈強盛的時期，在這個時期裡，如果提倡像帕森斯的理論，聽起來的確就像是在擁護體制。因為帕森斯的討論形式就是「系統為了維持下去，什麼樣的結構是好的」，但這個時代的氛圍是不要維持什麼系統之類東西的比較好，所以在自由主義者眼裡看來，帕森斯就是難以被原諒的反動份子。社會學這門科學，確實有和政治認同相關的面向存在，所以大家對帕森斯有許多這類的政治批判。

事實上，在我年輕的時候，大家雖然讀帕森斯，但是另一方面，在崇尚自由、基進的人們當中，也產生「如果對帕森斯照單全收，那就完蛋了」的氛圍，用「喜歡帕森斯還是討厭帕森斯」這種彷彿思想檢查的手段，也能了解一位社會學家的偏好。但這些主要是政治上對帕森斯的批評，所以在科學上沒有太大的意義。

複數功能條件的總和

那麼結構功能分析在理論上有什麼問題呢？在我的想法裡，有兩個問題。

事實上日本當時的年輕社會學者們，對於其中一個問題也有研究，具體成果就是橋爪大三郎和其友人志田基與師、恒松直幸等三位所做的優秀研究。這三人合著的論文，相繼發表於一九八〇年代前半日本社會學會的學會刊物上，但沒有出版成為書籍，到現在我都還是覺得非常可惜。因為這些論文即使放到國際上也是非常有意義的，批判十分尖銳。我來介紹論文內容。

橋爪等人認為問題如下。在帕森斯理論中，先有功能條件，才有社會結構，但仔細思考的話，一個社會或一個團體，並不是只有一個功能條件，一般來說，應該思考成一個社會有許多功能條件，像是剛才所介紹的那樣，帕森斯自己也認為有四種功能條件（AGIL）是重要的，但不論是否是這四種，對社會系統來說，必須滿足許多功能條件。舉例而言，即使是一間公司，也並不是提高利潤就好，也有許多其他功能，像是必須讓員工從工作中感受到生命價值等等，就連那些高舉著非常清楚的目的的系統，包含沒有被意識到的事物在內，都存在著許多功能條件。

那麼，當前提存在著複數的功能條件時，這個理論會變得怎樣呢？以結論來說，當我們認為存在著許多功能條件的這瞬間，這個結構功能分析的模型就變得無法成立了，這就是橋爪、志田和恒松這三位學者所提出的批評。如果假設功能條件不只一個，那麼就必須「總計」複數功能條件的評價，但此處就產生了根本上的困難，雖然這可以用嚴謹的數學來證明，不過我們省略數學的部分，僅解說要點。

我們以發行現代新書系列的講談社這個社會系統為例吧。對講談社來說，存在著幾個功能條件（目的）。首先，作為資本主義底下的企業，講談社需提高利潤，另外還負有文化使命，為日本社會的言論世界帶來豐富性，還必須滿足員工們的幸福感。我們假設講談社有上述三、四種目的。

在這種情況下，如果先以帶來利潤的觀點來看，什麼樣的組織架構是好的呢？例如（僅是虛構的例子），因為現代新書系列無法賺錢，所以停刊比較好。但如果這個組織的重要使命，就是要對日本的言論有所貢獻，而現代新書系列能帶給日本的讀者良好的知識刺激，所以變成要將有才能的人分配到現代新書系列，讓他們工作時發揮最大效果比較好。又或者，因為要讓員工感到生命的價值，要讓他們能夠以較悠閒的心情生活，所以最好不要給他們過多的工作量。如此一來，透過不同的觀點，大家理想的社會狀態也會發生變化。

這和下述的狀況是相同的。從A的觀點來看，他有他認為理想的社會狀態，B也有B觀點的理想社會狀態，C也有C觀點的理想社會狀態，大家都是不同的。如果把A、B、C想成功能條件，那麼複數功能條件存在的狀況，就和這種意見分散的狀況是相同的。

如果意見分散，但假設A、B和C是平等的，此時該怎麼做才好？此時應該要合理的匯集大家的意見，即每個人的喜好。所謂合理的匯集，指的是民主式的總計。但是關於這個問題，卻適用肯尼斯・阿羅（Kenneth Joseph Arrow，一九二一—二〇一七）於一九六〇年代所證明出的「阿羅不可能定理」。所謂的阿羅不可能定理，直觀來說，指的就是民主制度的不可能定理。（當有三個以上的選項時，）一般來說，能夠滿足民主的條件，又能匯集複數意見（喜好）的方法是不存在的，這就是此定理的含義。「民主的條件」為何很重要，而且這些內容全部都能以數學來表現，但此處就省略詳細說明。

總而言之，這在社會選擇理論的領域中，是廣為人知的定理，若將這個定理直接適用於存在複數功能條件的情況中，會發生什麼事呢？那就是理性的——即民主的——總計複數功能條件評價的方法並不存在。如此一來，我們就無法從功能條件導出社會結構。以講談社的例子來說，因為有重視利潤的條件、對日本言論文化有貢獻的條件、員工幸福度的條件，每個條件的評價都不同，所以在決定公司組織時，必須合計不同條件的要求。但是，並不存在這種加總的方法。

因此，在有許多功能條件的情況下，結構功能分析無法成為一個解釋社會的理論。

至於阿羅不可能定理，因為我們省略了複雜的數學過程，所以大家可能無法馬上理解，我想稍微補充這部分。事實上阿羅定理的精髓相當於啟蒙思想家孔多塞於十八世紀時所說的東西，因為這部分很好理解，所以我會以孔多塞為基礎說明。

我們假設有「石頭、剪刀、布」三個選項。A說：「石頭最棒，因為石頭比剪刀強，剪刀又比布強，石頭＞剪刀＞布。」B則反駁說：「不，剪刀最強，剪刀＞布＞石頭。」C又有不同意見：「才不是，最強的是布，布＞石頭＞剪刀。」

因此大家用多數決來決定。首先，大家試著以多數決來決定石頭和剪刀誰比較強，結果是2（A和C）比1（B），石頭勝利。因為剪刀已經輸了，所以就先出局，再以多數決來決定石頭和布誰比較強，結果是2（B和C）比1（A），所以布贏了。因此以民主的方法合計三人的意見的話，是「布＞石頭＞剪刀」，和C的意見一樣。但這種結論，怎麼想都很奇怪吧，乍看之下，這就是透過民主投票的方式，卻明顯出現不民主的結論，阿羅不可能定理所說的道理就和這個相同。

說明社會變動的不可能性

不過，我認為橋爪他們的批判，用了過度嚴格的條件去檢視結構功能分析理論。功能條件有很多種，將全部條件都視為平等的就無法加總，但是社會系統的功能條件也有可能從一開始就決定了先後順序。例如，讓全體員工幸福地工作和提高收益兩相權衡之下，公司應該會以後者為優先，所以事實上功能條件在一開始就有排序，橋爪等人的討論則認為，全部的功能條件是平等的，我認為這對結構功能分析來說太過於嚴苛。

但即使假設功能條件只有一個，也就是當我們以最簡單的狀況來思考時，我認為這個理論仍有重大的缺陷。

作為一個社會理論，最低標準的使命，必須要能夠說明社會變動（社會結構的變化）。那麼我們能夠透過結構功能分析說明社會變動嗎？我們只要思考在個理論中，所謂的社會變動意味著什麼就好。在這個理論中，社會會發生變化，是當功能條件的內容發生改變的時候。如果功能條件一直是一樣的，就不會產生社會變動，唯有當規定著那社會系統身分的評價標準改變時，才會產生社會變動。

但是在結構功能分析中，完全看不到社會系統的功能條件是怎樣變化，或是怎樣被產生的，因此結構功能分析無法說明社會變動。無法說明社會變化這件事情，事實上，也就等於從一開始就無法回答霍布斯問題。結構功能分析理論，無法說明在無秩序中生成一個社會秩序的機制，也就是社會的誕生或變化。

用別的講法就是這個系統理論無法超越自我組織或自指的悖論，因為從一開始就不存在。這個理論，無法說明系統如何自律性地被組織化以及產生變化。對帕森斯後面的尼可拉斯．魯曼的理論來說，系統中被鑲嵌的自指形式，才是最重要的重點。

1-6 隱性的功能

中層理論

那麼，功能主義的理論完全沒有意義嗎？也不是如此。讓我們稍微改變觀點重新檢視，或者附加條件重新檢視的話，就能看出這個理論仍然有一定的價值。

在帕森斯社會學的篇章最後，我想要談的是在他弟子中最重要的一人，羅伯特．金．默頓。默頓跟著帕森斯學習，後來在紐約的哥倫比亞大學教書。我認為默頓透過獨特的思維，開拓並擴張了功能主義理論的可能性。

在社會學的考試中，一般都會考到默頓是提倡「中層理論」（theory of middle range）的人。「中層理論」是什麼呢？我們可以在討論時說帕森斯的理論是要說明全部的社會，但這胸襟未免太開闊了，而「中層理論」簡單來說，就是要求我們的說明要在可以實證的範圍內。原則（基本的前提、要求）是社會理論要透過社會調查，必須要在能夠檢證的範圍內。不過即使默頓沒有特別說明，幾乎所有人都是這樣做的，這是不太需要在意的理論。

默頓有位哥倫比亞大學的同事，一位名為保羅・F・拉查斯斐（Paul Felix Lazarsfeld，一九〇一－一九七六）的學者。拉查斯斐是以研究大眾傳播聞名的人，他在與埃利胡・卡茨（Elihu Katz）的共同研究中提出「兩級傳播理論」。雖然我對日本是否也一樣適用此理論有點疑問，不過大意如下。

大眾媒體所說的言論，是透過什麼路徑影響人們？假設某資訊或意見能透過大眾媒體發送，比方說「安倍經濟學很棒」，然而實際上卻不是所有聽到的人都認為非常棒。因為資訊溝通會先到意見領袖那裡，即大眾媒體發表的消息，會先被意見領袖過濾，然後再影響大眾。如果是我們尊敬的經濟學家說「安倍經濟學很有效果」，我們就會在意，並且認為「因為是那個人說的，所以可以信任」，如果那個人說「安倍經濟學完全不行」，那麼無論媒體多努力宣傳擁護安倍經濟學，都是沒有效的。

拉查斯斐透過仔細實證，研究出訊息溝通會透過兩級的階段傳播。事實上，美國（過去的）社區適用於這種解釋，每個社區的都有他們自己信賴的意見領袖，人們直接受那個人的影響。至於日本是否也是這種形式就有些疑問，只是現在網路上或許也有類似「兩級傳播理論」的現象存在。

我之所以會談論拉查斯斐，是因為默頓就是透過和拉查斯斐的交流，才想到「中層理論」的重要性，「兩級傳播理論」可以說是「中層理論」的其中之一。

《新教倫理》的功能主義解析

只是，此處我真正想要說明的不是像「中層理論」那樣平凡的理論。默頓對功能主義加上了更重要的內容，但是直接說明默頓的理論大家會不好理解，所以我會從另一條路徑來解釋。

之前我說過，涂爾幹在《社會分工論》或《自殺論》中提出的解釋，在直觀上已經有結構功能理論的形式。那馬克斯．韋伯的理論又是如何呢？好比說，馬克斯．韋伯的《新教倫理與資本主義精神》是否能用功能主義說明呢？讓我們試著思考這件事情。

新教的精神帶來資本主義的精神。如果是這樣的話，「資本主義的精神」就會變成是功能條件，而立基於新教倫理的世俗內禁慾才能滿足此功能條件，禁慾是滿足此功能條件非常適合的行為⋯⋯

硬要套用功能主義的話就會變成這樣的論述，但如果這樣簡化，韋伯理論中最重要且細緻的部分就脫落了；新教徒們遵從某種倫理，從事世俗內禁慾的行為時，他們並沒有想過這適用於資本主義；他們並不是想要在資本主義世界獲得成功，或是培養資本主義精神，才當個新教徒或信仰預選說的信徒而不做天主教徒。新教徒拼了命想要採取一個能夠在末日被救贖的生活方式，只是在與其意圖相反，或說在與其意圖毫無關聯的情況下，導致了資本主義的精神。

反過來說，如果新教徒真的是故意的話，事情就不會這麼順利了。即使對一個人說：「你給我成為新教徒吧！信仰預選說吧！因為這是對資本主義最有利的方式，這樣一來資本主義就會獲得勝利，大家能變得有錢。」他也絕對無法真的信仰預選說。因為「為了在資本主義中成為贏家，才相信預選說」的態度，等同於不相信預選說。

歸根結底，如果積極地想要導出「資本主義的精神」，想要誕生出資本主義，想要變得有錢，那麼世俗內禁慾本身就變得不可能，所以也無法帶來資本主義精神。資本主義精神是唯有非意圖將資本主義當作目標時，才能到達的狀態。

顯性功能／隱性功能

這個分析，讓我們發現了功能主義的某種可能性，或說功能主義的有趣之處。我想說的是什麼呢？剛才關於《新教倫理》的描述，可以連結到默頓所說的「隱性功能」（latent function）。

默頓在功能主義理論上附加了隱性功能與顯性功能（manifest function）的區別。一般說的「功能（條件）」指的是顯性功能，在默頓之前，大家並沒有注意到分別這兩者的重要性，只是含混地將它們視為一體，但是這兩種功能有本質上的區別。

若是應用在《新教倫理》的例子上，就變成新教徒的世俗內禁慾的顯性功能是「被上帝的視角評價為能上天堂的人」，相對的，世俗內禁慾的隱性功能是「資本主義的精神」。

所謂的顯性功能，指的是社會系統內部的人（這個例子中則是指新教徒）有意識到的功能，並自發性地以其為目標。相對的，隱性功能，只能作為顯性功能的副產品而產生，隱性功能無法變成積極的產物，它不是一個系統中的人們有意識地朝其邁進的目的。換句話說，我們不可能將隱性功能作為顯性功能帶到系統裡。

此處，為了讓大家能夠更理解我想說的話，我試著提出一個問題：為什麼這裡要特地使用

「功能」這個概念不可呢？為什麼我們不能只用因果關係進行說明呢？換言之，為什麼我們不能直截了當地說「非意圖的結果」呢？

因為獲得隱性功能的必要條件是，系統必須朝向實現顯性功能的方向前進，所以隱性功能和顯性功能是一組的，在說明社會系統時，無論如何都需要用到功能這個概念的理由就在此。

默頓也提出其他許多有趣的概念，其中之一像是「自我實現預言」。「自我實現預言」也是和隱性功能有關聯的特殊案例，所以讓我來解說這個概念。

所謂的自我實現預言，指的是因為曾經有過預言，所以後來不小心實現了的現象。如果沒有預言，可能就不會發生預言所說的事情。例如，一位知名的投資家，預言某間公司的股價會上漲，其他的一般投資人就做出對此預言的回應，大家紛紛買進那隻股票，實際上股價就上漲了，這就是自我實現預言。

自我實現預言，有時也會發生相反的結果，也就是曾經有過預言，卻反而發生了否定預言的事情，這現象也包含在廣義的自我實現預言裡面。一九七〇年，大阪萬國博覽會舉辦時，大家都猜測入場人數的高峰在會在八月上旬，因此許多人避開八月上旬，選擇在八月下旬去參觀萬博，結果八月下旬反而變成是人潮最多的時候，竟然還有人花上一整天也無法從會場離開。和自我實現預言一樣的機制在相反的狀況下出現。

我們可以用隱性功能的概念說明這些現象。所謂的隱性功能就是「人以G為目標時，這情境卻造成了X的結果」的現象。當然，X就會變成是隱性功能。

假設此處碰巧發生了G＝X的情況，那就是預言的自我實現。因此當預言自我實現的時候，人們的心情就會變成「沒料到預言竟然中了」，因為G是被預言的事物，所以人們會以G為目標，而G恰好與作為非意圖結果的X相同，所以人們認為G（比想像更誇張地）被實現了。自我實現預言的反面版本就是，名為G的預言，會誘發否定G的行為，X在這個情況下，就與「G之否定」吻合。

對社會系統的成立而言，隱性功能是本質上的現象，而功能主義理論的價值，就是能讓我們洞察到這些現象。

2 「意義」社會學

2-1 「意義」社會學及其前史

「意義」社會學

結構功能主義和帕森斯的討論就到這裡結束。

一直到一九七〇年代前半為止，帕森斯的理論在社會學的世界中擁有超群的影響力，在日本的社會學界也是如此，結構功能主義在社會學中顯然是位於優勢地位的典範。

在科學史中，當一個典範完全支配一個科學，甚至變成是那領域中所有學者研究的前提時，我們會說那典範已變成常態科學。所以有段時期，大家也認為結構功能理論是不是變成常態科學了？但事實上並沒有這樣，即使是在這個理論最活躍的時候，也仍有好幾個別的理論潮流，持續挑戰著結構功能理論。

馬克思主義理論就是其他潮流之一，但這是從以前就有的流派，在二十世紀前半，馬克思主義還和佛洛伊德的精神分析匯流，形成一股有力量的潮流「法蘭克福學派」，但我們已經談過基本的馬克思和佛洛伊德，故在此不論。

還有另一個重要的潮流對抗著結構功能主義，這潮流和結構功能主義一樣，以美國為主要的活動中心，而且這個潮流也和「功能理論」一樣，並非大家有自覺地提倡著一個理論。乍看之下，是許多不同的人在分別討論各種事物，但是仔細觀察的話，卻會發現這些研究都有很相似的外表，所以在事實上雖然沒有單一的中心，但明顯地，這些研究彼此都有鬆散的影響關係，雖然不能說這是一條非常粗的繩索，但就像是將大量細絲綑綁在一起，也就變得能與一條繩索較量。這股潮流，從一九六〇年代後半開始慢慢地出現。

在七〇年代後半到八〇年代左右時，這股潮流對社會學群體，還有外部的社會科學各領域發揮了不容忽視的影響力。不過，它們所擁有的「相似的外表」是指什麼呢？換句話說，形成這個潮流的社會學家，有什麼明顯的共通性呢？那就是，他們都將「意義」這個概念置於核心。每個人對於和自己有關的對象，都會不禁想找到「意義」，這個潮流非常看重這個事實。簡要而言，這個潮流重視的是每個人類主體的詮釋行為——時常以語言或符號為媒介形成的詮釋行為。「意義」是英文的meaning，也是sense，但兩者都可以統括作為「意義」。

這個潮流並沒有什麼可以作為「學派」的特殊自稱，所以此處我們稱為「意義社會學」[1]，也偶爾有人稱呼為「意義學派」，無論如何，這些都不是自稱。

讓我們來把「意義」這個概念說得更清楚一些。這個概念有許多含義，不同討論者的使用方式也多少有些差異，但籠統來說，當人類與某對象有牽連時，會把那對象「視為——」，而這個「——」的部分，就是那對象對那個人的「意義」。

「意義社會學」並沒有像帕森斯之於功能主義那樣，有個決定性的中心，倘若硬是要舉出一個代表人物，硬是要舉出一位這個學派的明星，那就是現象社會學的阿爾弗雷德・舒茨（Alfred Schütz，一八九九—一九五九）。他是奧地利人，但他也因為猶太人的身分流亡美國。

講到這裡我想大家就會發現，在帕森斯的社會學先成為主流後，從一九六〇年代左右開始，意義社會學才慢慢出現力量，直到八〇年代左右才比較具有優勢。只是，其代表人物舒茨，這位值得大家矚目的人，事實上和帕森斯幾乎同世代。嚴格來說，帕森斯生於一九〇二年，舒茨生於一八九九年，舒茨的年紀還稍微大些。但是舒茨的著作被廣為閱讀，是在他死後的事，換言之，即使他曾是這個學派的「巨星」，他也是在一九五九年過世後才變成明星的。

舒茨的主要著作——雖然這麼說，也是他生前唯一的著作《社會世界的意義建構》（*Der sinnhafte Aufbau der sozialen Welt*），是一本韋伯論。這本書寫於一九三二年，但是舒茨的作品被翻成英文，在美國學者間廣傳已是一九六〇年代以後的事了。

米德的「自我」理論

但是舒茨並不是突然憑空出來的，在舒茨之前的前史，也就是在舒茨準備登場的這段期間，美國社會學界發生了好幾件事，我會先說明這些事情。

在這個準備期間，建構意義社會學的學者中，最重要的人是喬治·賀伯特·米德（George Herbert Mead，一八六三—一九三一）。

米德比舒茨還要早開始進行意義社會學的前哨戰，也是米德將自己為意義社會學準備的知識教授給美國的年輕社會學者。米德於哈佛大學畢業後，留學德國，回國後於芝加哥大學的哲學系執教。我們能從這樣的經歷推測，米德和芝加哥學派的社會學者們有所交流。

1 譯註：同前面所言，這也就是臺灣說的微觀社會學，內容包含現象社會學、解釋社會學等等，主要研究題目是互動行為、個體行為。

米德十分受到尊敬，但是他生前沒有出版任何一本書籍。在他過世後，他的課程講義才被人整理起來，並且相繼問世。其中以社會學觀點來看最重要的是《心靈、自我與社會》（*Mind, Self, and Society*，一九三四年）。

米德的許多概念出現在這本書中，這些概念到如今已成為社會學的共同遺產，例如米德認為自我有兩種。米德將「I」和「me」作為專門用語來使用，勉強要翻譯的話，就是「主我」和「客我」，但大家講翻譯後的詞，應該會完全不知道在說什麼。「I」和「me」是連國中生都知道的單字，所以我認為用原來的單字就好了。

我來說明I和me各自的意思。首先me是作為客體的自我，是我的客觀面向，是從自身以外，他者的觀點來看的我。因此作為所謂的me，就是在他者的期待——規範的期待中——表現出自我應該要有的樣子。

相對於此，I則比較曖昧，米德看似也沒辦法好好說明。總之，I就是自我的主體面向，但是若想要積極地定義I的話會有些困難，結果只能說無法歸納成me的自我剩餘部分都是I。

我會用me應對各式各樣的社會情境，比方說，我在某個場合中，會被大家期待我是一位提供社會學知識文章或社會學觀察言論的學者，但是在家庭或家族的情境下，我會是丈夫、父親或兒子，他人期待我扮演符合我的位置的角色，在我和同學會夥伴的關係中，我又可能是一位幹部，「社會學者」、「丈夫」、「幹部」等等，這些都是me，規定了我某個面向，但我也認為，這些不能代表全部的我。我雖然是這全部，但這些並不是全部的我，這種非全部的「殘餘」就是I。

在米德論述的概念中，最有趣的理論是他提出「概括化他人」（generalized other）的概念，這概念與一個問題有關，那就是me（客我）是如何形成的。比方說，假設我是一位編輯，在某出版社中做出版學術書的工作。這個「編輯」就是me，me也伴隨著規範上的期待，像是「應該這麼做」、「這樣做比較理想」的期待，編輯要發掘有才華的寫手，每年做出幾本飽含學術價值的書，滿足人們對知識的好奇心，提供讀者閱讀的喜悅，等等。那麼，這些期待是屬於誰的呢？是誰用如此期待的目光望向我呢？可能是公司的某某上司，或一起工作的某某作者，或某某讀者都懷抱著這類的期待，但是我無法說出是特定的誰有這樣的期待。最後，因為我們無法說這些懷有規範意涵，代表期待的人是哪位特定的具體他者，所以代表期待的人就被稱為「概括化他人」。

以抽象、概念化的定義來說，所謂概括化他人，是指對me有一個規範上的期待，而且這期待歸屬於某處，此時的「某處」就是概括化他人，換言之，要看me是相對於誰，此時的「誰」就是概括化他人。因為me與概括化他人的視角有關，me作為這視角底下被觀看的對象，也被指定了自我規範的角色任務。

米德在課堂上教授這理論，是在二十世紀的轉換期，也就是剛踏入二十世紀的時候，佛洛伊德創造精神分析這門知識時也是在相同時期。佛洛伊德也有類似的概念，像「自我」、「超我」或「自我理想」等等，我們在米德和佛洛伊德身上能感覺到同時代性，不過，比起佛洛伊德，米德的概念要單純多了。

符號互動論

總之，米德在芝加哥大學任教，對當時的年輕社會學者們帶來非常深遠的影響，這就是意義社會學的前史。還有一位熟悉芝加哥大學的重要學者，那就是被視為米德的後繼者赫伯特．喬治．布魯默（Herbert George Blumer，一九〇〇—一九八七），他也是和芝加哥大學有關的人物，他在芝加哥大學取得學位，並於芝加哥大學任教。

布魯默明確地賦予學派一個名稱，也就是他提倡的「符號互動論」（Symbolic interactionism），他認為互動是透過符號（語言）解釋意義的過程。

根據布魯默所述，要採取這個立場有三個前提，第一，人不是對活生生的事物有反應，而是基於要賦予那事物意義而行動。第二，意義於社會互動中產出。第三，意義透過人類解釋後，會作為一個真正的意義被實現。

在布魯默之後，相繼出現有意識地在立場上承繼他、並標榜「符號互動論」的社會學家，像是美籍日裔的澀谷保（Tamotsu Shibutani）、拉爾夫・特納（Ralph H. Turner）、休伊・鄧肯（Hugh D. Duncan）等等，他們主要活躍於一九六〇年代（以後）。

2-2 舒茨與現象社會學

身為銀行員的社會學者

如同前述所說，美國原本就存在一股社會學的潮流，其重視意義、語言和符號，還有人類的解釋活動。不過這仍只是涓涓細流。阿爾弗雷德・舒茨從奧地利逃到這樣的美國來，在他過世後，他的著作才重新被人們發現，透過重新發現舒茨，意義社會學才明顯地變成一股狂潮。而此章，我會說明關於舒茨的社會學。

舒茨於一八九九年出生在奧地利的維也納，他是猶太裔。來到美國前，他已經在從事社會學的研究，但是這個人作為學者與其他學者相當不一樣。之前我們已經談過十九世紀的歐洲學者，在十九世紀，大學還沒有名為「社會學」的課程，即使是在二十世紀初，也只有涂爾幹一人是真正地在大學裡成為社會學的教授，至於韋伯則是好不容易成為社會學教授，卻又很快因為精神疾病而辭職。舒茨在這些人裡面，最特別的不僅是他是一位民間學者，他還是一位「假日學者」，他有其他的正職工作。舒茨一邊在金融機構工作，一邊過著學究生活。

舒茨於一九三九年逃亡至美國，但即使他逃到美國，他也並不是從事學者的工作，而是繼續當他的銀行員。雖然他獲得在New School for Social Research[2]（一所在紐約的大學）任教的機會，但他一直是兼任教師，所以他無法辭去銀行的工作。當他可以辭去金融機構的工作，已是他五十七歲任職教授的時候了，但他在大學裡維持穩定職位的時間很短暫，因為三年後他就去世了。

雖然舒茨在大學裡擁有正職的時間很短暫，但舒茨在學術上很優秀，還創立了「現象社會學」（phenomenological sociology）。現象學當然是指胡塞爾的哲學，所以舒茨在學術上的功績，就是將胡塞爾的現象學導入社會學之中。在歐洲的時候，舒茨曾和胡塞爾有過直接的交流，當他抵達美國時，還沒有什麼人引介胡塞爾的現象學進入美國。

我們很快就會在後面介紹到舒茨的主要著作《社會世界的意義建構》，這是他在奧地利寫成的書。他主要的收入來源是身為銀行職員的薪水，但他也出版書籍。不過直到過世，這本書都沒有英文翻譯，就像先前所說的那樣，這本書要在他過世後才有英文譯本，並在美國社會學者之間廣為流傳，帶來巨大的影響。

剛才我說過，舒茨把胡塞爾的現象學帶到社會學裡面來，創立了名為現象社會學的領域，雖然這樣說沒錯，但更嚴格的說，舒茨並不是第一個以整合現象學和社會學為目標的學者。在歐洲，比舒茨還要早以前，就有學者想要將胡塞爾導入社會學中，像是立特（Theodor Litt）、費爾康特（Alfred Vierkandt）、蓋格（Theodor Julius Geiger）等學者，他們活躍於一九一〇至一九二〇年代，但他們的理論或學說並沒有成為主流，現在也幾乎沒有人讀他們的書了（題外話，一九八〇年代初期，那時我正在準備東京大學社會學研究所的考試，當我在看研究所的考古題，也就是我正在看六〇、七〇年代的考題時，時常會看到題目要求說明立特等人的概念）。因此以結果來說，真正成功將胡塞爾的理論導入社會學的只有舒茨，我想這樣說是沒有問題的。

透過舒茨——而且還是在他死後——現象學被大家認可是能夠應用在社會學中的一種理論。現象學的可能性被擴張，勢力超出胡塞爾料想得到的範圍。但我們也要留意的是，在舒茨以前，意義社會學已經在美國萌芽了，這個事實也必然幫助了美國學者去理解現象學。

2 譯註：原文為英文。即社會研究新學院，現名為新學院。

社會世界的意義建構

接下來我要介紹的內容，便是舒茨生前出版的唯一一本書《社會世界的意義建構》，因為這本巨著已經變成了現象社會學的宣言。

讓我們再重新確認一次。這本書主要在一九六〇年代才被大家所閱讀，但此書寫成於一九三二年，我希望大家能夠注意這個年代，因為塔爾科特・帕森斯出版《社會行動的結構》這本書時是在一九三〇年代的後半，也就是說，這兩本書幾乎寫於同個時期。但舒茨是在很久以後才被人們所閱讀，於學術史中銘印下清晰的足跡。

《社會世界的意義建構》在廣義上是一本韋伯論。帕森斯的《社會行動的結構》也是由解讀四位學者的理論所組成的書，其中最重要的人物就是馬克斯・韋伯。二十世紀中期，社會學的兩大人物，重視社會系統「功能」的帕森斯，以及重視「意義」之於人類問題的舒茨，幾乎是在同時期，將韋伯放置於原點，重新建構社會學。

那麼《社會世界的意義建構》寫了些什麼呢？我僅介紹其中的重點。

舒茨以哲學的方式思考。「社會學的對象是什麼？」韋伯說是「社會行動」，然而社會行動，特別是這個「行動」指的又是什麼？馬克斯・韋伯認為，行動的重點是「（透過每個人類）賦予主觀意義」，但是關於「行動」的定義，韋伯所加入的「賦予主觀意義」的部分，語意相當模糊，而《社會世界的意義建構》就是深入探討這個概念，並加以精緻化，此時舒茨援引了胡塞爾的「現象學」，以及柏格森（Henri Bergson）的「生命哲學」。

這本書的整體結構非常嚴謹，先有四個提問，然後每一章節各自回答一個問題。

第一個問題是，「所謂『行動者賦予自己的行動意義』，這是什麼意思？」關於這個問題舒茨的回答如下。首先，大致來看體驗可以分成兩種，一種體驗在無意義之中、在忘我中進行，柏格森稱此為「內在綿延」，這種內在綿延的現象，是體驗的第一種類型。

另一種體驗是採取「已流逝的體驗」的形式，這種體驗在反省的重新觀察中顯現。換言之，「已流逝的體驗」的形式是「把握過去」與「重生」。比方說，我並沒有特別意識到我現在這樣說話的事實，我是拼命地、專心地在說話（內在綿延），但是偶爾我會回神，並且想說：「我現在在做什麼呢？喔，原來我在上社會學史的課啊。」這就是透過把握過去，讓「已流逝的體驗」重生，停下來一秒鐘，用完成式在心裡描繪出「過去正在做——」。

所謂「賦予主觀意義」，此時的「意義」在內在綿延中還尚未發生，現在真正在做的行動是什麼？為了什麼？要到把握過去和重生的階段，這些想法才會變得清晰，意即，在把握過去與重生中才發生「意義」。在行動真正形成的現在，那行動的「意義」尚未被我們意識到。換句話說，我們並不是在做出行動的當下，清楚地意識到自己正在做什麼。

如此一來，「意義」首先發生在面朝過去的意向性中，而朝向過去的意向性，也能活用（應用）於未來，並由此產生了把握未來以及未來完成式的思維。比方說，我們一邊朦朦朧朧地想著與未來有關的事情，然後一邊想著「在下週末前要寫完論文」，這就是將現在的視角投射在未來（下週末），然後我們從已經未來化的現在視角把握過去，即用未來完成式回顧過去時，就會變成「寫完論文」的狀態。「意義」也在此時發生，這次的「意義」是關於接下來要從事的行動（寫論文）。

從此處，舒茨延伸出行動的動機有兩個種類的說法。說明與未來有關的行動是「目的動機」（in-order-to motive），反之，說明與過去有關的現在行動，也就是說明到剛才為止做了某事，所以現在沒做某事的是「原因動機」（because motive），動機分成從未來到現在以及從過去到現在兩類。此兩種類型的動機不是韋伯提出來的，純粹是舒茨附加的論點。

這是關於第一題「賦予行動意義是怎麼回事」，舒茨的回答。

為什麼我知道他人的心靈

接下來是第二題。社會學這門科學的對象是「社會行動」，行動再連結至「賦予主觀意義」，此即行動的定義。我們一邊看著他人的行動，一邊認為他的行動中正好有「主觀的意義」，新教徒因為信仰「預選說」的關係，所以他們所作所為都與世俗內禁慾有關，我們會如此推測他人賦予的主觀意義。所以第二個題目就是：「對自我來說，如何賦予他人作為有意義的存在？」

一般來說，這是哲學上經常提出的他心認識問題，意即為什麼我會知道他人擁有主觀賦予的意義？這是傳統的哲學問題，「我為什麼會知道他人的心靈」，更原始的問題是：「為什麼我會知道眼前的這位，是具備和我同樣的心靈的他者呢？」我們有時也會誤解他人行動所連結的意義，而做出錯誤的推論，但無論如何，他人的行動中含有意義，這是理所當然的前提。為什麼我們能夠如此確信呢？舒茨在這個問題中陷入苦戰，或者倒不如說，作為舒茨基礎的胡塞爾，也在這個問題中陷入苦思。

雖然陷入苦思，但舒茨還是姑且給出了答案。現象學中有一個稱為「附現」（appräsentation）的現象，舒茨運用了這個概念。雖然這看起來是很難的詞彙，但請記得，這個概念很稀鬆平常，所謂的附現就是指眼前的某物時常伴隨著附加物 α。這是什麼意思呢？現象學重視「如顯現的那樣」，舉例而言，我的眼前有一個杯子，它清清楚楚地展現給我看的只有杯子的正面而已。但是，我的直覺告訴我，這個杯子有一個無法直接看見的背面，等於背面也間接地、附帶地展現在我眼前。

附現這個概念，最常出現的地方是說明「符號」理解的時候。好比說，當我們看見「木」這個字的時候，我們能立刻了解木的概念，當「意義之物（符號）」在眼前時，「被意義的物（概念）」就會附現。舒茨說，就和這個情況相同，他者的心靈、他者的意識體驗會附現在我們眼前。換言之，雖然直接出現的是「他者的身體」，但是相對的，「他者的意識體驗（意義）」也會附現。簡要來說，我們可以成立如下的類比關係：

符號／概念＝他者的身體／他者的意識體驗

他以一個很難的說法稱呼這個現象：「自然看法中他我的一般設定」。但簡單來說，就是用自然的觀點來看，他我看起來會是這個樣子。

坦白說，我認為這個說明很勉強，不，可以是說這說明是失敗的。我認為「符號」的意義，以及「他我」的意識體驗是以完全不同的機制顯現在眼前。更清楚地說，後者是遠比前者還要本質的現象。若要類推他我意識到什麼，的確和「符號」理解有稍微相似之處，但是他我（無論如何）擁有意識體驗這個事實，不會像符號的意義那般附現，因為這豈會是附帶的、二次的顯現，而根本是我們能直接地觀察到的事實。好比說，為了要讓「木」這個文字作為符號被看懂，我們需要學習；如果沒有學習，「木」只是線條被組合在一起的模樣而已，什麼也不會附現。但如果我們要知道他者和我擁有同樣的意識體驗，我們卻完全沒有必要透過這種學習。

以同心圓排列的世界

接著，第三個問題。因為他人擁有心靈（意義），所以我們能把握和理解他人的行動，像是他人信仰什麼、他人想要獲得什麼利益等等。也就是說，我們將他人行為類型化，然後進行理解，所以第三個問題就是：「自我要如何將他我的行動賦予主觀意義從而進行理解？」以書的份量來看，這題佔有最長的篇幅，但其實結論很簡單。

根據舒茨的想法，社會世界是由各種層級組成的。好比說，現在我和你一同存在在這裡，我們對於一起存在這件事情彼此有所自覺，我們互相面對面，暴露我們的身體，這種社會世界被稱為「直接經驗的世界」（Umwelt）。

相對的，今天有一群人在建築物外面舉行祭典，或是在更遠一點的國會議事堂中，國會議員們正在討論憲法。像這樣，有一個社會世界包含了那些同樣存在於現在的世界中，同時地活著，卻沒有一起存在於這裡的他者，這就叫做「同時代人的世界」（Mitwelt），另外有一個社會世界屬於過去世界的人，叫做「前人的世界」（Vorwelt），還有屬於接下來要出現的人們的社會世界，叫做「後人的世界」（Folgwelt）。以我為中心，從直接性最高的社會世界，到遙遠的間接世界，社會世界成同心圓形狀排列。這就是「直接經驗的世界／同時代人的世界／前人的世界／後人的世界」。

當我們在直接經驗的世界中一同存在時，無論是情境還是個體都無法被類型化。因為情境只有「當下之事」，無可替代的我以及無可替代的你（們）彼此對峙，我們將這關係理解成活著的現在，這稱為「我們關係」。一旦我們去到外面，才開始將他者或他者的行動類型化，也就是我們將之視為「他們關係（或你們關係）」，然後才開始將之間接化或類型化。像是「舉行祭典的鎮民」、「國會議員」等等，我們對他者行動意義的解釋，是立基於這種類型上形成的。

第四個問題則是很短的篇幅，問題為：「為了要適當地調查社會世界，社會學需要什麼樣的方法？」這章節談論的是從現象學的觀點來看，馬克斯・韋伯的理念型等概念有何意義。但我認為可以省略關於這個部分的詳細解說。

關涉性、多重實體

舒茨以韋伯「賦予主觀意義」的概念為出發點，延伸出來的思考就是《社會世界的意義建構》這本書，這是舒茨唯一一本整理出版的書。但有些由舒茨創造，名留學術史的概念，在這本書出版時卻還尚未登場，所以我想在此簡單地介紹這些概念。

由舒茨所提出，在現象社會學的論文中比較常被使用的概念之一是（因為沒有較好的日文翻譯，所以一直以來是使用音譯）「relevant」或是「relevance」的概念。硬要翻譯的話，大概能翻成「關涉性」。為回應自身時常產生的關注，我們會區分那份關注與什麼有關，或是與什麼無關，根據狀況不同，被視為有關聯的事物也會不同。好比說，在現在的情境中，被分類到「社會學」中的事物，就是有關涉性，如果有誰突然聊起這房間牆壁的顏色，就會被當作是沒有關涉性，進而被屏棄。關涉性是一個基準，給予人們關注的方向。

雖然在舒茨的時代還完全沒有AI，但從AI發達的今日觀點來看，我們需要重新認識這個概念，因為這個概念與AI發達後，人們才首次注意到的「框架問題」有關。所謂的框架問題，就是人類如何能夠臨機應變，選擇出有關涉性的主題，這對人工智慧來說是極其困難的——或者是說，至少時至今日，在已知的人工智慧的基本概念中，這仍是一個無法解決的問題。

另一個由舒茨提出的重要概念，就是「多重實體」（multiple realities）。為了對應於與某事物的關涉性，現實中也會形成好幾個意義領域，像是遊戲的世界、工作的世界、夢的世界，這些世界各自形成相對獨立的多元意義領域，這就是多重實體。

但是，在舒茨的想法中，所有的意義領域並不是對等的。有一個意義領域是其他所有意義領域的前提、其他意義領域的泉源，那就是日常生活世界，因此這世界被視為是「終極且至高無上的實體」。

新的知識社會學

從人們開始閱讀舒茨以後，現象社會學的理論立場變得擁有堅實的基礎。後來有兩位繼承舒茨的理論的學者，彼得・柏格（Peter Berger，一九二九—二〇一七），以及湯瑪斯・盧克曼（Thomas Luckmann，一九二七—二〇一六），他們兩位共同執筆的《日常世界的構成》——原書標題為The Social Construction of Reality（直譯為《社會實體的建構》）[3]——於一九六六年出版。這本書從現象社會學的立場出發，嘗試整合至今為止的各種社會學理論。

舒茨就好像是一邊往未知領域探索，一邊嘗試實驗，從錯誤中學習。相對地，柏格和盧克曼兩人的工作，則像是回顧已經開拓好的道路，提醒我們「將理論整理起來的話，不就是像這樣嗎」。雖然我們無法斷言說，整理好的書讀起來比較有趣，但確實變得比較好閱讀。我認為對於主修是社會學的學生來說，《社會實體的建構》非常適合作為入門讀物。

那麼，這是怎麼樣的一本書呢？社會學有一個名詞叫「知識社會學」（英文sociology of

knowledge，德語Wissenssoziologie），可以說這是第一本用獨特的方法重新定義這個詞語的書，我先來說明「知識社會學」這個詞本來的含義。我接下來要說明的這個詞語——在原本的意義上——特別常被大家使用，但事實上，近來這已不是什麼流行的用語。所謂的知識社會學，是指透過人與所處的社會情境的關係，說明人們的知識、思想或意識形態。卡爾・曼海姆是知名的主要提倡者。馬克思主義的意識形態理論，就是知識社會學的原型；意識形態理論就是將意識形態作為由階級位置制約的事物來說明之。

知識社會學觀察的是人在社會中的位置，與其人所擁有的意識形態之間的關係。當學者們不想說這理論近似於馬克思主義時，就會使用「知識社會學」一詞，這就是知識社會學本來的意思。但是柏格和盧克曼卻用完全不同的意義使用這個詞彙。

如果人類沒有詮釋並賦予意義的話，現實就無法成為現實，所謂的社會現實是以人類知識為媒介的建構物。柏格和盧克曼的「知識社會學」，就是立基於此種對現實的理解。在原本一般的知識社會學中，我們會當作「知識」來理解的主要是政治思想或政治意識形態，但是柏格

3 譯註：此即臺灣的翻譯，《社會實體的建構》（鄒理民譯、蕭新煌校訂，巨流圖書，一九九一）。《日常世界的構成》（日常世界の構成）則為日譯版書名。

和盧克曼的「知識」卻不是那樣高級且複雜的思想或意識形態，而是極為日常的常識性知識。人類以常識性知識為依據，建構出怎麼樣的現實？這兩位的「知識社會學」就是在觀察這件事情。這種知識社會學以現象社會學作為基礎，具有一脈相承關係。

這本書能夠當作了解社會學理論或社會學史的讀物，這是它最大的優點。書中出現許多學者的理論，柏格和盧克曼分別賦予這些理論不同的位置，換句話說，就是這兩人使用他們自己的構圖，將各式各樣的重要社會學家的理論黏貼在一起。

這是在說什麼呢？在他們的構圖中，一面是「主體」，另一面則是「（社會的）現實」，這兩者透過「外化externalization→客體化objectivation→內化internalization」的循環產生連結關係。

讓我用更容易理解的方式說明。所謂的外化，指的是我們利用主體在廣義上的「知識」——價值觀、意識或慾望等等——賦予現實意義，通過這個過程建構事物。換言之，現實是主體內在的事物外化後被建構的事物。所謂的客體化，指的是原本透過主體的知識為媒介誕生出來的現實，顯現成為獨立於主體之外而存在的事物。一旦現實被客體化後，就變成是主體必須要去適應那個現實，即是主體必須要將現實內化。而這個內化，一般就對應於我們所說的「社會化」的過程。更清楚明瞭地說，內化就是學習，將那東西成為我之物。

在這三個階段中，理論上最讓人感興趣的過程是客體化。根據柏格和盧克曼所言，人類和其他動物的差異是人類缺乏固有的環境——沒有一種環境被寫入我們的本能之中。因此，人類需要藉由被客體化的意義來建構秩序。在這個客體化的過程中，也包含了制度化的過程。透夠制度化，被客體化的現實才能夠安定下來。

在這個情境中，制度化指的是先變成普遍的習慣後，由後代繼承然後完成的事物。但是，制度作為一個整體的意義，卻零零散散、欠缺統合，而宗教正是為了填補這個缺陷，宗教賦予制度統一性和妥適性。因此柏格也好、盧克曼也好，都非常重視宗教所扮演的角色。

這個「外化／客體化／內化」的構圖成為韋伯、涂爾幹、馬克思等人的「總和」——或說是像大雜燴般的折衷圖式。例如，賦予現實意義的「外化」和韋伯的淵源最深，而客體化則能連結到涂爾幹「社會事實」的概念，至於這三個循環階段，整體又和馬克思的異化論或物化理論相似。

像這樣，柏格和盧克曼從現象社會學的立場出發，試圖整合社會學理論。

2-3 微觀社會學

常人方法論

以上是現象社會學的概要。在那些以「意義」概念為核心的社會學中，現象社會學則位於中心。但是，也有好幾個學派並不標榜現象學，或是獨立於現象學之外，卻也同樣重視「意義」的概念，我想在此介紹它們。

在這類的社會學中，其中最重要的是常人方法論（ethnomethodology），這是一個自創詞，名為哈羅德·加芬克爾（Harold Garfinkel，一九一七—二〇一一）的社會學家以這個名稱提倡新的社會學概念。加芬克爾是帕森斯的學生，但反而受舒茨影響較深，在社會學的思考上和帕森斯完全不同。因為他是帕森斯門下弟子，所以畢業於哈佛大學，但是他後來在西岸的UCLA任教（加州大學洛杉磯分校）。

常人方法論是什麼呢？加芬克爾於一九五〇年代開始使用這個詞彙，他於一九六七年出版了名為*Studies in Ethnomethodology*（常人方法學研究）的書，可以說因為這本書，「常人方法論」的概念才廣泛地為人所認識。「ethno」一般是民族的意思，在此近似於廣大的一般人或民眾，「method」是方法的意思，因此常人方法論指的是「普通人使用的方法」、「在社會世界中，人們在日常使用的方法」。

具體而言，就是觀察人們在溝通的時候會做什麼事情。加芬克爾視溝通為一般論述，而非抽象理論，他用極端個人且仔細的方式來描述溝通。因此常人方法論是立基於徹底微觀且細緻的觀察，研究社會秩序如何形構或維持。

他在*Studies in Ethnomethodology*中，介紹了一個這樣的實驗。老師會指示學生說：「你今天回家後，要表現得像個寄宿的人。」於是學生回到家後，突然行為舉止像個寄宿者，導致周圍的家族成員陷入「你怎麼了」的混亂之中。為什麼要做這種事情呢？加芬克爾認為，透過這種混亂，平常我們不會特別意識到的事情反而會浮現出來，也就是溝通是透過什麼方法維持家庭秩序。這種作法稱為「破壞性實驗」，故意做出違反他人期待的事情，藉此暴露出我們使用的無意識方法。

他第一次使用「常人方法論」這個詞語，是用來研究陪審員審議過程的時候。一般我們以為，陪審員有某種類型的理性，會以事前訂定的法律，透過普遍且妥當的推論規則來演繹情況，也就是他們會遵從事前就規範好的合理性。但是透過微觀嚴謹的觀察後，加芬克爾發現，陪審員會就當時的狀況反應，他們的結論經常與法律的合理性無關，他們會以當庭討論時的偶發事件或會議的氛圍做出決定。即使如此，陪審員們在結束後，仍自覺自己做出的結論完全是基於法律的合理性。他們也絕對不是在說謊。因此我們可以知道，審議過程的正當性，是人們以事後的角度重新回溯建構的。

會話分析

在加芬克爾之後，常人方法論被許多研究者所承繼，還開創了名為「會話分析」（conversation analysis）的領域，作為這個領域的社會學家，哈維・薩克斯（Harvey Sacks）、謝格洛夫（Emanuel Abraham Schegloff）等人最為知名。在日本社會學者中，也有許多人專門研究會話分析。如今，會話分析可以說是常人方法論中有最多成果的領域。

所謂的會話分析，是解釋會話本身中存在的一半有意識、一半無意識的規則。我們靠著這平常沒有太過意識到的規則，讓會話圓滑地進行下去，形成秩序。

大家可以思考談公事時候的狀況。我們並不是突然就進入正事，一開始我們會打招呼寒暄，說點和工作無關，但也不是完全八竿子打不著的話題，之後某個人會以微妙的方式，發出差不多要進入主題的訊號；最後要結束的時候，某個人又會以間接的措辭或語調，讓大家知道「差不多要結束了」。在這種時候，我們可以精確地挖掘出工作時約定成俗的規則。

最近，紀錄會話的視聽器材有飛躍般的進步，所以會話分析也變得更加嚴謹且精緻。那些無法化為語言的表情或動作，也是約定成俗規則中的項目。

作為會話分析初期的研究成果，最為人所知的是「對話輪替」（turn-taking system）。這是一個細緻的規則體系，說明發言的輪替或順序是如何被調整的。此外，「相鄰對」（adjacency pairs）也是會話分析的發現成果之一。所謂的相鄰對，是指比鄰的兩位說話者，在發言時會形成一個固定模式的現象，如「早安」、「啊，早安」，回答問題也是其中一種典型。

作為演技的互動——高夫曼

對細微處的執著，是常人方法論的特徵。不過有位學者，雖然思維和目標和常人方法論相似，但除了觀察細部外，他也將重點放在綜觀大局上，他就是厄文・高夫曼（Erving M. Goffman，一九二二—一九八二）。即使如此，高夫曼也是一位對人類之間的微觀互動有著敏銳觀察力的人，這也正是他最與眾不同的地方。高夫曼出生於加拿大，在芝加哥大學取得碩士及博士學位，於UCB（加州大學柏克萊分校）等校任教。他的第一本著作《日常生活中的自我表演》（*The presentation of self in everyday life*，一九五九年）最為有名。

在高夫曼的想法中，每個人都要演出擔任的「角色」，以維持秩序。像我現在擔任「講師」的角色，我透過講授課程演出我的角色，大家則扮演著「聽眾」的角色，現場的秩序才得以維持。

這些基本概念非常的普通，但我認為高夫曼的社會學中還包含了一個極為重要的洞見。像剛才所說，高夫曼認為，我們的互動是作為一種角色扮演而成立的，但在這個角色扮演中，「自我」和「角色」之間並非完全同化。換句話說，他特別重視「自我」和「角色」間有距離這件事，這就叫做「角色距離」（role distance）。

高夫曼舉了幾個關於角色距離的例子。像是某年輕外科醫生接下來要進行一場辛苦的大手術，但此時這位外科醫生說了一個笑話，若考量到眼前急迫的情況，這舉止是相當不合宜的，他應該要認真專心在手術上面，為什麼他要說一個與眼前的手術無關的笑話呢？因為這位外科醫生想要讓別人看到自己還有餘裕，「這點手術沒問題的，這很簡單就能解決了」。他特意講笑話，做出這種不合時宜的行為，即為角色距離的一種，是從角色「輕蔑地脫離」的例子。所謂輕蔑地脫離，是為了宣示「我所扮演的角色不是我的全部」。

剛才我們說了年輕外科醫生在手術前講笑話的例子，但如果現在講笑話的是資深主任外科醫生的話，又是如何呢？乍看之下，這也是與他原本的角色不相符的不適當行為，所以也是角色距離的一種，但是這會產生別種效果。主任外科醫生講笑話，能帶給一起進行手術的夥伴們放鬆的氣氛，這是為了「安撫不安」所以才和自己扮演的角色保持距離。

像這樣，我們會從完全符合那角色的行為、做出某角色被期待做出的行為，變成敢於做出稍微脫離角色的行為，這就是角色距離。我們從角色中小小地脫離，否定角色的一部分，但這個舉動不僅沒有削弱角色扮演的功能，反而正因為有角色距離，本來的角色更能順利地發揮作用。高夫曼著眼於這一事實。

高夫曼還有提出其他的概念，像是「禮貌性忽視」（civil inattention），也就是「雖然注意到了，但裝作沒注意到」，這也是在我們的日常中很常發生的經驗吧。一般來說我們應該會注意到，也應該要注意到，但如果這時候彼此察覺到對方注意到這件事情的話，反而會變得很尷尬。因此會裝作沒看到、沒注意到。即使心裡知道，也要裝作不知道，這就是禮貌性忽視。我們硬是抑制了「誠實」，只為了讓溝通能夠順利地進行下去。

高夫曼敏感地看透了一個悖論，即是在角色扮演的世界中，透過些微的脫離或否定，角色扮演反而能更順利地演出，變得更被人們肯定。高夫曼的這個想法十分有趣，不過，高夫曼所指出的事情，普通的日常生活者也不是完全沒有自覺的，只是每個人都僅一知半解。高夫曼透過纖細的觀察，將人們多半已經知曉的事情清晰地挖掘出來，就成為他的理論。

盧梭與高夫曼的距離

如果要把高夫曼的著作放到社會學史的巨流之中的話，能和高夫曼對照來看的，就是這個課程一開始就介紹過的盧梭——我們應該將盧梭看作是社會學開始之前的社會學者。奧村隆曾將這兩人對比起來研究，所以我會一邊參考奧村隆的議論，一邊提醒大家重點在哪裡。

盧梭的世界與高夫曼的世界，是絕對的正反兩面，以標語來說的話，盧梭的理想是「透明的烏托邦」，高夫曼紀錄的現實則是「不透明的效果」。

盧梭憧憬的是完全透明的溝通，人們之間用「以心傳心」的方式溝通，若能完全心意相通，即便存在著很多人，也宛如一個單獨個體的狀態，如果這能夠實現的話，那就正是盧梭的理想世界。盧梭「全意志」的前提，就是我們至少能以理論來假設這種理想實現的可能性，然後全意志才會擁有意義。

相對於盧梭，高夫曼展示的是每個人都穿著他們角色扮演的衣服，乃至於，當每個人與那角色保持適當距離時，溝通就能作為常態事物而成立。但是從盧梭的觀點來看，每個人，無論是你或他，如果都在扮演非出於真心的角色，這狀態應該要被唾棄。盧梭應該會認為這是難以原諒的墮落。我說過盧梭討厭戲劇，但高夫曼卻主張，現實的社會世界就是由演戲所構成的。

事實上，嚴格來說，所謂的「角色距離」就是人類透過相對化自己扮演的角色，恢復無法歸納到角色裡的「真心」，這樣看起來，高夫曼的理論仍有些許部分對盧梭來說可以原諒。但是，我們必須採取與角色保持距離的形式，以角色為媒介，才得以顯現那個「真心」，這以盧梭的觀點來看，仍然難以給予高夫曼理論正面的評價。

所以盧梭的世界和高夫曼的世界，是完全相反的。但我想指出的是，無論將哪邊理論推演至極限，都會變成一種反烏托邦，無論我們是往盧梭的理想世界純化，還是相反的，往高夫曼的世界純化，都是如此。假設世界完全變成高夫曼式的世界，那麼就會如同盧梭說過的那樣，人心會被寂寞塞滿且殺氣騰騰。如果每個人都只能戴上名為角色的面具來往，那麼大家就無法分辨出什麼是真心的，什麼是虛偽的，這種時候人類還能相親相愛嗎？

那麼，如果走向純粹的盧梭式世界就會比較好嗎？這也是真正的地獄吧，因為每個人都是透明的，彼此都知道對方的想法，這是個秘密無法成立的世界。再沒有世界比這更恐怖的了。

事實上，如果我們將「角色」以及「與角色保持距離」從每個人身上完全奪走的話，世界會變得怎樣呢？高夫曼的《精神病院》（*Asylums*，一九六一年），就是紀錄了這種狀態。精神病院是肩負著犯罪、債務等情事的人的避難所，但同時也是病人、身心障礙者、窮人的收容所。高夫曼掛著體育指導助手的頭銜，在一所華盛頓D.C.的精神病院中，進行了一年的參與觀察後寫下此書。

在這本書中，高夫曼描述了「全控機構」的狀態，這是一種設施，在空間上長期地將一群人從社會的其他部分隔離開來，讓他們過著全面被管理的生活。在這樣的設施中，人的所有角色都被奪走。他們被排除在社會制度之外，因此我們也可以說，全控機構本身，才真正是一個完全的「去機構」。

標籤效應理論

作為「意義」社會學，還有另一個必須要介紹的理論，那就是標籤效應（labelling）理論。社會學家霍華德．貝克爾（Howard S. Becker，一九二八－）位於這理論的核心，他的主要著作是《局外人》（*Outsiders*，一九六三年）。

這本著作的標題已經暗示了我們，這個理論特別重視偏差行為，並將偏差行為主題化。一般來說，先是有偏差行為，然後人們才把它當作偏差來認識，這是人們理所當然的思考順序。但貝克爾卻說事實上是相反的，人們會先把某行為當作是偏差行為來認識，那行為才變成是偏差行為。換言之，是人們先貼上「偏差」的標籤（標籤效應），才誕生出「偏差者」本身。

所謂的偏差，一般來說就是違反法律。法律本身創造出偏差，以法律為根據，我們認識了偏差，不是因為有偏差行為我們才依據法律取締它，而是透過法律建構出偏差，這就是標籤效應理論想法的緣起。

進入一九八〇年之際，標籤效應理論與「社會問題的建構主義（constructionism）」是連結在一起討論的。一九七七年，基楚斯（John Kitsuse）以及馬爾科姆・斯佩克特（Malcolm Spector）則共同寫下了《社會問題的建構》（*Constructing Social Problems*）一書。

所謂「社會問題的建構主義」，指的是社會問題是由那個社會的成員所建構出來的。換言之，所謂的社會問題，是一群人對某社會狀態提出「這有問題」的異議或舉發行動的本身。比如說，假設在一個社會中只有女性沒有參政權或選舉權，但那個社會的成員沒一個人將此事當作一個問題來舉發，包含女性在內的當事者們都沒有提出異議的話，那麼在這個社會中就不存在歧視女性的問題。社會問題，只有在當事者們將它當作問題發現時，才真正誕生。

當事者們沒有將社會問題視為問題的時候，對當事者們而言，社會問題就不存在。我認為建構主義的主張幾乎就是同義反覆的真實。但是，我認為想要解決社會問題、想要實現一些正義、想要擁有能規範方向的理論，就不應該贊同建構主義。好比說，在一個社會中，只有男性有參政權，女性沒有參政權，兩性因為性別而有差別待遇，可是社會成員都視此為理所當然，而沒有任何人提出異議時，如同剛才所說的，建構主義會說「社會問題不存在」。不久後，假設部分的人，尤其是（部分的）女性，開始提出異議，也就來到建構主義認定社會問題存在的階段，如果變成這樣的話，不久後可能會實現一個男女雙方都能平等地擁有參政權的社會。

剛才描述的三個社會狀態中，客觀來看，歧視問題最嚴重的是第一個狀態，也就是男女雙方，都視差別待遇為理所當然的事而不會抱怨。當部分的當事人開始提出異議時，問題已經解決一半了。因此當建構主義捕捉到社會問題時，卻代表著社會問題最嚴重的時候，社會學卻什麼事也沒有做。

2-4 「意義」與「功能」

只是互相反駁而已？

那麼，讓我們進入第2章的總整理。

在這個篇章中，我們大致談了兩種社會學流派，也就是重視社會系統「功能」的社會學，以及認為人類要將現實建構為真正的現實時，會以「意義」為媒介的社會學。二十世紀中期，「功能」的社會學先出現，而「意義」社會學則稍晚些。二十世紀後半，兩者的勢力有稍微逆轉的傾向，較晚出發的「意義」社會學有著更為多元的發展。

我們要怎麼理解這兩種社會學之間的關係呢？「功能」和「意義」是什麼樣的關係呢？關於這點，我會在這章節的最後，討論我的看法。

如果要問學者們通常是如何捕捉這兩種社會學之間的關係，老實講，通常這兩者是被視為毫無關係的。人們認為，這兩者之間，沒有絲毫的啟發關係；這兩者間只有相互反駁的關係而已。各個流派面對對手時，都只會說些批評和壞話，無論是哪邊的陣營，都完全沒有要走向整合的意思。

這件事情，早在舒茨與帕森斯之間的往返書信中就已經能看出端倪。一九四〇年到四一年之間，兩個社會學流派各自的巨頭，曾經有書信往來，並成書出版。看起來，寫信的契機多半是因為舒茨談論起帕森斯的《社會行動的結構》。在這個階段中，舒茨還沒沒無聞，而且這兩位的書信內容意見分歧，完全沒有一致的部分。從帕森斯的角度來看，舒茨只是在談論自己一點都不關心的哲學問題。透過這些往來的信件，看得出來，帕森斯和舒茨相互確認了對方是住在別的世界。

這些書信，就像是內核為「功能」的社會學以及「意義」社會學之間相互排斥的預告。從「功能」社會學的立場來看，「意義」社會學就像是「對如此瑣碎的會話進行分析……只是個人興趣而已吧」，功能社會學希望意義社會學思考整體社會多一點。相對於此，從重視「意義」的立場來看，「人類如何生動地賦予社會世界意義，嚴謹地觀察這件事情難道不重要嗎？『功能』社會學完全沒有看到這個面向」。

但是，其實我反對這種通說的態度；我認為賦予這兩種社會學生產的關係，就會出現新的理解之路。要如何做才能將「功能」與「意義」收束到統一的理解之中呢？我僅在此提出可行辦法的基本架構及基本方針。

我們在談托馬斯和茲納涅茨基的《波蘭農民》時，曾提到過「托馬斯定理」，這是其中關鍵。你如果把情境認定為真實的，那個它們在結果上也會變成真實的。你如果把那東西認定為真實的，那麼它就會變成真實的。「意義」社會學——若我們回過頭來看——就是「托馬斯定理」的延伸。換言之，「意義」社會學是托馬斯定理在理論上的精緻化產物，或者是說，是托馬斯定理更嚴謹的社會學面向。

這裡需要留意的是，托馬斯定理中包含了（看起來像是）因果關係顛倒的現象。因為行動是對情境的反應，情境就是行動的原因，但，正是行動本身，才將這個情境形構成有意義之物。情境是在行動中被賦予意義的「定義」的產物，才作為有意義的事物呈現。所以情境這個行動的原因，變成是行動所蘊含的「定義」的產物。因此，行動的原因本身，反而變成了行動的結果。行動創造了自己的原因本身。是什麼樣的機制支撐了這種因果關係的逆轉呢？透過這個提問，我們可以看見整合這兩種社會學的道路。

「痛苦照料丈夫的妻子」的「美麗靈魂」

那麼，我們要怎麼思考才比較好呢？

如同剛才所說明的，「托馬斯定理」包含了一種理論上的錯亂和悖論，原因和結果產生循環，如果能將這個定理順利置換成頭尾一致的說明的話，我們就能得到「意義」和「功能」概念的連結。接下來我們會用這個理路進行思考。

為了得到頭緒，我們需要下點功夫，來看某個事例。這不是現實的具體事例，我是從社會學家朋友長谷正人年輕時所寫的書中得知這個事例的，我也在自己的論文中引用了好幾次。不過這是生活中經常會發生的例子，絕對不是什麼極為罕見的事例。

若用心理學或是心理諮商領域經常使用的語詞來表示的話，我想談的就是「共依存」（codependency）的現象之一。一位酒精成癮的丈夫，以及為此所苦的妻子。因為丈夫每晚喝酒，醉了就發酒瘋，妻子深受折磨，常常成為丈夫酒精成癮的犧牲者，所以妻子經常勸戒丈夫，後來夫妻兩人也因此一起去諮商。夫妻倆用在那裡學到的方法，一同為了戒酒而努力，不久後，丈夫慢慢復原了。結果會變得怎樣呢？這對夫妻會感到高興嗎？妻子一直深受丈夫的酒癮所苦，所以丈夫開始慢慢恢復，她應該會感到高興才對，豈料完全不是這樣。丈夫復原後，妻子反而變得愈來愈消沈。

我們可以透過這樣的例子得到如下的分析。有酒癮的丈夫依賴著妻子，理所當然，他需要妻子的幫助，但同時，妻子也依賴著丈夫——丈夫的酒癮。妻子心裡暗自希望——這件事情連她自己也沒有自覺——丈夫有酒癮。

讓我更仔細地重新說明。妻子當然希望丈夫能夠克服酒癮，所以她犧牲奉獻地想要幫忙。但是與此同時，在她內心深處，她也希望有個狀態是「我犧牲奉獻，拼命地照顧丈夫」，為了維持這個狀態，丈夫必須一直有酒癮才行。丈夫其實在無意識之間，知道妻子擁有這種無意識的慾望，因此丈夫也不小心回應了妻子（無意識）的期待，乃至於無法完全復原。

我們再來更詳細分析這個例子之所以能夠成立的原因。妻子與「為了照顧酒癮丈夫而受苦的妻子」的角色同化，但大家要注意，這個同化之所以可能，是因為此處產生雙重視角，這一點很重要。一方面，受苦的妻子明顯是負面的、令人討厭角色，妻子為了扮演這個角色，苦難和悲傷隨之而來。但是，另一方面，正因為妻子承擔了如此苦難的角色任務，所以妻子才能為「治好丈夫的酒癮」犧牲奉獻，這角色是正面的、令人喜愛的，這個角色帶有重要的使命，是一種英雄式的犧牲。講得更簡單一點，承擔這個角色的妻子是很棒的，是一位悲劇女英雄。

當這個妻子的角色作為討厭的負面形象呈現時，此時理解角色的視角是來自情境內部的視角。以情境的內部視角，也就是從妻子自身（援助者）、從丈夫（病人）的觀點來直接理解角色的話，妻子就是一個非常辛苦的負面角色。但是若將這個情境作為一個整體來觀看，也就是從情境的外部來看的話，妻子的角色是為了克服困難（丈夫的酒癮）而不可或缺的重要角色，看起來就是英雄般的角色。妻子從這兩個視角理解自己的角色，並賦予角色意義。

為了對應於雙重的視角，所以（妻子的）行動也會變成兩種，這一點就是此處的重點。當然，因為丈夫的酒癮，妻子承擔並實行了直接犧牲自己的行為，也就是扮演犧牲奉獻救濟丈夫的角色。但是不僅止如此，作為更進一步的前提，妻子定義了包含這角色在內的整體狀況，並且她的行為是假設某個情境是真實的。

後者的行為是個空虛的行為。這裡所謂的「空虛」，是指這個行為並沒有以具體的形式呈現。前者的行為是在實行角色任務，而且有個明確的形式彰顯行為，此時我們常會以「業已完成的事情」（情境已經被定義了）當作前提。也就是說，後者是（直接表現的、實行的）行為之前的行為。

但是這種空虛的行為是不可或缺的。這個行為定義了情境，在此之中，妻子的苦難作為正面的犧牲而被賦予了價值，正因為這樣，妻子勇於接受這個角色，並且實行它。情境成為被現實化行為的前提，此種定義情境的行為、行為以前的行為，以康德的哲學用語來說，可以用「先驗論」來表現。所謂的先驗論，就是指成為經驗前提的事物，成為讓經驗得以可能的條件。

在這個事例中的妻子，當她一邊感嘆一邊照顧丈夫時，雖然悲慘，但她已經將如同英雄般（為了自己的）角色內化，而且她將這個內化系統，定義及假設成自己照料丈夫的前提。有了這個定義後，這個情境對她來說，才首次轉換成為有意義的現實。托馬斯所謂「情境的定義」，事實上在這裡指的是先驗論的——也就是空虛的——行為。

角色距離的可能條件

讓我們把用這個事例研究出來的結論放在腦海裡，接下來我們要將這個理論普遍化。在此，請大家回想起高夫曼的理論。在高夫曼的概念中，最重要的是「角色距離」，雖然誰都能想到社會或溝通的秩序是一種角色扮演，但高夫曼指摘的敏銳之處在於，無論什麼角色都蘊含著角色距離。

為什麼角色距離會不可避免地產生呢？我認為這是源於行為的雙重化。如同剛才「照料酒癮丈夫的妻子」的例子一樣，在扮演照顧者這個角色的行為中，有著「業已完成的行為」——

空虛的行為——也就是定義此種形式情境的行為。也可以說，這種雙重性對應著視角的雙重性，而視角的雙重性來自於情境的內部觀點，以及從外部眺望情境的先驗論觀點。簡單來說，角色距離就是這兩種觀點間的距離。

讓我們按照先前的例子來說明。假設我就是那位「妻子」，當我一邊悲嘆一邊抱怨，埋頭照顧丈夫時，我並沒有產生角色距離，看起來我相當投入在我的角色之中。但是我又暗自地認為，悲傷的自己正飾演著英雄，我陶醉於身為悲劇英雄的自己。此時我和角色間產生了距離，也就是我能夠冷靜地凝視角色的距離。

更加延伸地說，我將某角色1相對化，並與1拉開距離後，我可以說自己在演別的角色2。即使是對於這個角色2，我也可以拉開距離，演出角色3。當然，對於角色3我也可以做同樣的事，所以無論追溯到哪裡，都無法抵達最終的角色。無論什麼階段的角色，前提都是無意識的行為，都是已經包含那角色在內並且定義了情境的更高層次的空虛行為。

無論如何，重要的是托馬斯定理：情境（透過空虛的行動）被定義，且因此變成現實。情境被選擇作為行為的前提，也因此成為現實。

喪禮和原罪

反過來說，沒有被選擇定義的事物，就無法成為現實。在此處我想起了黑格爾關於「喪禮」的描述，關於「人類為什麼要舉行喪禮」，黑格爾做出如下解釋。

即使人類不想管，終究難逃一死。但若只是自然的死亡、自然的崩解，對人類來說「已死」這件事不會成為現實。為了讓某人已經死了這件事情成為現實，必須將「死」這件事情，扮演得像是共同體選擇的結果一般。明明只是自然死亡，但是共同體卻要舉行儀式，演出「死」這件事宛若我們的選擇一般，這就是喪禮。此為黑格爾的解釋。

使用同樣的理論，可以說基督教所說的「原罪」觀念也有哲學上的根據。亞當和夏娃在伊甸園裡吃下蘋果……這種像是神話般的說明，並不合乎我們理性的標準。但是如果改成其他的方式思考呢？我們參考黑格爾的說法，如果只是身體自然崩解的話，「死」無法成為現實，同樣的道理也可以用來描述誕生。人類也是自然出生，而且人類有好些特性，甚至可能是大半的特性都是先天決定的。但是和死亡的狀況一樣，如果只是自然的出生，其人的特性就無法成為現實，換言之，自己也好、周遭的人也好，都不承認那是現實，那麼要如何才能成為現實呢？

我們要將自己出生、自己自然成為這樣的這件事情，當成是自己的選擇、自己的認定那般來承擔，這件事才會成為現實。這才是如同文字所說的那樣，是先驗的選擇。客觀來說，某人只是自然出生，然後變成那個性質，但是某人的行為舉止卻要是自己所選擇的那樣。當然，關於那個選擇我們應該是沒有具體的記憶，但是我們的行為舉止會像是我們已經完成那個選擇。

如此一來，人類將與生俱來的本性（＝自然）認定為是自己的選擇及定義的產物，以此接受它，並將它當作是前提，此時，人類才真正變成「人類」、才成為文化上的存在。如果是這樣的話，人類對於「已完成的選擇」，都必須負起各自的責任。人類對於自己出現在這個世界上，存在在這個世界上有其責任，這正是「原罪」的觀念。

「意義」和「功能」的互補性

我們已經繞了很大一圈，讓我們回到原本的課題。「功能」和「意義」要如何收束在統一的觀點中？功能主義的社會理論和「意義」社會學要如何才能整合？這是我們原本的課題。

前面我們一邊繞遠路，一邊確認了如下事情。行為人在現實中找出「意義」，與某「角色」同化時，行為人會先選擇賦予那「意義」和「角色」正面價值的體系或情境來作為前提。這種選擇，經常採取「業已完成」的形式，我們稱為「行為以前的行為」；其沒有具體的形式，是空虛的選擇行為，使用哲學詞彙來描述的話，就是先驗的行為。「意義」或「角色」被定位於體系或情境的內部，而「意義」或「角色」卻又以一種先驗論般的選擇作為前提，來定義體系或情境。

我們再使用一次剛才的例子。丈夫有某種困難，妻子為了幫助他克服困難而犧牲奉獻。此時，整體情境賦予這種犧牲行為一個英雄價值，這是早就被預先選擇好的。這個選擇就是業已完成的選擇，簡單來說，就是無意識的選擇。

但是，所謂的選擇，在本質上還是有「為了什麼」的性質在內。如果選擇沒有辦法解釋要指向何種目的的話，那就不能說是選擇了。即使是先驗論的選擇，這件事當然也是成立的。換句話說，對於先驗論的選擇，也可以解釋為指向某些目的。因為如果不能這樣解釋的話，就不能說是選擇。以結論來說，先驗論的選擇，其目的正是「功能條件」。

這樣思考的話，使用「功能（條件）」的社會系統說明，以及活用「意義」的社會秩序說明，彼此間完全沒有矛盾也沒有對立，更不如說，兩者是互補的。

順帶一提，在我們所使用的例子裡，由「妻子—丈夫」兩人所構成的小小體系來說，功能條件——這個體系想解決的目的——是什麼呢？看起來目的是「解決丈夫的酒癮」，至少，他們本人都是這樣想的。但是，這個系統的功能條件卻完全不是這個。給予妻子和丈夫雙方互補的存在意義，維持家庭共同體的連帶，這才是功能條件。因此，丈夫必須要有酒癮不可，如果不小心被治好的話，他們夫妻就變得沒有在一起的價值，系統也會崩壞。

我會在此再一次提到羅伯特·默頓的理論，請想起我們曾經講過的東西，也就是真正的功能是隱性的。在這個例子中，「解決丈夫的酒癮」是顯性功能，但真正的功能是那些我們透過追求顯性功能想達成的事物，那些以副產物的外表顯現卻被當作目標的事物，真正的功能是隱性的。隱性的功能就是夫妻間的合作關係，家庭連帶的維持。對社會系統來說，原本的功能成為隱性的功能，與「先驗的」選擇息息相關。意即，目的的顯露，是為了回應那些在具體經驗以前的選擇、在經驗時就已經完成的選擇。

如此一來，統一掌握「功能」與「意義」的道路就在我們眼前展開。但是在這個說明中，還留有重大的謎團，那就是指向功能條件的先驗選擇，是如何可能的？換句話說，「明明事實上什麼也沒做，卻事先就完成了」的選擇架構到底是怎麼回事？我們並沒有在意識中執行這個選擇，但這個選擇對社會來說卻是有效的選擇，這到底是一個什麼樣的機制？為什麼這種事情是可能的呢？

為了說明這件事，我們必須要追尋更晚近一點的社會學歷史。

3 建構意義的系統理論　魯曼與傅柯

3-1 結構主義及其批評家們

結構主義與功能主義

讓我們進入第III部第3章，從這裡開始擔任主角的兩位學者分別是尼克拉斯・魯曼（Niklas Luhmann，一九二七—一九九八），以及米歇爾・傅柯（Michel Foucault 一九二六—一九八四）。

我們來複習前一章的事例。身為丈夫有酒癮的妻子，她擁有兩種不同的心境。她要照料丈夫，她自覺自己扮演著討厭的角色，但是在無意識間，她對於扮演討厭角色本身又有些歡喜，而這個沒有被意識到的層次，我們以「先驗的選擇」來描述。而我提示過，我們可以將這個

「先驗選擇」概念和功能主義的「功能條件」概念聯想在一起。如此一來，「意義」和「功能（條件）」就有了互補的關係，絕對不是互相否定的關係。

當我們接受了這個論述後，接下來我們就要來談結構主義。

首先我們就遇到一個問題。目前為止我們所描述的功能（條件），（看起來像是）面向情境的一種目的。如果是這樣的話，那就是有某一個人——不同於構成情境之個人的其他人——假定了目的，並在與那目的相關的情況下，定義了情境，至少事情看起來像是這個樣子。即便使用這個概念的人並沒有清楚地意識到，但事實上，功能這個概念的前提就是，存在一個宛如上帝般的超驗主體。「目的」是對那個超驗主體來說的目的，因此那超驗主體賦予情境與目的關聯性，並定義情境。

當我們排除此處的「目的論意涵」，或是「不可見的超驗主體設定目的之意涵」時，得到的結論就是結構主義。

讓我來具體說明。有許多學者都屬於結構主義，但是在社會學的脈絡中，我們必須最重視的是克勞德·李維史陀（Claude Lévi-Strauss，一九〇八—二〇〇九）。二〇〇九年，他以正好百歲的高齡逝世，所以其實他出生的世代和塔爾科特·帕森斯、阿爾弗雷德·舒茨等人差不多（順帶一提，結構主義的「結構」，和剛才介紹的結構功能主義的「結構」是不同系譜的概念，這兩個詞彙源自於完全不同的流派。以結果來說，如果去除功能主義中，名為功能條件的目的論意涵，就會變成接近結構主義所說的「結構」）。

親屬的基本構造——第一個問題

李維史陀於戰後不久，一九四九年出版他的第一本書《親屬關係的基本結構》（*Les Structures élémentaires de la parenté*），這是一本非常獨特創新的書籍。

李維史陀是文化人類學——在法國經常使用的則是社會人類學一詞——的專家。《親屬關係的基本結構》研究的是未開化社會——現在經常使用的是「無文字社會」一詞——的親屬結構。在這本書裡，李維史陀提出兩個問題。

在說明內容之前，我想先介紹文化人類學的用語「平行從表」和「交錯從表」。平行從表，指的是母親姊妹的子女或父親兄弟的子女。交錯從表，指的是母親兄弟的子女或父親姊妹的子女。若單純以生物學理論來看，也就是以基因遺傳的觀點來看，無論是哪邊的堂表兄弟姊妹，之於自己都沒有誰遠誰近的問題。

那麼，在《親屬關係的基本結構》中，李維史陀的第一個問題是，許多社會視「交錯從表婚」為理想的婚姻模式，但相對的，「平行從表婚」則會被當作近親亂倫，是被禁止的。如果從血緣理論來看，兩邊都是和堂表兄弟姊妹結婚，生物關係上是完全相同的，那又為什麼會形成這種區別呢？

第二個問題是，即使同樣是交錯從表，有「母方」交錯從表和「父方」交錯從表兩種形式，但多數的社會偏好選擇母方交錯從表婚，不喜歡父方交錯從表婚。雖然父方交錯從表婚不像平行從表婚那樣被嚴格禁止，但是比起母方交錯從表婚，大家還是會盡量避免。這是為什麼呢？

要回答第一個問題比較容易。根據李維史陀的說法，「禁止近親亂倫」是人類團體為了獲得文化層次的根本條件，這是思維上的先驗前提，這成為人類之所以為人類的條件。若直接使用李維史陀的譬喻，禁止近親亂倫成為自然與文化之間如同鉸鏈般的中介物。雖然如今我們知道也有的動物會迴避亂倫，所以對於這個前提我們需要更謹慎看待，不過在這裡就先遵從李維史陀的前提。

提到禁止近親亂倫，我們會認為是親子或兄弟姊妹之間的亂倫，一般來說，只要是屬於相同血統的人（人類學的專門用語為lineage），都是不能結婚的。所以無論是父方的親屬或母方的親屬，平行從表都屬於同一個血統。

我們的社會有父系社會和母系社會兩種，所謂的母系／父系指的是，在社會中的主要權利，是透過父親那邊繼承，還是通過母親那邊繼承。好比說，我未來取得土地的資格，是從父親那邊繼承來的話就是父系社會，從母親兄弟（舅舅）繼承來的話就是母系社會（話說，我對動物社會一直很感興趣，動物學者所說的父系／母系的意義和人類社會的用法有些許差異，也請注意這點）。無論是母系或者父系，平行從表的親屬會被歸入同一個系列（血統）之中，即便用比血統意義更寬廣的氏族角度來思考，也會得到同樣的結果，因此社會一旦禁止近親亂倫，就會自動變成交錯從表婚。

親屬關係的基本結構——第二個問題

在社會學上比較難回答的是第二個問題。即便同樣是交錯從表，有母方交錯從表婚（和母親兄弟的子女結婚）以及父方交錯從表婚（和父親姊妹的子女結婚）。為何人們經常偏好選擇母方交錯從表婚？

剛才我說過，社會有父系社會和母系社會兩種，事實上兩者相比之下，父系社會一直是數量比較多的，若我們將這個事實當作前提，會變得怎樣呢？

若是我們好好地將血統系譜寫下來確認的話，就會明白其中道理，在此我只說結論。假設現在有血統A、B、C……，而且這是個父系社會。此時若是父方交錯從表婚，因為是女性要嫁過去，所以請考慮女性血統之間的交換。某個世代中，女性從A嫁到B，在下個世代一定會是反方向，也就是女性會從B移動到A，當然，同樣的事情也會發生在B和C的關係中，如果某個世代女性是按照A→B→C……移動的話，下個世代的女性移動就會反過來，變成……C→B→A……。在父系社會中，父方交錯從表婚的情況一定會變成這樣。

而在父系社會中，母方交錯從表婚的狀況則是在某個世代中，A移動到B，下個世代女性也會是往同樣的方向移動，換言之，在A和B的關係中，A是女性嫁出去的那方，B則是將女性娶回家的那方。同樣的，B對C來說是經常嫁出女兒的那方，C是從B迎娶女性的那方，無論重複多少世代，A→B→C……的過程不會改變。

當然，A也必須要從其他地方獲得女性，所以最簡單的情況就是，A會從C那裡獲得女性，如此一來就變成是A→B→C→A→……的迴圈循環。三個以上的主體間循環交換的型態，稱為普通交換（法語échange généralisé，英語generalized exchange），相對的，若只有兩個主體，由A和B之間互換A⇄B，稱作有限交換（法語échange restreint，英語restricted exchange）。

總地來說，在父系社會的母方交錯從表婚的場合中，普通交換時女性經常往一定的方向移動。相對的，在父系社會的父方交錯從表婚中，每隔一個世代，普通交換時女性移動方向會相

a. 母方交錯從表婚

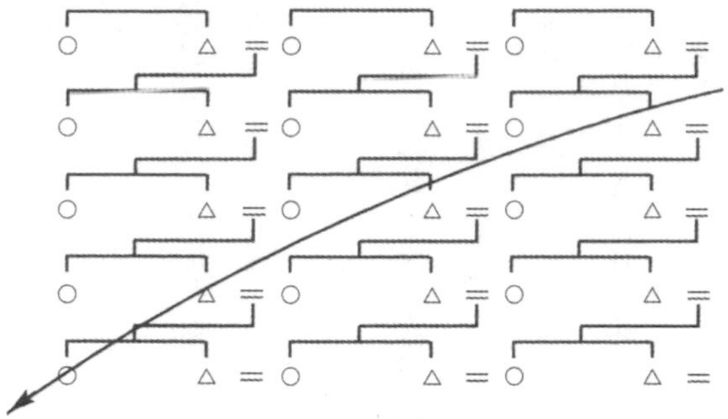

b. 父方交錯從表婚

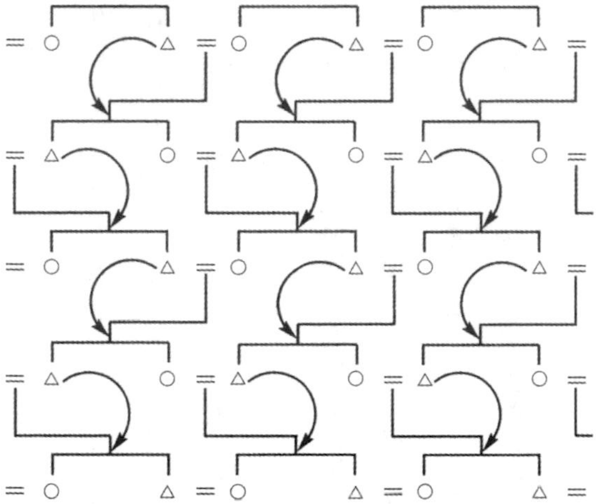

在母方交錯從表婚（a）的情況中，無論哪個世代，女性都是從右移動到左。

在父方交錯從表婚（b）的圖中，逆時針的標記是從父親（所屬血統）來看，表示女性（女兒）從左往右移動；而順時針的標記則相反，表示女性從右往左移動。每個世代的女性移動會相反（圖表出自克勞德．李維史陀，《親屬關係的基本結構》）。

反，然而女性循環的方向每隔一個世代就反轉的話會產生問題。是什麼問題呢？尤其是在無文字社會中，結婚對社會來說是最盛大的儀式活動，身為給予女性的那方，還是身為接收女性的那方，在社會中的立場有巨大的不同。不同的社會會有各式各樣的習慣或規範，但是經常出現例子是，給予女性的那方會被社會劃分在比較優越的地位，而接收那方，會被給予方要求行為舉止，就像是背負著無法抵銷的負債那樣。

這種關係強力規範了在許多儀式中的角色，如果有某血統A的女性移動到B，A就位於優勢地位，但是，若在下一個世代中，女性是從B移動到A的話，A和B的關係就會變得不穩定。如果女性都是以相同方式移動，那對A來說、對B來說，彼此的關係都是穩定的。但是在同一個團體中，有的家族有時是給予方，有時又變成是接收方，就會形成非常不穩定的關係。為了讓女性經常往同一個方向循環，在父系社會中，母方交錯從表婚是比較好的婚姻模式。當然在母系社會中，就會反過來，變成父方交錯從表婚比成好，但是因為父系社會比較多，所以就變成大家偏好選擇母方交錯從表婚。

這種普通交換可以用猜拳的關係來比喻。在A和B的關係中，A是比較強勢的一方，A與C的關係中，C是比較強勢的一方，C與B的關係中，B是比較強勢的一方，沒有哪一方特別的偉大，但是如果在A和B的關係中，A並沒有一定比較強的話，A和B的關係就會變得不穩定，如果石頭和布之間不一定是布勝利的話，那麼猜拳就無法成立，就如同這個道理，在父系社會的情況下，會強烈傾向選擇母方交錯從表婚。

若要粗略說明《親屬關係的基本結構》的話，就是上述的理論。我希望大家能夠注意到的是，這個理論和其他社會理論，尤其是與結構功能主義之間的關係。如果我們將剛才說明的理論，更進一步用結構功能主義來分析的話，就會變成大家是為了維持社會系統的連帶，並強化連帶，所以採用母方交錯從表婚。因為大家會選擇有助於名為連帶的功能條件——也就是系統的「目的」——的結構。

相對的，結構主義就不會將功能條件帶進來。在結構主義中，此段描述就會變成，這只是為了讓社會結構在結果上穩定下來，所以有這種結構存在。「連帶」對結構主義來說，是結構的結果，並非原因。結構主義剪斷了結構功能主義理論中自帶的目的論說明，只徹底地描述結構的部分。

和三色堇一起來到

李維史陀最出名的書，並不是剛才介紹的《親屬關係的基本結構》，而是比這本書晚出很多《野性的思維》（*La Pensée sauvage*），這才是李維史陀超越狹隘的科學領域，被許多人熟知的著作。李維史陀因為寫下了這本書，才成為重量級學者，不只在文化人類學的領域，眾多的哲學家和一般知識分子也都開始關注他的動向。

要翻譯李維史陀的書並不容易，不過《野性的思維》日語版的翻譯卻很優秀，這本書寫於一九六二年，但是要到六〇年代末期、七〇年代初期，才被介紹進日本。所以我想這本書是在六〇年代後半，才被全球的讀者廣泛地閱讀。

在內田隆三所寫的《學習社會學》（『社会学を学ぶ』，筑摩新書）中，有出現一段關於《野性的思維》的描述。內田的文筆一直都非常具有文學性，而這一段又尤其美麗，所以我想在此引用：

> 結構主義披上了柔軟的盛裝。《野性的思維》（*La Pensée Sauvage*）的封面上刻畫著「三色堇」，那嬌豔的花色，使人印象深刻。

三色堇在法語中是「Pensée」，發音和拼法都等同於意思是「思維」的「Pensée」，所以很容易就將野生三色堇與「野性的思維」聯想在一起，原著的封面上繪有三色堇，日語譯本也直接採用這個封面圖。內田的文章繼續寫道：

在大學校園中，在高喊群眾鬥爭和革命的時代裡，三色堇的花瓣表徵著某種優雅，運送著不同於這時代的知識到來。

在學生運動興盛的年代，三色堇卻在柔軟的盛裝下，送來嶄新的事物。內田應該就是在這個時代，也就是六〇年代的末期上大學的，而這篇短短的文章，也充分地表現出《野性的思維》帶給當時的年輕學子什麼樣的知識意涵。這本書的效果是，將人們從那些以馬克思為核心的革命思想中解放出來。

因此《野性的思維》非常重要，但內容非常艱澀。簡單來說，李維史陀寫的就是人類的「無意識思維」。事實上我們在無意識之中，正在實行高度的知識遊戲，當然那遊戲和我們活著的本身一體化了。雖然不是李維史陀本人使用的表現方式，但若要用剛才的語言來說，所謂無意識的思維就是「先驗的」思維——雖然有時日語會翻成「先驗」或「超越論的」，聽起來語感大不相同，但同樣都是德語「transzendental」的翻譯。在有經驗意識以前的階段中，人類就在進行無意識的思考，這些思維銘印在神話、圖騰崇拜或親屬結構中。比方說，即使是剛才的交錯從表婚的系統，結果都會成為非常整齊的數學結構，這些並不是人們有意識計算出來或設計出來的東西，卻擁有非常整齊美麗的結構，這就是無意識思維的產物。同樣的，在神話或圖騰崇拜中，也隱藏著許多宛如計算好的美麗結構，《野性的思維》就是將人們在無意識層面思考的樣本提取出來。

這本書超越了單純的科學研究，有著非常強大的目標。他的目標是要批判一種思考方式，也就是人類精神和思想會隨著時代進步的思維。他特別放在心中所要批判的對象，就是馬克思主義。馬克思主義中含有歷史理論，根據馬克思的草稿《政治經濟學批判大綱》（*Grundrisse der Kritik der Politischen Ökonomie*），社會結構（社會系統）會從原始的、氏族的生產方式的階段，發展至亞洲的生產方式、古典的古代奴隸制度、日耳曼的封建制度，進而來到資本主義的生產方式。最後，則會以社會主義、共產主義延續下去。馬克思認為，沿著這個生產方式的階段，人類的精神本身也會跟著進步。但是根據《野性的思維》，無意識層面的思維結構（模式）具有普遍性，並沒有什麼進步。他完全否定了現代人會比古代人的思考更深刻的臆斷。

這本書基本上是文化人類學的學術書，但是在最後一章，李維史陀——暗中地——批判了尚—保羅・沙特（Jean-Paul Sartre）的《辯證理性批判》（*Critique De La Raison Dialectique*），這個批判正是這本書如此有名的理由。後面我們也會提到魯曼和哈伯瑪斯的爭論，如果和原本就很有名的大人物互為辯論對手，結果不僅勢均力敵，最後還勝利的話，真的會非常有衝擊性。

當時的沙特如同神一般的偉大，面對這樣的沙特，李維史陀嘗試用清晰的辯論來反駁他。《辯證理性批判》是沙特的主要著作，與《存在與虛無》（*L'être et le néant*）並列，我認為如果能精讀這本書會收穫良多，是非常好的一本書。在這本書中，沙特想要將自己的存在主義與馬克思主義合併起來，整合二者。李維史陀則像剛才說的那樣，他摒斥進步的觀念，大膽地批判了這本以馬克思主義為前提的書籍。

冷社會與熱社會

根據《野性的思維》，人類思維的基礎部分具有普遍性，無論是尚未有文明的時代還是現代，都沒有任何改變。原始社會有原始社會的方法，他們在能夠使用的道具的範圍內——例如使用神話、使用野生動物的分類標準——展開複雜的思維。李維史陀以「拼裝」（bricolage）來比喻原始社會的作法，「拼裝」可以翻譯成「手工作業」。非專家的素人在做木匠活時，會就近利用手邊的物品，創作出有用的道具，「野性的思維」也類似於此。

因此，根據《野性的思維》，人類的精神和「進步」沒什麼關聯。但是李維史陀卻認為人們對於「歷史的生成」有兩種不同的態度，這就是他知名的「冷社會」與「熱社會」的對比。

所謂的冷社會，是指一個社會盡可能地消除歷史因素帶給社會安定性或延續性的影響。熱社會則相反，這個社會會積極吸收歷史的生成，作為社會發展的原動力。

如果只是這樣說的話，可能會太過抽象難以理解，我盡量將它單純化，為避免誤解，我先提供一個圖像。好比說，我每天的生活都像這樣授課、寫書。我不斷重複操演或延續同一件事情，我的基本生活樣態成為一種模型，我也能視這種持續性和反覆性為好事。但是相反的，我每天都能發現新的想法，添加不同的論點，不斷地自我改變，我也會追求那個變化。前者的態度就像是「冷社會」，後者的態度就像是「熱社會」。

現代社會就是熱社會的典型，相反的，無文字社會位於冷社會的極點。當有事件發生的時候，冷社會會強調反覆性的面向，讓社會持續下去；熱社會為了能夠靈活變化，活用發生的事件，會將歷史的生成極大化。雖然人類精神本身沒有進步，但是對於歷史發生的事件有不同的態度，這就是李維史陀知名的主張。

在此我還想附加一段論述。我的社會學老師見田宗介先生——筆名真木悠介，在一九八一年出版了《時間的比較社會學》（時間の比較社会学）一書，這是真木悠介的主要著作之一，其中他舉出了「冷社會／熱社會」的二分法，且用了比李維史陀更細緻的方法，描述這兩個社會的特徵。

李維史陀視無文字社會為「冷社會」的典型，而在真木悠介的書中則稱為「原始共同體」。真木認為，原始共同體擁有時間擺盪的特徵，在日常的時間（世俗時間）與神聖的過往間擺盪。所謂的神聖過往，就是沒有時間的過去，沒有「幾年前」這種日期的過往；過往穿透了時間，一直真實地潛在於世，與所有的「現在」交纏在一起。神聖的過往正是現在，因此引發了社會在過往與日常生活時間之間的擺盪。所有的現在都伴隨著神聖過往，神聖過往成為一種規範的模型，既不會生成也不追求邁向未來的進步。

相對的，處在「熱社會」的現代社會的時間感是發生的事情相繼過去，也沒辦法挽回、回歸於無的「不可逆性」，以及堪比數字的抽象「無限性」；上述這兩種條件是熱社會的特徵。《時間的比較社會學》以比較社會學的方式說明這兩種條件產生時，各自以什麼樣的社會結構為基底，但這已超過了和李維史陀《野性的思維》比較的範疇，所以就此打住。

結構有個中心

前面我們介紹了李維史陀的理論，接著，我要解說後來的人如何批判他的結構主義。我們也能以結構主義為基準，思考這些理論後來是如何透過批評，來發展自身的理論，這對於我們理解二十世紀，特別是二十世紀後半以後，也就是一九七〇年代以後的思想風貌——不僅是社會學，而是所有的思想——都是非常方便的。

接下來我會舉出兩個對（李維史陀）結構主義的批評。一個超過社會學的脈絡，是來自一般哲學層次的批判，另一個則是在社會學脈絡下的內部批評。

首先是前者的批評。具體而言，我要舉的是法國哲學家雅克・德希達（Jacques Derrida，一九三〇—二〇〇四）所提出的李維史陀批評。德希達比李維史陀年輕許多，生於一九三〇年，於二〇〇四年辭世。他是二十世紀晚期，具有壓倒性影響力的哲學家，作品在全世界被許多人所閱讀，但是他作為一位社會學家能舉出來的相關事蹟卻寥寥可數，所以在這本書中，他只會在此處出現。

德希達先是指出，「結構」中必然會有「中心」。結構主義處理了各式各樣的結構，有親屬體系的結構，有隱藏在神話中的無意識思維模式等等，無論哪種結構都有一個中心，這個中心規範了結構中的各種要素的排列，讓結構得以整合。

具體而言，這個「中心」是指什麼呢？我們已經談論過親屬結構，其中心就是禁止近親亂倫，人們圍繞著這個禁制，組織起親屬系統的複雜結構。

更重要的是思維的結構，也就是由乘載著意義的集體符號所組成的結構。在這種情況下，中心是指什麼呢？在此我們必須附加一個重要的註腳。剛才我們說過思維的結構，簡要來說，指的就是作為象徵（符號）體系的語言。語言才是結構中的結構，是結構的原點。這理所當然，因為所謂的結構主義，就是從語言學的應用、語言學的擴張中產生的。

語言系統的要素是每一個語言符號。語言符號成立有兩個面向，「表達意義的（聲音）」以及「被賦予意義的（意義）」。這兩個面向是結構主義的來源，指出這個雙面性的是語言學者斐迪南・德・索緒爾（Ferdinand de Saussure，一八五七—一九一三）；或許是為了表達對他的敬意，許多人就直接用法文稱這雙面性為「能指」（法signifiant，英signifier；表達意義的）以及「所指」（法signifié，英signified；被賦予意義的）。「能指」與「所指」的概念，我們在談論佛洛伊德的時候已經說明過一次了，請大家回想一下。事實上我接下來要說的，也只是將那時所說的概念普遍化。

總之，德希達主張，並不是所有構成語言的語言符號都是對等的，其中有如特權般的符號，作為「中心」起作用的符號，實際上，其他的語言符號都因為與這個符號有關才擁有意義。這個成為「中心」的符號被稱為「零符號」。這是什麼概念呢？

「以共產主義的界域而言」

要用什麼形象比喻比較貼切呢？我在此試著舉出一個例子。有一個符號如同口號般運作著，強烈吸引著某個時代或某種情境中的人們，以下的例子就和這種符號有關。若松孝二導演曾經拍過一部名為《聯合赤軍實錄：通向淺間山莊之路》的電影。他以紀錄片的方式，極為寫實地拍下一九七二年，最終導致淺間山莊事件[4]的聯合赤軍的情況，這是長達三小時以上的電影。

觀看這部電影，就彷彿參與了聯合赤軍一樣，也就能明白對當時的左翼年輕人來說，「共產主義」是何等重要的語言。他們不管做什麼、說什麼，都會質問這些事情與共產主義的關係，他們的口頭禪就是「以共產主義的界域而言……」。「界域」這個譬喻，事實上也充分表現出當時的氛圍[5]，不過我們的主題是，當我們把共產主義的大義當作前提思考時，「以共產主義的界域而言」這句話代表著什麼意思。

電影中有一個場景是他們在山岳基地中為革命做訓練，從外人的角度來看，他們只是在玩小孩子的騎馬打仗遊戲，但他們非常認真，再聯想到當時的季節是冬天的話，他們確實有極為強韌的忍耐力。山岳基地中沒有澡堂，他們是使用汽油桶代替澡盆，但有的人卻無法滿足，某

4　譯註：五名聯合赤軍成員在「淺間山莊」綁架人質，與警察發生對峙及槍戰，最終造成三人身亡。也因為此事件，才牽扯出當時聯合赤軍內部進行的私刑肅清「山岳基地事件」，殘酷的內鬥導致近一半的成員被私刑虐待致死，帶給當時日本社會很大震撼，日本的左翼浪潮也因此走向下坡。

5　譯註：日文原文為「地平」，對應於 horizon，是出自現象學的概念。然而臺灣於現象學中在翻譯這個概念時，常翻作「界域」。詳情可見本書後面的章節〈加工體驗的形式〉。

次有幾個人搶先跑到了大街上的澡堂去洗澡。當他們洗完澡回到基地，在小屋中等待的其他人開始激烈地批判他們，但事實上其他人只是心裡覺得非常羨慕而已。可是這種時候，質問的人就要搬出「以共產主義的界域而言」這句話，即是用共產主義的觀點，質問對方去澡堂泡澡是對是錯。當他們與警察對峙，發生槍戰，圍困在淺間山莊時，有一個人吃掉了一小塊餅乾，其他人也會用「以共產主義的界域而言」來質問他，認為他擅自吃掉所剩無幾的糧食十分無恥下流。

在這些例子中，「共產主義」正是被放置於結構中心的特權符號。此處的重點是，若仔細凝神觀察情況，我們會發現沒有一個人能夠清楚的定義什麼是「共產主義」，竟然連一個能明確地說出「共產主義」是什麼意義的人都沒有。換言之，「共產主義」就是「沒有所指的能指」，也就是「零符號」。

大家應該已經想起來了，在這課程中，我們曾經遇到過「沒有所指的能指」的概念。當我們藉由拉岡討論佛洛伊德的閹割情結概念時，我就曾說「陰莖」是「沒有所指的能指」。從德希達的觀點來看，陰莖也是零符號的一種。換句話說，零符號作為結構的中心運作，而在這些零符號般的要素中，拉岡會認為「陰莖」擁有特權般的意義，相對的，德希達則認為，什麼事物會變成零符號是偶然的，隨著情況不同，任何符號都能佔據零符號的位置。換言之，從拉岡的觀點來看，所有的零符號都是「陰莖」的替代品，而德希達則不認為這特權屬於哪種要素。

但無論如何，現在我們的脈絡是沿著德希達來看對結構主義的批評。在這個例子裡，雖然「共產主義」是沒有意義的空虛能指，但我們也不能嘲笑他們。因為正是托這個零符號之福，聯合赤軍的人們的語言才有了意義，而語言又強烈地規範了他們的行動。例如，有一位女性成員略施薄粉，戴上戒指，此時就像澡堂事件一樣，掀起了其他成員輕微嫉妒與羨慕的情緒。這件事情本身，無論放在哪裡都只是非常普通平凡的事情，但是這類的事情，最終竟引發了赤軍內部肅清眾多成員的殘酷私刑。為什麼事態會演變到如此地步呢？就是因為「以共產主義的界域而言」，這類的事情會被視為問題。

包含德希達在內，有好幾位評論家都將這類的符號稱作「零符號」。如果要更嚴謹地描述的話，事實上就連李維史陀本身，也並非沒有能夠對應於「沒有所指的能指」的概念，李維史陀稱這個概念為「浮動的能指」，就是存在著無法歸結於一個定義，一直在浮動的能指。但是，李維史陀並沒有像德希達那樣，認為這有重要的意義，甚至與結構的形成有關。

根據德希達所言，因為加上了零符號，結構才能真正作為結構而成立。在聯合赤軍的事例中，如果沒有加上名為「共產主義」的能指，他們就完全無法確知他們極為嚴酷的騎馬打仗遊戲是為了什麼。所謂的零符號，就是「畫龍點睛」。加上了零符號，結構中要素的所有意義才被決定，這個附加，用德希達的用語來說，就叫做「增補」（supplément；英語就是supplement），日語則不知道為何經常翻成「代補」。

語音的中心性

為了理解德希達是如何批評李維史陀的結構主義，我們需要再追溯一些德希達的理論。如同剛才所述，德希達思考的是結構形成的機制，他認為透夠零符號的增補，機制就會變得可能。他也將這個概念應用在對西方形上學的理解上面。所謂「西方的形上學」，可以理解成是自蘇格拉底－柏拉圖以來的所有西方哲學。如果我們假設，西方形上學是一個結構，擁有結構的閉鎖性或統一性的話，那麼西方形上學應該也是透過某種增補而成立的。這個增補的東西又是什麼呢？答案是「邏各斯（理性）」，德希達在西方形上學中看見邏各斯中心主義。

不過至此為止，都不是什麼了不起的創見，因為即使德希達沒有這樣說，也曾有其他人提過類似的想法。德希達的創新在於，他加入結構與「聲音」之間的關係。擔保邏各斯真理的是「聲音」，因此西方形上學的邏各斯中心主義也是語音中心主義。

德希達這位哲學家，從某個時期以後，就一直使用非常破天荒的書寫方式，如同詩歌一般。但事實上他在早期寫的哲學論文非常穩重，其中有一本非常易懂，批評胡塞爾的書，名為

《聲音與現象》（*La Voix et le Phénomène*）。德希達分析了在胡塞爾的現象學中，名為聲音的比喻是如何地特別，人們使用它來乘載核心意義，聲音中心性，不只是現象學獨有的特徵，更是西方形上學整體的特徵。

所謂的語音中心性，指的是理性經常透過聲音、或透過宛若內在聲音般的事物呈現出來。在這個情境中，「語音」並不是碰巧被選中的比喻而已，對邏各斯（理性）來說，語音是本質的隱喻，是無法被其他事物替代的必然隱喻。

為什麼非得要是語音不可呢？為什麼語音是特別的呢？因為在語音中，說話與聽聞是一致的。現在我正在說話，而我能夠聽到我說話的內容。在語音中，說話與聽聞間沒有縫隙。讓我用簡明易懂的方式說明這件事的重要性。

一般來說，我是為了表現出我內在的真實，也就是我的意圖或慾望而說話。換言之，我將關於我的真實，置換成如語言般的符號，這個內在的真實就是那符號的「所指」。但是，對我來說，符號到了我的外部後，符號一旦被放在遠離我的位置上時，就會被他者各種解讀、誤解或是曲解，導致符號早已無法再現本來的所指了。

但在我聽聞自己說的話的當下，似乎就不會產生這樣的誤差。我聽到的是作為能指的聲音，也就是我內在的所指——我真正想說的話。若要使用稍微難一點的表現方式，也就是語音保證了自己對自己的在場，這叫做「在場形上學」。

此處德希達話鋒一轉，他認為李維史陀的結構分析中，也有語音中心主義。但語音中心主義出現在結構主義中，是有不得已的理由。因為「結構」原本就是從語言學，尤其是音位學來的。之前我們說過，名為結構語言學的流派衍生出結構主義，語言學的原點是索緒爾，但直接影響李維史陀的是羅曼．雅各布森（Roman O. Jakobson，一八九六－一九八二）的結構語言學，尤其是他的音位學。我們在論佛洛伊德時，有稍微說明過音位，音位就是能夠有效分辨意義的最小語言單位。如果無法分辨意義，即使語音和物理的聲音有所差異，在音位上也會被視為是相同的東西。音位的分佈有獨特的結構，這也經常被運用在李維史陀的結構主義當中，因此「結構」不可避免地變成語音中心主義。

不僅如此，李維史陀的研究對象原本就是無文字社會，他經常把這些僅以語音溝通而成立的世界，描繪成像是沒有疏離或權力關係的烏托邦，此處也隱含著李維史陀的語音中心主義。

不是語音而是「文字」

德希達批判的就是語音中心主義。為什麼會變成「批判」呢？當然是因為，德希達認為「語音」存在於結構中心這件事情是誤解，是一種幻想。形上學認為自我對自我保證在場的聲音，亦即能指完全緊緊連結原本的所指（我所想說之事）的狀態存在於結構的中心，但簡單來說，這只一種自以為是的臆測。

若回想我們對零符號的討論，就會明白箇中原由。零符號是（此處所言之意義的）「語音」嗎？完全不是。我們解釋過，對聯合赤軍來說「共產主義」已變成是零符號，但名為「共產主義」的能指，有飽滿地與真正的所指相結合嗎？並沒有。因為當他們高喊「以共產主義的界域而言……」時，說這句話的主體，連自己在說什麼都不知道。但是這種所指的不確定性，或是所指的不存在，才正是「共產主義」能作為零符號起到作用的條件。

零符號並沒有正確地表現主體內在並將之顯現於當場。無論哪個主體，都會被迫從零符號之中抽離，無法對應到自己的「內在」狀態，也正因為如此，零符號才能作為零符號運作，規範主體們的言行舉止。

相對於「語音」，德希達拿「書寫」（écriture，文字）作為比較。他認為書寫比語音更為本源，但如果只按字面意思看的話，我們會覺得這很明顯是謬論。因為在歷史上，聲音語言比文字更早出現，這是沒有疑問的，無論是現在還是過去，都存在著好幾個沒有文字的社會。因此我們必須將「書寫」理解成一種寓意，這是什麼意思呢？

我們說過，在語音的狀態下，聽與說之間的距離很近——乃至可以當作沒有——這是語音的特徵。文字則相反，文字會離開書寫它的主體，嘗試獨立於主體之外。即使主體不存在，文字依然會留存。「文字」的概念是用來指出主體本來就異化的事物。換句話說，主體並不是操控與「自己想說的事物」吻合的符號，相反地，與「自己想說的事物」或是「內在」無關，主體不知為何被像他者般的事物（請想起自行運作，像詛咒般束縛著聯合赤軍成員的零符號）所支配，這就是主體本來的異化。

與存在主義的主體相反，結構主義其實想要證明的是，主體被無意識的結構所規範，但是以德希達嚴格的眼光來看，結構主義還是在語音中心主義的圈子裡打轉。意即，結構主義還是在「主體與符號緊密結合」的夢境中。

布赫迪厄的「慣習」理論

以上是對李維史陀結構主義的哲學批判，接下來我要談的是社會學內部對結構主義的批評，這是由皮耶．布赫迪厄（Pierre Bourdieu，一九三〇—二〇〇二）所提出的。布赫迪厄和德希達一樣，生於一九三〇年，並於二〇〇二年過世。布赫迪厄應該是在二十世紀末的法國社會學者中最出名的人物，他受過李維史陀的薰陶，因此布赫迪厄也同時是在批評自己的老師。

對結構主義來說，「結構」是已經被賦予的前提。換言之，親屬關係的基本結構也好、神話中展現的無意識結構也好，結構都是事前就已經存在的，然後我們才進行分析或描述，這就是結構主義。因此只要在結構主義中，無論是理論還是歷史事實，都無法說明結構是如何成立的。

結構是如何成立的呢？我們不能不質疑結構的成立機制。這就是布赫迪厄對結構主義的批評，也是他的主題。而他提出「慣習」（habitus）的概念來回應這個問題。

所謂慣習，指的是行為者現在的行為或憑藉經驗的行動，是行為者過去經驗的沈積物。我們會遵循原則或規範行動，透過反覆行動的積累；我們完全掌握做法，最後變成我們即使不用刻意去想都能做到，然後我們下次再以這種沈澱過並掌握到的經驗為前提，去做出新的行為。

簡單來說，慣習正是由布赫迪厄的觀點所捕捉到的「結構」。更謹慎地換句話說，行為的反覆與積累，最後變成是無意識的結構，一旦這結構被確立下來，就會束縛行動。但是，結構並不是完全地規範所有行為，新的行為會改變既存的結構，最後新的行為又會作為新的結構凝固下來。如此一來，結構與行為之間相互規範對方，形成一個持續性的循環關係，慣習的概念就是想要捕捉這種循環關係，同時也包含了布赫迪厄想要超越結構主義的企圖。

說明區隔

在這個文意脈絡下，我想要偏離批判結構主義的主題，簡單介紹布赫迪厄自身的社會學。其實慣習的概念，並不是布赫迪厄為了批判李維史陀而提出來的，倒不如說，他是為了分析現代社會才使用這個概念。布赫迪厄於一九七九年出版的《區隔》（英文為*distinction*，日語翻成「區別」）這本書，就是他分析現代社會的最大成果。所謂的區隔，指的是階級的區分，但是和一般的階級不同，這裡的階級主要並不是指經濟上的位置，而是指文化的差異。

布赫迪厄在這本書中提出下列的公式，作為自己分析的方針：

〔（慣習）（資本）〕＋場域＝日常生活實踐

這個公式簡括了布赫迪厄的思維，也就是指出什麼樣的要因制約了「日常生活實踐」（praxis）。「慣習」制約行為，是人們無意識間累積的習慣的總和。「資本」在布赫迪厄的語境中意義非常廣泛，當然也包含經濟上的意義，但不僅止於經濟，若要用抽象的、普遍的定義描述資本，就是在社會各領域中，具有交換價值、被社會體所分配的諸般資源。所以如果一個人擁有某生產手段，那當然是這裡定義的資本，但遠遠不僅如此。

在布赫迪厄提出的各種資本中，特別重要的是「文化資本」。所謂的文化資本，就是一個人生長在知識教育的環境中，所習得的教養或品味。比方說，某人不僅可以上比較好的學校，家中還有許多書籍，他獲得接觸優美音樂或藝術的機會，他習得高水準的教養或高雅的品味，那某人就是擁有龐大的文化資本。某人的「交換價值」不僅在狹義的市場中是較高的，在各種的社交場合中，某人的價值也普遍較高。

其他還有像是「象徵資本」，這簡單來說就是指地位，地位能夠提高一個人的交換價值，這應該是輕易就能看出來的事情。或是「社會資本」，簡單來說就是指人脈，也就是一個人能夠利用的關係網絡，假設某人畢業於知名大學，有許多同學是大企業的幹部或有頭有臉的政治家，如此一來某人的社會資本就比較多。

透過多元的資本分布，才形成了社會階級，階級與慣習之間有相關性，每個階級的慣習不同，因此才產生「區隔」。

「場域」（法文champ，英文field）的概念則相當模糊，但這是由布赫迪厄所提出的特殊概念，與其他社會學所使用的概念相比的話，場域接近於功能主義學者所說的功能分化的各領域。以日本來說，更容易讓人想像的比喻是，場域近似於當我們在說政界或商界時的那個

「界」。相對於階級是社會垂直的區分，場域標示的是水平的分化。一個場域的成立標準是，那場域是否擁有固有的利害關係（賭注），而且人們圍繞著「賭注」互相競爭。例如說，在「出版界」，出版暢銷書、出版引起社會廣泛話題的書、或是出版有意義的名著流傳後世等等，都等同於利害關係（賭注）。

如此一來，與社會的垂直分化有關的〔（慣習）（資本）〕的組合，加上場域，總和起來就能說明社會中人們的實踐行動。對一個為了說明社會階級區分的理論來說，這套公式所標示的概念關係是十分有效的方針，我認為這是毋庸置疑的。

結構是「行為的慣性化」嗎？

但是，若這套理論要批判結構主義所發現的「結構」概念，又是否適合呢？我認為以批判來說，這套理論並不是非常有效果，理由有二。

第一，以解釋結構生成的理論的觀點來看時，慣習概念所展現的內容會變成循環論證。結構被行為所規範，而那行為又被結構所規定，雖然慣習指出了這種循環，但如此一來就變得無法說明結構的形成。

第二個則是更為本質的理由，在布赫迪厄的假想中，所謂的結構，是行為被慣性化、沈澱後的東西。但結構真的是這樣子的東西嗎？如果我們認為結構最終能夠被還原成行為的話，那麼某人的主觀意圖或意志，就會被看作是結構的原點了。像是韋伯曾經說過，行動之所以是行動，是因為有主觀的意義，透過某人有意識的目的或意圖，才能產生行動。當然，不可能所有行動都如意圖所願，自己的意圖也會受挫，其他人也懷有他們的意圖，所以結構並不是直接實現某位特定人的意圖，若把這些因挫折或加總所帶來的變化包含在內的話，還可以說結構是由行為的累積或沈澱而形成的嗎？

我想應該是不行吧，因為結構主義所說的「結構」，就是無法還原成行為人的主觀意識，這一點才是結構主義的重點，無論是交錯從表婚的獨特規則，還是埋藏在神話裡的精妙理論，都無法回歸成某人有意識的設計或計算，這才正是結構不可思議的地方。明明誰都沒有意識到「那個」，但是大家的集體行為卻擁有一個像是某人正在思考般的結構。當我們想將結構說明成是行為的沈澱或慣性時，就看不見這種不可思議之處了。結構在本質上有一個附加之物，讓它無法等同於行動之所以為行動的條件（主觀意識）。

真正超越「結構」的概念，在意義上超越布赫迪厄的目標「捕捉結構形成的層次」，集大成者是尼克拉斯．魯曼的社會系統論。雖然是否能如此斷言還是有疑問的，但至少魯曼是第一個朝這個方向探究的人。

3-2 作為意義建構系統的社會

從公務員轉向的魯曼

接下來我們要談的是尼克拉斯．魯曼以及米歇爾．傅柯。這兩位對現代社會學來說是同等的重要，但是比起傅柯，魯曼並沒有那麼充分地被介紹。在社會學的領域以外，大家並不熟悉魯曼的科學功績，不僅如此，就連在社會學世界內部，大家也沒有充分理解他的研究，甚至看似漸漸被遺忘。和我年輕的時候相比，由專門社會學者撰寫的魯曼相關研究的書籍或論文少了非常多，因此我想要好好介紹魯曼這個人。

魯曼生於一九二七年，他出生於漢堡（Hamburg）附近的一個小城市呂訥堡（Lüneburg）。他的父親是一位企業家，在當地經營啤酒廠，家境十分富裕。他本人曾說：「年少時期是在充滿納粹的生活中度過的。」簡單來說，他曾是希特勒青年團的一員。但那時的他還只是十幾歲的少年，所以也不能說他就是納粹吧，即使曾是紅衛兵，也不一定是毛澤東主義者，這是相同的道理。在第二次世界大戰末期，才十幾歲的他被送往最前線，過沒多久就被美軍俘虜。不過那時他才十七歲，所以據說很快就被釋放了。

戰爭結束後，魯曼先是攻讀法律，拿到學位後，他於法院任職，為政府機關服務。但他似乎認為這份工作難以出人頭地，沒有前景。根據他本人描述，他既不隸屬於任何黨派，對科學又太過關心，所以他判斷自己與升遷無緣。

後來，他在無意間發現一份獎學金補助。在申請合格後，魯曼就去了哈佛大學留學。一九六〇年至六一年間，他於哈佛大學進修，並師從帕森斯，回到德國後，他取得社會學學位。一九六九年，他成為一間新興的大學，比勒費爾德大學（Universität Bielefeld）的教授，他在那裡任教直到一九九三年退休為止。一九九八年，他在七十歲時去世。

魯曼曾寫下大量的書籍和論文，其中最廣為人知的，或許是一九八四年出版的《社會系統理論》（*Soziale Systeme*），以及在生前最後一年出版並且標題十分不可思議的《社會的社會》（*Die Gesellschaft der Gesellschaft*）。

如同剛才介紹的經歷一樣，魯曼作為一位學者，最初的起點是很平凡的。但是後來以某事為契機，他一躍成為有名的人物，那就是在一九七〇年代初期，他與尤爾根·哈伯瑪斯（Jürgen Habermas，一九二九—）的辯論。據說哈伯瑪斯不喜歡魯曼在德國社會學會中發表的論文，所以是哈伯瑪斯先挑起爭端。這兩人年紀差不多，但哈伯瑪斯在當時已經是很有影響力的學者了，可是在這場辯論中，魯曼的論點卻略勝一籌，所以他一躍成為世界知名人物。

批判的社會學理論

魯曼和哈伯瑪斯的辯論很重要，雖然魯曼在後來追憶，認為自己沒有從這場辯論中得到什麼，但對於回顧社會學史來說，這場辯論還是很有趣的，在哈伯瑪斯的對比下，更突顯了魯曼理論的特徵。

哈伯瑪斯屬於批判的社會學理論，被稱為法蘭克福學派。因為這是社會學中重要的流派，所以我會先簡單介紹哈伯瑪斯和批判社會學，再回到魯曼來。

法蘭克福大學的社會研究所從戰前以來，就是德國社會學研究的中心。以這個研究所為據點的社會學家或哲學家，就被統稱為法蘭克福學派。一九三〇年，就任第一屆所長的是馬克．霍克海默（Max Horkheimer，一八九五—一九七三），和霍克海默幾乎同時期在同一個研究所的人們，是直到現在仍會被各種論文無數次引用和提及的學者，如果是對社會思想或社會科學有興趣的人，應該會重複聽到或讀到這些人的名字好幾次。

若要列舉的話，像是華特．班雅明（Walter Benjamin，一八九二—一九四〇），還有以研究亞洲專制國家聞名的魏復古（Karl Wittfogel，一八九六—一九八八），或是援引佛洛伊德理論，批判現代人類異化的赫伯特．馬庫色（Herbert Marcuse，一八九八—一九七九），如今仍時常被人閱讀的埃里希・佛洛姆（Erich Fromm，一九〇〇－一九八〇），提奧多・阿多諾（Theodor Adorno，一九〇〇－一九六九）……這些人是法蘭克福學派的第一代，全部都是名留學術史的大人物。

只是，這些學者大多都是猶太人，因此許多人在戰爭中逃亡，有的人在逃亡途中不幸去世，像是班雅明，有的則順利逃到美國，在美國發光發熱，像是馬庫色，也有的人像阿多諾一樣，在戰後返回德國。無論如何，在戰爭中，研究所在事實上是處於封閉的狀態。

法蘭克福學派並不是單純地指這群於法蘭克福研究所進行研究活動的夥伴們，而是他們的科學內容都有明顯的類似性，才形成「法蘭克福學派」的風格。

首先，這群人在廣義上都是馬克思主義者，也可說是身段非常柔軟的馬克思主義者。他們都是透過馬克思思考，也包括那些別人讀了會覺得「馬克思有這樣說過嗎？」的內容在內，或是會把馬克思放在腦海中，與之對話。另一個特徵是，他們在研究中加入味道非常強烈的佐料，那就是佛洛伊德的精神分析。到二十世紀為止，現代思想中最重要又具獨創性的兩人，應該就是馬克思和佛洛伊德了吧，將這兩人的思想和學說相加起來，就會變成法蘭克福學派，而且口味的比例大概是「馬克思主義：佛洛伊德精神分析＝6：4」。

特別讓他們名聲大噪的是關於納粹的研究，例如為什麼德國人會被納粹精神支配，在實際上變成法西斯主義？為什麼納粹可以在政治上支配德國人？他們在這方面產出了非常大量的優秀研究（當然也關係到這群人都是直接受到納粹迫害的人）。

其中特別傑出的研究，就是所長霍克海默和阿多諾兩人合寫的《啟蒙的辯證》（*Dialektik der Aufklarung*，一九四七年）。這本書嘗試說明，受過現代啟蒙的理性市民，為什麼會變得野蠻失控。另一本處理同樣的主題，至今仍會被人閱讀的書是由埃里希．佛洛姆寫的《逃避自由》（*Escape from Freedom*，一九四一年），這本書描繪了德國當時的中產階級，是如何承受不了自由的重量而轉向納粹的樣態。

法蘭克福學派的第一代充滿重量級學者，但哈伯瑪斯晚於他們許久才誕生，是在一九二〇年代的最後一年。因此哈伯瑪斯被說是法蘭克福學派的「第二代」，而現在活躍在檯面上的學者則是第三代、甚至已經是第四代了。

哈伯瑪斯的溝通行動理論

哈伯瑪斯帶給同時代知識人巨大的影響，他的第一本書是《公共領域的結構轉型》（*Strukturwandel der Öffentlichkeit*，一九六二年）。寫下這本書的哈伯瑪斯，只是一位三十幾歲的青年而已。

這是一本怎樣的書呢？哈伯瑪斯開宗明義就說道，進入二十世紀後，「市民的公共領域」崩壞，陷入危機之中，而市民公共領域墮落的原因，在哈伯瑪斯的認知中，是因為「組織的資本主義」。所謂的「組織的資本主義」，指的是國家積極介入經濟活動的資本主義，這使得至今為止由市民自發性組成的公共領域衰退。那麼，市民的公共領域在歐洲的歷史中，是如何形成的，又是如何改變的呢？這就是本書探究的內容。

雖然每個人對此書的褒貶不一，不過我在此僅整理這本書主張的重點。英國、法國、德國，無論哪個國家都有誕生出公共領域。起初，公共領域是成立於藝文領域之中的。十八世紀出現了一群會讀小說的布爾喬亞，因此公共領域開始形成，以這些讀小說的布爾喬亞們的沙龍為土壤，茁壯形成的公共領域稱為「文學公共領域」，而這些小說讀者創造出來的公共領域最終擴大至政治的領域，因此形成「政治公共領域」，這就是基本的脈絡。理性討論的習慣，是從十八世紀左右就開始的傳統，但到了二十世紀後——隨著組織的資本主義的蓬勃——變得衰退。

哈伯瑪斯最重要的理論著作是《溝通行動理論》（*Theorie des kommunikativen Handelns*，一九八一年），這是一本非常適合那些要讀各種學說理論的人的書。我曾說過，讀帕森斯的《社會行動的結構》，不只能夠知道帕森斯的思想，也是一本非常優秀的社會學史教材，對於那些不贊成帕森斯理論的人來說，這本書也有閱讀的價值。類似的評論放到《溝通行動理論》這裡也是成立的。對於那些要讀溝通理論，尤其是要研究言語行為理論或語用學的人來說，這本書非常好。

這本書的主要概念是什麼呢？首先，「溝通行動」（kommunikatives Handeln）簡單來講就是對話。若要弄清楚這個概念的內容，就必須與其反義詞做比較，溝通行動的反義詞是「工具行動」，工具行動的典型是勞動。工具行動是成果指向的，換言之，得到成果是重要的，在工具行動的過程中，人們只會追求那些適合用來達到結果的事物，因此工具行動的目標是正向的成果，並遵從目的－手段的理性，目的－手段關係的理性就叫做「工具理性」。相對的，溝通行動的重點是雙方在基礎上相互理解的過程。因此在對話中說服對方，或是讓對方相信自己是真誠地在說實話等，對話中的理性就變得非常重要。若將這兩種行動整理起來，就會變成如下對比。

工具行動	成果指向	引導至工具理性
溝通行動	理解指向	引導至對話理性

哈伯瑪斯清楚地將行動區分成對自然的行動（勞動）以及對他者的行動，兩種行動各自遵從不同的理性。漢娜．鄂蘭也有同樣的見地，她在《人的條件》（*The Human Condition*，一九五八年）中，將人類的活動清楚分成針對自然的勞動和朝向他者的語言溝通，我們在後者中看得到人性。同樣地，哈伯瑪斯重視溝通行動，他認為溝通行動中存有人之所以為人的重點。

所謂的溝通行動，就是雙方透過語言，理性地、相互地順應情境脈絡追求各種妥適性，然後相互瞭解的行為。如果是科學上的溝通，雙方要求的就是理論的妥適性，如果是關於倫理的話題，那麼雙方要求的就是道德的妥適性，在關於興趣判斷的溝通裡，雙方則會要求美的妥適性。哈伯瑪斯借用胡塞爾的「生活世界」（Lebenswelt）一詞，然後以自己的方式運用，他認為生活世界是因為溝通行動而成立的。

但是，在哈伯瑪斯的想法中，進入二十世紀以後，國家介入生活世界，溝通行動的理性發生扭曲，這個情境中的「國家」是指官僚制度。他認為這是「生活世界的殖民化」，假設現在要蓋一個公共建設，最後卻變成是社區和建商之間的利益爭奪，這就是生活世界因為官僚制度或工具理性而被殖民化的狀態之一。對於這個時代的認知，哈伯瑪斯和鄂蘭有很大一部分重疊。

哈伯瑪斯認為，現代社會原本的目標是每個人平等參與、理性地討論，實際上，一直到十八、十九世紀左右，都還取得不錯的成績。但是，當政治和經濟的理論彷彿懷著更重要的目的從外部介入後，就壓抑了溝通行動的對話理性，破壞了生活世界。因此，重要的是恢復並確立現代社會本來嚮往的公共領域。我們正是因為透過現代的原理、現代在規範上所嚮往的原理，所以才必須要批判現狀，在這個意義上，現代是不完整的「未完成計畫」，這是哈伯瑪斯經常使用的語言，他有一本書就叫做《現代性——未完成的計畫》（*Die Moderne, ein unvollendetes Projekt*，一九九〇年）。

哈伯瑪斯的理論脈絡即是，從十八世紀開始，名為啟蒙主義的時代（我們這堂課一開始也是從社會契約論談起）裡出現了一種思維，在這思維的延長線上，有著現代最優秀的產物，而我們必須恢復這個產物。簡要而言，哈伯瑪斯就是典型的現代啟蒙主義者。

哈伯瑪斯與魯曼的辯論

接下來，我們要看的是哈伯瑪斯和魯曼的辯論內容。有一本書可以看到這場論戰的完整過程，那就是由這兩人共同出版的《社會理論或是社會技術理論：孰以率領系統研究》（*Theorie der Gesellschaft oder Sozialtechnologie*，一九七一年）。扼要來說，這本書展現了「我們完全不同」的態度，這兩位學者打從基本態度就不一樣。

首先，他們的方法論就不一樣。哈伯瑪斯的社會理論是「規範的」，目標為符合正義且公平的社會，相對地，「描述的」則是規範的反義詞，魯曼對什麼社會是好的、什麼社會是不好的，哪邊是符合正義的、哪邊是不符合正義的，總是持保留的態度。他忠於客觀地描述一個社會是如何維持秩序的，也就是從意識形態或價值觀中解放，這就是魯曼方法論的精髓。

上述雖然只是分析兩人的不同態度，但是與他們社會理論內容的差異息息相關。哈伯瑪斯認為社會是由「人」所組成的，透過人們理性的討論，（至少）在理念上，可能會出現幾乎所有人意見都一致的合意，如果是這樣的話，就能夠排除由少數人任意支配多數人的情況，這是哈伯瑪斯主張的基本脈絡。

將人類作為社會的要素這件事情，似乎不會出現什麼異議，因為大家可能都認為「這是理所當然的」，但是魯曼正是在這一點上和哈伯瑪斯迥異。魯曼認為社會的要素不是人類，是「溝通」。溝通或互相溝通的系統才是社會。

大家應該會想說「等一下」，我們剛才不是都在談哈伯瑪斯的理論，還說溝通是他的核心概念嗎？如果批評哈伯瑪斯無視溝通的話，難道不是荒謬的栽贓嗎？但是，從魯曼的觀點來看，哈伯瑪斯沒有正確掌握到溝通之所以為溝通這件事情。那麼，魯曼是怎麼理解溝通的呢？

關於這一點我會馬上在其後說明。

在這之前，我想說的是，其實社會要素不是人類而是溝通的這項主張，並沒有乍看之下的感覺那麼奇怪，甚至仔細想想會覺得是合理的。我們可以用經濟系統來思考。經濟系統是一個透過各種買賣的形式而運作的溝通系統，在這個系統中，我們的問題是要從哪個帳戶付錢到哪個帳戶、某帳戶有收到錢了嗎、什麼時候才付錢等等，人們的反應互動只建立在名為付款的交易溝通上，而付款結束後，互動就變成是要開商業票據等等。

至於帳戶的所有者，經濟系統對其是完全不關心的，經濟系統只會對與付款有關的溝通起反應，無論在哪個系統中，對那個系統而言，唯有相關的溝通才會成為要素，至於支撐著那溝通的人是誰則完全不重要。因此社會系統的結構經常是溝通與溝通彼此對話。

哈伯瑪斯和魯曼的基本思考方式完全不同，在論戰剛開始時，觀眾以為這場比賽是年紀輕輕就已是橫綱的哈伯瑪斯，對上沒沒無聞等級只有十兩[6]的魯曼，但兩人開始比賽後，卻因為十兩的技巧遠比對手靈活，變成大家不知道哪邊才是橫綱的狀態。

無論如何，這是場雙方都擦肩而過的辯論，因此如同前面所說的那樣，魯曼回顧這場論戰時，說他自己在理論上沒有什麼收穫。這情境就像是十兩於練習時受教於橫綱，但事實上，十兩表現得更像是一位厲害的橫綱，所以對魯曼而言這是場沒有任何收穫的練習。但是透過這場辯論，更能突顯出魯曼的思考方式是怎麼一回事。從這場論戰之後，身為社會學家的魯曼開始受人矚目，作品被廣為閱讀。

加工體驗的形式

那麼，讓我們結束哈伯瑪斯，一起來整理魯曼社會學的內容。

基本上這是一個特殊的社會系統理論。首先，什麼是社會系統？讓我們來思考其定義。系統形形色色，但其中重要的系統有四種，第一是「機械」，第二是「生物」，第三則較難理解，剛才我說過人類不是社會系統的要素，換言之，人類的「精神」或「人格」才是一套獨立於社會系統的系統，所以第三個系統也被稱為「心理系統」，最後第四個是「社會系統」。

具有代表性的系統是這四種，我們透過附加條件，將範圍漸漸鎖定在這四種裡面的社會系統。我們先從普遍的系統中，取出「自生系統」（autopoiesis system）。所謂的自生系統，是思考魯曼理論時的核心概念，我會在後面說明，總之可以想成是能夠自我組織的系統。四種系統中，「生物」、「心理」和「社會」這三種系統，就是自生系統。而這三種系統中，「心

6 譯註：作者使用相撲為比喻。相對於橫綱是相撲力士的最高位階，十兩則是正式相撲選手的最初等級。

理」和「社會」這兩個系統都和「意義」有關。換句話說，這些是由意義形構的系統。那麼「心理」和「社會」有什麼差異呢？差異就在於構成要素。「社會系統」的構成要素是「溝通」，「心理系統」的要素是每一種不同的思維。整體來說，所謂的社會系統就是以1自生系統2形構意義3溝通為要素的系統。

如果我們要研究社會系統，就可以沿著這些條件來一一檢視。首先我們必須確認「意義」和「溝通」到底各自是什麼。

我們先從「意義」的概念來看，「意義」在二十世紀的社會學中，乘載著非常重要的使命，讓我們來仔細討論。意義的源流是現象學，只是，魯曼被視為與「意義社會學」對立，他是屬於以帕森斯為中心的功能主義社會系統理論的社會學家，所以魯曼是拿「敵對勢力」的核心概念當成是自己的概念。不過魯曼社會系統論的「意義」概念，強調的是魯曼風格，非常具有個人特色。

魯曼的重點在哪裡呢？他使用了「可能性界域」這個概念。就是先前，在聯合赤軍的例子中出現「以共產主義的界域而言」的那個「界域」（horizon），其實這概念原本源自於胡塞爾的現象學。根據魯曼所述，我們是透過可能性界域中的否定（區別）來定義「意義」。這麼說非常抽象，聽起來相當難懂，但簡單來說，就是如下所述。

現在我一面在白板上畫圖表和重點，一面授課，但是我除了可以依據圖表或文字講解，我還有其他許多可能性，我可以使用投影片，或是將大綱印出來發給大家，或只是單純口述。這些各式各樣，功能卻相同的可能性集合體，就形成可能性界域。在這個可能性界域中，我將「使用白板」的這個選項從其他選項中圈選出來，做出區別。換言之，其他選項被否定了。透過這個否定，在我現在做的行動裡，就包含著「使用白板講解」的「意義」。

在蘊含著形形色色可能性的界域中，我們透過否定其他可能性，讓一種可能性浮出水面。此處的重點是，「否定」這個詞語被賦予了獨特的含義。明明有其他可能性，我們卻選擇了「這個」，此時的否定並非排除，而是「即使」有其他可能性，我還是選了這個，但其他的可能性仍舊是不錯的。一邊保存其他可能性卻一邊抑制它們，這是當我們操作「否定」一詞時的含義。換句話說，我們將其他可能性保留在儲藏室中、保存在意義的界域中，然後再從中取出某物，這是魯曼的「意義」概念中，最重要的一點。魯曼將這種一邊保存其他可能性，一邊讓特定的可能性浮現的作法，稱為「加工體驗」，他認為意義就是「加工體驗的形式」。

「意義」的三維度

魯曼認為「意義」有三個維度，魯曼每次都會重複談到這個概念，意義就是用這三維度將對象普遍化。

光是這樣講的話或許大家很難理解，但說明起來其實很簡單。這三維度被形容為是「事物」、「時間」、「社會」的三條軸線，這三維度的普遍化是各自獨立的，事物的普遍化就是最一般意義的普遍化。好比說，我們會賦予這一個白色的瓷板「（授課或佈告用）白板」的意義，這個白板就變得普遍化，隔壁教室或是其他世界中都有類似功能的佈告欄，這個白板只是其中的一個例子。雖然每個白板都不同，但我們無視它們的差別，將它們普遍化，同時，我們也是將白板與普通的紙或螢幕區別開來，即使這些事物同樣都具有可以書寫的表面。

所謂的時間普遍化，是把「意義」補充進來，並且對它一視同仁，此時那事物的同一性會透過時間不斷持續著。如果賦予某物品「白板」的意義，無論是昨天、明天還是多久以後，即使這物品會變得稍微老舊，這物品都還是「白板」。

所謂社會的普遍化，是指「意義」有某種公共性。這物品是「白板」這件事情，不只是對我來說是這樣，只要是知道白板使用方法的共同體中的成員，對大家來說這都是「白板」。意義是社會的普遍化，就是指這種狀態。

魯曼主張，這三個維度的普遍化各自獨立。有的事物，即使在事物的意義上有普遍性，但在社會維度卻沒有普遍性，例如深奧的學術概念就是屬於此類。雖然具有高度的事物普遍性，但是只有極少部分的人能夠理解，所以社會普遍性的程度就較低。

在這三個維度中，社會維度的普遍化與溝通有關。

溝通的結構

根據魯曼所述，社會系統的要素是溝通，所以魯曼分析溝通擁有怎樣的結構，並透過分析給予溝通一個定義。

魯曼描述，溝通是三個選擇的組合，這個「選擇」的概念非常重要，和剛才我們描述與「意義」有關的「否定」連結在一起。構成溝通的三種選擇中，有屬於告知者的，也有屬於接收者的。屬於告知者這邊的選擇有兩種，首先是「訊息的選擇」，這很簡單，另一個更重要的是「傳達」的選擇，關於此點我馬上會在稍後說明，而屬於接收者這邊的選擇則是「理解」。

舉例而言，假設A和B說「今年村上春樹出版的小說很有趣」，A首先選擇了「村上春樹的小說很有趣」這個訊息，但是A想向B傳達的並不單純只有這個資訊。

事實上，A想向B傳達的是，A想要把這件事情傳達給B的願望。換言之，A希望B理解到「『因為A說的話，所以B才知曉這個訊息（村上春樹的小說很有趣）』這件事是A的願望」。如此一來，在告知者A這邊，不只有訊息的選擇而已，還有傳達（給接收者B）意圖本身的選擇。

我再舉稍微複雜一點的例子，假設A和B說「明天我們在某咖啡店見吧」。在這段發言中，首先，A傳達的訊息是明天去那間咖啡店吧，但與此同時，這段話也包含著傳達的意圖，那就是以名為「約定」的形式相互束縛。

當接收者以理解的形式，回應了這兩種層面的告知者選擇時，也就是當B理解「今年出版的村上春樹小說很有趣」的同時，也理解了A想要傳達給B這件事情的意圖本身，溝通就實現了。

但是，我認為魯曼的溝通模型若能進行些許修正會更好。告知者「訊息的選擇及傳達的選擇」和「具體層次及抽象層次」有關。所謂傳達的選擇，指的是對於這訊息，告知者A保持著什麼樣的態度。例如A是想將這個訊息作為一個和事實有關的資訊傳達給對方，還是將此訊息作為一個要求表示給對方，還是為了和對方約定等等。如果是這樣的話，在接收者的選擇中，應該也要分成具體層次和抽象層次。

面對告知者在具體層次的「訊息的選擇」，接收者用「理解」回應，也就是表達對那訊息內容的理解，而接收者為了回應告知者在抽象層次的「傳達的選擇」，接收者這邊的選擇應該是「採納（或拒絕）」。因此可以整理成如下：

	告知者	接收者
抽象層次	傳達	採納／拒絕
具體層次	訊息	理解

我們可以藉由這四種選擇的組合來理解溝通，而非三種選擇。

充滿人性的場景

但是，關於溝通仍有兩個疑問，第一個疑問是關於溝通延續的可能性。溝通是一個事件，發生後馬上消失的事件，但是溝通隨時隨地都能被延續下去。所謂的被延續，指的是在上一個溝通中被選擇的事物，在下一個溝通中成為前提。魯曼指出，這是溝通延續可能性的不可思議之處。但是溝通為什麼不會被明顯忽視，還會被延續下去呢？這是值得探究的理論上疑問。

以第一個疑問為前提，就產生第二個疑問。溝通的延續，並不盡然表示接收者採納了告知者傳達的意圖，也有可能是拒絕。但是傳達一旦形成，在接收者那邊，選擇「採納」的可能性就會提高。因為在拒絕的時候，接收者會對選擇拒絕感到巨大的抗拒，必須說些辯解的理由，所以一般會選擇採納，這件事情，也十分有效地為身為溝通集合體的社會帶來秩序。為什麼接收者會以高到不可思議的機率選擇採納呢？魯曼有寫下這個問題，卻沒有給出答案。

總之，人類的行動，就連那些沒有幻化成語言明示的時刻，也能夠作為一種溝通，承載著意義，我認為這是人類最突出的特徵。假設你現在正跟友人肩並肩行走，因為沒什麼特別的事情，所以你們倆就只是沈默地走著。突然，你的朋友什麼都沒對你說，就急忙地朝另一個方向走去，你應該就會嚇一跳吧。你應該會呆呆地盯著他看，想著「那傢伙怎麼了，哪個筋不對了」。為什麼你會覺得嚇一跳？因為光是一起走路這件事情，對方的行動就是對你提出「一起走吧」的方案……而你採納了這個方案。因此，如果對方突然改變方向的話，就是取消了由自己提案而成立的小小約定（一起散步），對方必須說出自己想要取消的理由，你心裡是這樣想的。如果對方在改變方向前，說出「啊，我有東西忘了」的話，你應該就不會感到驚訝了。

為什麼我要說這些並沒有寫在魯曼的書上，枝微末節的事情呢？因為這是一幕充滿人性的場景。我也對靈長類的社會十分感興趣，但我深切感受到黑猩猩和人類的差異就在剛才描述的場景中。在一起的兩隻黑猩猩，常常發生其中一隻突然跑掉的事情，但是剩下的那隻黑猩猩卻完全不會感到驚嚇，還一副與我無關的模樣。但換作是人類的話，我們卻會對突然跑走的對方的心理狀況感到擔心，想說是不是發生了什麼大事。

「系統和環境」的區別

作為定義社會系統的條件中，我們已經說明了「意義」和「溝通」的概念，剩下的是「自生系統」（autopoiesis）的特性。社會系統，以及生物及心理系統，都有這個特質。自生系統的社會是什麼呢？接下來我們會根據魯曼的理論，談論這一個概念。

雖然系統理論在一九三〇年代出現，但魯曼強調自己是「第二代的系統理論者」，他的主要著眼點是放在哪裡，才會特別說自己是「第二代」呢？

對第一代的理論家來說，觀察系統時，最重要的區分標準是「部分和全體」的區別。理論家們關注的是整體系統大於部分總和的性質，更嚴格地說，即使把我們從各個部分得到的資訊加總起來，我們仍會有得不到的資訊，但這些得不到的資訊我們卻可以從整體系統中獲得。如此一來，整體系統遠大於部分的集合。這件事情是怎麼產生的？說明箇中原由，就是第一代系統論者的課題。

在魯曼的自我認知中，包含自身在內的第二代系統論者，所關注的區別則在別的面向，那就是「系統與環境」的區別。這個情境之下的環境，與「自然環境」的意義不同，環境是系統所參考的事物，目的是為了透過與「那環境」產生差異，以維持自身的同一性。它是位於系統外部的普遍事物。此處的環境是一個相當抽象的概念。

系統與環境之間有複雜性（德語Komplexität，英語complexity）的落差，換言之，系統內部的複雜性會變小，這是魯曼最重視的一點。從二十世紀末到二十一世紀初，複雜、複雜性或複雜系統理論在全世界流行。遠早於這股流行之前，魯曼就已經在使用「複雜性」的概念來思考了。所謂的複雜性是什麼呢？簡單來說，複雜性就是「可能性的大小」，一個系統中，要素與其他要素間相互關聯（對社會系統來說，要素就是溝通），要素的數量（要素的多樣性）和要素之間關係的多樣性定義了複雜性。系統成立時，複雜性就會被縮減（Komplexitätsreduktion）。

因為有些難懂，我盡量具體地說明。例如我們現在創造了一個進行「社會學史授課」的團體，這就是個小型社會系統。在這個系統中，可能會被允許的行動或溝通是相當少的，即使你們想唱歌，也是不被允許的，你們也不能喝酒，說話的內容也相當受限，即使我們借用的是出版社的會議室，但在這個系統中，你們也不能討論月刊雜誌的特輯內容。在這裡，你們能夠進行的溝通，只限於談論社會學這門科學相關的事情而已，這就是複雜性（可能性的多元程度）被縮減的狀態。在這個系統以外，也就是環境中，被允許的事情會變得比較多，複雜性也就比較大。

系統是從環境切割出去的，所以複雜性也就被縮減了。換言之，如果複雜性之間沒有有意義的差異的話，系統就不存在。如果在這裡和外面，大家可以進行的溝通、能夠成為主題的話題沒有任何差異的話，這裡就不是社會系統。

因此，複雜性的縮減本身，對所有系統來說變成是根本的課題。如果不能克服這個課題，系統就不會成立，那麼要如何縮減複雜性呢？這是第二代的系統理論應該要解決的問題，而自生系統就是縮減複雜性的方法之一。

不是輸入也不是輸出

根據魯曼所說，第二代的系統論將系統當作「操作封閉性」的事物來處理。這是什麼意思呢？

在談社會系統之前，生物或者生物功能的部分系統，全部都是操作封閉的系統，所以我會先拿這些當例子來說明。最明顯的例子就是血液循環系統，這個系統透過血液的循環就能維持，在血液的循環中成為一個封閉系統。

但是，血液循環系統未免太過簡單，大家會難以理解它和社會系統的關係，所以我再用免疫系統來解說。免疫系統會對抗原產生反應，而抗原是從生物外部進入的異物，所以大家可能會認為這不是封閉的系統。但是免疫系統之所以會對抗原產生反應，是因為免疫系統是辨識抗原的組織，具備像受器那樣的東西。如果沒有受器，抗原就不會被視為是異物，這樣一來，對免疫系統來說，抗原就等於是不存在的東西一般，抗原變得暢行無阻。

會被免疫系統視為「輸入（異物）」的東西，只有在與免疫系統內部的操作機制相關時才會被發現，所以對系統來說，這不能說是真正的外部、真正的輸入。嚴格來說，以免疫系統的觀點來看，它無法分辨在免疫系統內部產生的反應以及對異物（輸入）產生反應的差別，這就是操作封閉的狀態。魯曼有些挑釁地描述說，這既不是輸入，也非輸出。他的大意就是如上所述。

心理系統也和免疫系統相似。用康德來思考或許還滿貼切的，康德認為，我們是透過感性或悟性的形式來認識對象，而這感性的形式或悟性的範疇，就類似於免疫系統的受器一樣。

社會系統也是一樣，社會系統只會認知到自己關心的事物，對自己來說有意義的相關事物而已。不只是全體社會系統這樣，具有功能性的部分系統也是一樣。好比說科學系統，科學系統只會對區辨「真／假」的溝通起反應，在我們的溝通中，可能有道德倫理的善與美，或與經濟價值有關的內容，但卻無法成為科學系統關心的對象。

在從前的系統理論中，學者認為連鎖順序是「輸入↓系統↓輸出」。但是根據魯曼的想法，在包含魯曼在內的第二代系統理論中，輸入或輸出的關係也是被系統自己的操作內化，傳統意義上的輸入或輸出並不存在。

即便這樣說，我們仍不可以誤會，操作封閉系統並不是孤立的存在。因為這些操作封閉系統們，都要將彼此當作環境。好比說免疫系統必須在具有血液循環系統、消化系統存在的環境中才會存在，如果沒有經濟系統或是法律系統存在於環境中，那科學系統也就不會成立。這些操作封閉系統們，必須以彼此需要為形式連結在一起，魯曼稱呼這種狀態為「結構耦合」（strukturelle Kopplung）。

作為自生系統的社會

解說至此，可以說關於討論自生系統的準備都已經齊備了。我想大家應該能夠明白，操作封閉系統有一種自指的關係在裡面。這種自指的關係，不只可以說與整體系統有關，甚至及於每個要素誕生的層面，這就是自生系統。這樣說明的話可能還是不好理解，不過有一個概念叫做「自我組織系統」，這是早在魯曼以前，無論是社會系統理論還是其他系統理論的領域都會使用的語詞。當系統本身，能夠自己製造出系統秩序時，這個系統就被稱為「自我組織系統」，而自我組織系統中的最強版本，就是自生系統。

「最強的版本」是什麼意思呢？在普通的自我組織系統中，只要給予組成系統的要素本身，系統就會針對那要素的排列方式或關聯性進行組織化。但是在自生系統中，系統本身連要素都能創造出來。能夠透過各關聯要素的關係，產生系統要素的系統，就是自生系統。

生物也是自生系統，因為新細胞會作為生物體內的反應而誕生。心理系統也是無法成為其他別種系統，因為心理系統的組成要素就是思維，而思維是怎麼產生的呢？思維只能從別的思維中產生。

更重要的是，社會系統就是自生系統，其構成要素就是溝通，新的溝通會從溝通間的網絡中誕生，溝通不可能從別的地方出現。新的要素必須透過關聯要素才得以誕生，這才完全滿足自生系統的定義。

「自生系統」並不是魯曼發明的概念。創造這個概念的人是叫做洪貝爾托・梅圖拉納（Humberto Maturana，一九二八—）及弗朗西斯克・瓦雷拉（Francisco Varela，一九四六—二〇〇一）的生物學家（神經生理學家）。魯曼受了他們著作的刺激，將這個概念挪用於社會系統中。

這裡我想附帶一提的是，一位名為喬治・史賓賽—布朗（George Spencer-Brown，一九二三—二〇一六）的古怪數學家，發明了一套「指示演算法」（calculus of indication），這是包含了自生系統在內，表現自指理論的數學演算法。其實就連專門的數學家，也幾乎都不知道關於這位數學家的事情，但是魯曼卻時常提到這個人，因此我也對此人非常感興趣。當我還是研究生時，我讀了這個人的《形式定律》（一九六九年）後，非常地興奮。在普通的數學或理論學裡面，根本不會處理自指（比方說「這篇文章是假的」）的問題。這種不可能性會表現在羅素的類型論或者哥德爾的不完備定理中，但是史賓賽—布朗透過改造邏輯代數，建構出處理自指問題的數學演算法。我受到史賓賽—布朗的數學刺激，以自己的方式再次建構出社會系統的基礎理論，那就是我的博士論文，也是我的第一本著作（《行動的代數學》（行為の代数学））。

無論如何，剛才我們批評了布赫迪厄的「慣習」概念。布赫迪厄提出慣習，並將其當作是包含結構生成理論在內的概念，但事實上慣習概念無法形成完整的理論，這是我對慣習的批判。相較之下，魯曼的自生系統理論遠比布赫迪厄精緻且洗鍊。在人類無法以意識控制的形式中，溝通一個接一個地延續下去，自律地形成秩序，我認為魯曼的理論中，才有能夠連結到（結構主義意義的）結構生成理論的創見。

複雜性的縮減與增加

魯曼的社會系統論中存有「社會進化」的概念。社會進化論從十九世紀開始就有了，但是魯曼的「社會進化」概念和那不同，也與生物進化的理論沒有關係。

系統會「進化」，也就是版本會升級。剛才我們說過，系統內部的複雜性比環境的複雜性來得小；而複雜性的縮減，正是系統的根本課題。系統會識別那些過於旺盛的複雜性，然後僅從中篩選出特定的事物。進化和系統根本課題之間的關係，規範著進化。

以直覺來說，當這個「縮減」的幅度愈大時，系統就愈可能進化。所謂幅度變大，指的是系統的選擇能力變高。當縮減的落差愈大，表示系統更能細緻地識別環境的複雜性，意即系統的感知度提升，那麼，系統的感知度或精密度要怎麼樣提升呢？為此，必須提高系統本身的內部複雜性。

此處發生了一個似是而非的論點，為了要讓系統縮減複雜性的能力提高，所以系統自身的複雜性必須要增加。這是怎麼回事呢？我決定將這個問題單純化，以具體的事例試著說明。

假設有間專門發行漫畫的出版社，對這間出版社來說，世上的書只有是漫畫和不是漫畫兩種類型。這間出版社關心的是出版受歡迎的漫畫，而對學術書漠不關心。這間出版社要到什麼時候才會關心其他種類的書籍，並且肯於面對書籍世界的多樣性呢？應該就是在這間出版社裡面，不只有漫畫部門，還創立了藝文書、學術書等部門，開始發行這些種類的出版品的時候吧。出版社內部的複雜性若不提高，那間出版社能夠看到的環境複雜性也就不會提高。

如此一來，為了提高縮減複雜性的能力，就必須提高系統本身的複雜性。早在魯曼以前，在系論統的領域中，就有一個知名的法則叫做「必要多樣性定律」（the law of requisite variety；由威廉．羅斯．艾什比所提倡），此定律即是：系統內部的多樣性與其系統能夠對應的環境多樣性之間呈正相關。剛才我所介紹的，魯曼關於複雜性縮減與增加的理論，就是基於和這個定律同樣的想法。

社會進化的三個階段

剛才我說明了「進化」的抽象標準，那麼社會系統在歷史上是怎麼樣進化的呢？根據魯曼的想法，社會系統經歷了三個階段進化。

最原始的社會系統是「片段的系統」，這種社會系統是將同樣的單位以水平的方式連接。請大家思考我介紹李維史陀的《親屬關係的基本結構》時，所說的無文字社會，相近的氏族會透過女性的交換連結在一起，這就是片段的系統。

比這個複雜性更高一些的是「階層的系統」，這是根據權力的大小進行垂直分殊化的系統，像是國王或皇帝等支配者會位於頂點，而行政官員位於他們四周，支配著更下層的人們。

到此為止是前現代的系統。現代的社會系統則是「功能分殊化的系統」，以政治是政治、經濟是經濟、宗教是宗教、科學是科學等等的形式，社會系統分工成許多功能特殊化的次系統。如此一來會變得怎樣呢？好比說科學系統和政治系統是不同的，因此在科學系統中的正確判斷，與這判斷是否方便政治系統發動權力無關。科學系統與經濟系統也是不同的，所以科學對真理判斷，也完全與能不能在市場賣得好無關。

功能分殊化的系統，各自都有固有的「媒介」，這個媒介會形成系統中固有的「非此即彼」的二元對立編碼。大家或許不知道我在說什麼，具體說明如下。

最好理解的是經濟系統。經濟系統為了要獨立出來，必要的媒介是「貨幣」。貨幣能夠滲透的事物，簡要來說，就是經濟系統中的重要選項「付錢或不付錢」而已。從賣方看來，只有採納貨幣和拒絕貨幣兩種選項是重要的，這組「付錢／不付錢」是對應於貨幣這個媒介的編碼。以這組編碼為前提，「付錢」（採納貨幣）這個選擇就有非常高的機率會發生，這個選擇不斷接續下去的話，經濟系統就會成立。

對科學系統來說，媒介是「真理」，而其編碼是「真／假」。如果人們沒有特別偏愛選擇

「真」，如果被視作是真理的言論沒有相繼誕生的話，科學系統就不會成立。科學系統的媒介運作，必須要獨立於經濟系統或其他功能性系統的媒介之外。

在功能上分殊化，社會系統就變得擁有高度的複雜性，例如以經濟系統為準則的判斷，就與宗教的判斷不同，其他還有政治的判斷、科學的判斷、道德的判斷等等，大家都是獨立的。現代社會系統的特徵，就是擁有各自獨立的功能次系統。

雙重的偶然性

大致上，我已經將魯曼的概念深入淺出地討論過一輪，即使如此，這位社會學家的思考方式的重點是在哪裡呢？哪裡是我們應該要注意的重點呢？關於此點，我想再重新說明一次。

在我的想法中，魯曼理論中最基本的構想是「偶然性」（德語kontingenz，英語contingency）。或許魯曼自己沒有這樣想，但從我的觀點來看，這個概念具有深刻的社會理論意涵，也是很好線索讓我們去理解魯曼系統論的基本構想。

日本會翻成「偶有性」，是個很難懂的詞彙，英文的"contingency"或許還比較好理解。偶然性，抽象來說，是透過否定「不可能性」和「必然性」兩個面向來定義自身樣貌的。換句話說，偶然性就是：「不是不可能（有其可能），但也非必然」，更簡單地說就是「有其他可能」。明明有其他可能，但偶然是這個樣貌，這就是偶然性的意義。只有一種可能，就是必然性；清楚地沒有任何可能，則是不可能性。不屬於這兩者的就是偶然性。

帕森斯在他的系統論中也經常使用偶然性這個詞彙，但是魯曼改變了施力點，將偶然性放在核心的位置上。系統的要素（溝通）也有其他可能——可能不是已發生的那樣——要素間的關係（溝通的接續）也有其他可能，這就是偶然性的狀態。

雖然帕森斯也是同樣的想法，但是比起他，魯曼更重視「雙重的偶然性」（德語doppelte kontingenz，英語double contingency）。這是什麼意思呢？（雖然在此我們是無視帕森斯的理論，只敘述和魯曼有關的部分。）雙重偶然性的概念是在思考自他關係中的偶然性，不只我的選擇有其他可能，和我有關的他者也有其他選擇。

只是關於這點，我想說得比魯曼更深入一些。並不是兩個偶然性單純地相加，變成雙重的偶然性，所謂的偶然性本來就一定是雙重的。因為偶然性為了要擁有意義，面對真實發生的事情時，那些沒有發生的、沒有成形的隱性事物，也必須擁有與已發生事物同樣的真實性才行。實際上過去沒有發生、現在也沒有發生的事物，為什麼有權力說自己與現實有同樣的權利，一樣具有真實性呢？我認為原因是他者的存在。所謂的偶然性，說到底，我認為其原點就是這件事情：如果我是他人，或者他人是我的話，過去卻沒有那樣做。

如果世界是唯我論，只有我才存在的話，偶然性不就沒有意義了嗎？偶然性只有在他者存在的世界中才會是一個有意義的概念。這樣想的話，偶然性原本就只能存在於自己與他者的關係之中，所以在定義上就是雙重的。這是我想跳脫魯曼指出來的事情。

作為「普遍化犯罪」的秩序？

這個偶然性，和剛才說明的社會系統理論有怎樣的關係呢？我曾說過，社會學的主題是「社會秩序如何可能」的提問。所謂社會秩序成立的狀態，以魯曼的語言來說，就是複雜性縮減的狀態。從偶然性的概念重新審視的話，當複雜性縮減時，偶然性也會變小，會被系統吸收。

比方說，現在在我們的系統中，我們成立像這樣的講授課程，這是因為大家都願意聆聽。但事實上，大家也可以做很多其他的事情，無論是唱歌、走出教室、睡覺都可以。當這個「其他可能性」的空間變小，被系統吸收後，大家的行動變成只能聽講時，這裡就成立了秩序。複雜性的縮減與偶然性的吸收是對應的關係。

但是，這裡要注意，魯曼真正想強調的是，即使社會秩序成立，偶然性也不會完全消失，偶然性會一直殘存。請回想魯曼對「意義」的定義。「意義」的成立，是透過名為「否定」的操作，這並不是排除其他沒有實現的可能性，不如說是保存了這些可能性；魯曼是這樣主張的。透過「意義」將行動或事件確定下來時，則那行動或事件的偶然性也被保存了下來。

溝通也是一樣的，溝通是由三種到四種的選擇組合而成的。告知者的訊息或傳達意圖，在高機率下，會被接收者理解、採納。但既然是選擇，那麼也就留有不被理解（被誤解）的機率，被拒絕的機率。即使系統想要縮減複雜性，也無法將偶然性吸收殆盡。

魯曼經常使用「不像會發生（非概然性）」這個詞語。他以「不像會發生的事情」來描述現在這種秩序成立的狀態。明明都是偶然的，卻能用這樣的形式成立秩序，滿足彼此的期待，完全就是個奇蹟。魯曼將存在偶然性的論點置於論述的核心位置。

即使縮減複雜性，社會秩序成立時，偶然性仍然殘存。如果將這個論點繼續延伸，那就是，對成立秩序來說看起來是威脅的偶然性，反而為秩序帶來了成立的可能性。我們甚至可以這樣顛倒過來思考。

此處我想要大家重新回想，我解說霍布斯社會契約論時曾經討論過的內容。雖然我不覺得霍布斯的理論是成功的，從「萬人對萬人的鬥爭」不一定能夠導出利維坦讓秩序得以成立，但此處我想要大家注意的不是這個理論的內容，而是出發點及結論。霍布斯在討論以社會契約形成秩序的原點時，他是這樣說的：每個人都否定其他人的自然權，造成以血洗血的鬥爭，從秩序成立後回顧的話，所有人都是參與犯罪的狀態，不可能是其他狀態。也就是說，霍布斯的社會契約論，描述的是犯罪的普遍可能性（每個人都在做如同殺人或強盜的犯罪）走向社會秩序的變貌過程。可以說魯曼理論中也有相同的觀點，身為偶然性的普遍性（不會消失的偶然性）才是社會秩序的原點，也因此誕生出秩序。

功能結構主義

我曾說過帕森斯的理論是「結構功能主義」，但魯曼反而自稱自己是「功能結構主義」。「結構功能主義」與「功能結構主義」有哪裡不同呢？

所謂的結構功能主義，就如同先前所說的那樣，系統的目的是必須要滿足「功能條件」，所以系統會選擇滿足這個目的的結構。而功能結構主義則是利用這個論點反駁對方。

假設這裡有一個應該要滿足的功能條件，為了滿足這個功能要件，有什麼其他選項，或是說有什麼樣的結構是可能的？為了解決這個問題，我們可以活用功能的概念。比方說，某國以保障國安為目的，為了達到這個目的，一個方法是與強國締結軍事同盟，另一個方法是強化自國的軍備，或者還可以與周邊國家締結和平條約，在功能中有各種等價的選項。

這種論法就非常有魯曼的特色，因為他的目標就是揭示「有其他可能」。在帕森斯結構功能主義的情境下，重點是功能條件限制了結構。相對地，魯曼則提出各種可能的結構，都能夠達到同樣的功能，魯曼的重點在於，提出名為「有其他可能」的偶然可能性，拓寬選擇的幅度。魯曼功能結構主義的目標，是發現在功能上的等價之物。

激進建構主義

若要總結魯曼的理論，我想討論的是，他的理論對想要改變現實社會的實踐行動來說，有什麼樣的意涵。魯曼稱呼自己的立場是「激進建構主義」（德語radikaler konstruktivismus，英語radical constructivism）。

大家從剛才我們討論「系統是操作封閉式」時所描述的內容，應該就能理解這句話的意義。例如，對免疫系統來說，得以藉由自己的動作來認知的東西，才算存在，這件事情放在其他系統裡也同樣成立。

在廣義上，系統「認知」並識別對象是何物這件事情，我們可以用「觀察」（德語Beobachtung，英語observation）這個詞來表現。對系統來說，存在與整體系統的觀察息息相關，沒有被觀察到的事物就明顯不存在。換言之，存在是透夠系統的觀察被建構出來的，這就是「激進建構主義」的立場。

比方說，現在我們處在一個系統內，而這個系統的成立與「社會學史」的溝通有關，這個系統沒有在觀察位於桌上的杯子，所以杯子是什麼顏色的完全沒差。相對地，系統會觀察到社會學家魯曼這個人，觀察他如何討論關於社會系統，對我們的系統來說，這件事才是活生生的具有實在性。

激進建構主義可說是將康德以降的現代哲學的潛能徹底發揮的結果。尤其是後現代主義的哲學家們，大家幾乎都有激進建構主義的傾向。若是超脫現代或是西方的範圍來思考的話，大乘佛教的唯識學也是激進建構主義。

激進的反諷主義

在魯曼的晚年或者在他死後出版的大多數書籍，都有著奇妙的標題，全是《社會的X》。最先出版的是《社會的經濟》（一九八八年），後來他寫下並出版《社會的法》、《社會的藝術》、《社會的政治》、《社會的宗教》、《社會的教育系統》等書。X的地方，就是帶入社會系統中的一個功能領域。為什麼他不單純寫成《經濟》或者《經濟系統》，而要加上「社會的」呢？這是為了要清楚地顯示他激進建構主義的姿態，魯曼清楚地表示，那些作為經濟現象存在的事物，是身為社會系統之一的經濟系統所觀察到的產物。

《社會的XX》系列的最終版本，是完全的自指形式，也就是在XX的地方放入社會，即《社會的社會》（一九九七年）。社會作為它自己，社會自我觀察的產物而存在。

但如果這樣，結果會變得怎樣呢？若每個系統都只看得到自己想看的東西，會導致獨立於系統之外，和每個系統都沒有關係，適用於所有系統的普遍真理並不存在，從這些系統中，不會發展出無論在哪個系統中都能成立的道德命題，或是正義等觀念。倒不如說，這類的東西被明確地拒絕，因為每個系統只會認定與他們有關的、必須要加上引號的真理或正義。結果就變成是徹底的相對主義。

如此一來，大家就能重新理解魯曼和哈伯瑪斯辯論的意義。哈伯瑪斯思考的是什麼是普遍的正義。他把現代視為未完成式，因為普遍的正義還沒有實現，他將現狀放在「未完成」的位置上，就是假設完成式的現代是理念的頂峰，普遍的正義或真理正在那頂峰上等待著。

魯曼則站在哈伯瑪斯的對立面。魯曼的相對主義對實踐行動來說有什麼意涵呢？答案就是沒有什麼意涵。社會學能做的事情只有紀錄事態而已，沒有判斷何為善、何為正確的權利。而且這個紀錄，只是與「社會的社會學」有關的相對「真理」，不能要求這個紀錄擁有普遍的妥適性。我稱呼這個態度為「激進的反諷主義」。

魯曼反對的是錯把相對的「真理」或與系統有關的「正義」，理解成絕對的、普遍的真理或正義，對於這種強迫式的主張，魯曼採取了徹底保持距離的態度。我認為這也是一種見地，但如果是這樣的話，社會學是為了什麼而存在的呢？讓人不禁會有這種疑問。關於這個問題，我們會在後面繼續思考。

3-3 論述與權力

美國接受與不接受的人

這章我要解說的是米歇爾．傅柯（Michel Foucault，一九二六—一九八四），但也有的人不把傅柯算在「社會學家」之內。並不是因為傅柯的研究偏離了標準的社會學領域，原因正好相反，因為傅柯的研究橫跨了各種領域，難以用名為「社會學」的專業領域來囊括。許多科學領域的專家，無論是哲學、科學史、思想史或是歷史學等等，都關心傅柯的研究，受到他的刺激啟發。而傅柯所進行的研究，明顯地是想回答那些社會學主要關心的主題。

事實上，日本也好，國外也好，在傅柯之後，都出現了許多被他的研究所啟發的理論研究或歷史社會學研究。但是傅柯和魯曼不同，他沒有意識到自己吸收的是在「社會學」領域中已成形的研究，魯曼則會強烈地意識到帕森斯的理論，但傅柯卻沒有這個面向，不過我再重複一次，以結果來說，傅柯進行的研究對社會學來說極有意義。如果不把傅柯放入社會學的歷史中的話，對社會學來說是巨大的損失。

我剛才說過，如今即使是在社會學的領域中，仍有許多受到傅柯研究啟發的後繼研究者。比起魯曼，後人受到傅柯的影響更多。有許多研究都是承繼了傅柯的問題意識，而且介紹傅柯的書、傅柯的評論也很多。相較之下，魯曼的後繼者就不多，為什麼會有這種差異呢？我認為這差異的原因之一，是由於傅柯被美國所接受。一九七〇年代後半到八〇年代，傅柯受到當時美國年輕研究者的熱情歡迎，傅柯自己也去了美國好幾次。

相比之下，魯曼在美國不太受到歡迎，而且，也沒有跡象顯示他本人努力想要被美國研究者所「接受」。二十世紀後半以後，人文社會類別的知識是否被美國接納，與這知識是否能影響全球，有強烈的相關性。同時大家最好也要注意到，知識經過美國後也會產生本質上的變貌。

傅柯和魯曼是完全不同氣質的學者。魯曼的社會學，就像方才我們讀到的那樣，他傾向於建構出非常抽象的系統理論。相對的，傅柯在學問上的主題，經常是歷史，而且是西方的歷史。傅柯之探求，其鋒芒有時會指向科學、思想或哲學，有時則是政治上的實踐，甚至是小人物的私下生活。無論如何，在論述或言說上留下痕跡的歷史，才是傅柯一生不變的研究對象。

所以魯曼和傅柯是資質完全不同的思想家。不過這個斷言不能說得那麼絕對，因為讀魯曼的論文或著作，我們可以從那些被當作理論佐證的例子中，看到他令人驚異的龐大歷史知識，這顯示了魯曼對歷史有著不尋常的關懷。反過來看也可以套用在傅柯身上，傅柯的歷史學知識不像一般的歷史學者，我們知道在傅柯理論中，歷史學伴隨著他對抽象理論或是哲學的關心。

但無論如何，傅柯和魯曼在表面上的差異是明顯的。實際上，也很少人對傅柯和魯曼兩邊同時都感興趣，只是仔細閱讀的話，會發現他們兩人的研究都被類似的主題驅動，最終的目標也很相近。我想大家能從接下來的說明之中體會這件事情。

傅柯和魯曼幾乎同齡，傅柯生於一九二六年，魯曼是一九二七年。傅柯較早於一九八四年去世，而魯曼則於一九九八年去世。我前面有稍微介紹魯曼的生平經歷，但是傅柯就容我略去不提，因為坊間已有許多傅柯的入門書，也有關於他的詳細評傳，而且我認為魯曼身為公務員的經歷影響了他的社會學，所以比較詳細地談到了這一塊，但傅柯則沒有這種狀況。所以以下我們就直接進入傅柯的學問世界。

傅柯研究的三個階段

傅柯研究的腳步，可以清楚地分成三個時期。初期傅柯研究的主題是論述，還有與之相關的認知框架。這個時期的代表作就是從《瘋癲與文明》（*Folie et deraison*，一九六一年）到《詞與物》（一九六六年），再到《知識考古學》（*L'Archéologie du Savoir*，一九六九年）。可以說，一九六〇年代是傅柯陸續發表了各種代表性著作的時期。

中期是一九七〇年代，這個時候的傅柯專心於研究權力分析，尤其是現代固有權力的歷史起源。代表作為《規訓與懲罰：監獄的誕生》（*Surveiller et punir: Naissance de la prison*，一九七五年）以及《性意識史第一卷：認知的意志》（*L'Histoire de la sexualité: La Volonté de savoir*，一九七六年）。也是在這個時期，傅柯研究的主題可說是社會學的主流。

後期是一九八〇年代，也是傅柯的晚年。傅柯的關心轉變，他研究起古希臘的「生活藝術」，這種「生活藝術」的核心是「對自我的關心」，這時期的代表作是《性意識史第二卷：快感的運用》（*L'Histoire de la sexualité: L'Usage des plaisirs*，一九八四年）以及《性意識史第三卷：自我的關懷》（*L'Histoire de la sexualité: Le Souci de soi*，一九八四年）。

傅柯的研究階段能以非常清楚的形式分成三個時期，這些研究主題之間有什麼關係呢？為什麼研究主題是這樣推移的呢？引導這些主題的一貫動機是什麼？如果能夠回答這些問題，自然就能夠提煉出傅柯研究中作為社會學理論的骨架。

「知識型」的不連續變化

為此，我們需要簡單回顧初期的傅柯研究。在這個情況下，為了得知傅柯的研究目標，我們得看他一躍成為時代寵兒的初期代表作，也就是一九六六年的《詞與物》。當時有人說這本書「賣得像法國麵包一樣好」，但事實上這是一本相當困難的書，所以可以想像，讀完這本書的人應該比起吃法國麵包人要少得多。不過這樣艱澀的書竟然可以變成暢銷書，應該也有社會學上的理由。這本書會受到熱情歡迎的原因，恐怕和李維史陀《野性的思維》的情況是相似的，也就是對於當時處於支配地位的存在主義和馬克思主義來說——尤其是前者——此書有著如解毒劑一般的效果。

為了理解《詞與物》，第一個關鍵的概念是「知識型」（episteme）。原本這是希臘語中「認知」的意思，傅柯使用時則有特別的意涵。所謂的知識型是指某個時代或社會的思維系統的基本框架，近似於科學史中會使用的「典範」（paradigm）一詞。《詞與物》的主題，就是追溯中世紀以來，西方知識型的變化。

在這本書中，傅柯想要展現的是，西方思維系統，也就是知識型，其變化不是連貫的。知識型共有三個階段，先是與中世紀有關的文藝復興，然後是古典主義時代（十七、十八世紀，包含本書一開始介紹的社會契約論等時代在內），最後是現代（法國大革命之後、十九世紀以後），知識型的變化並不是徐緩地慢慢生成，而是在每個階段的交界處，如斷裂般地產生。換句話說，在一個時代中，比方說在古典主義時代中，知識型並沒有發生歷時性的變化，也就是傅柯視古典主義時代的知識型為一個共時的系統。

為什麼知識型會產生斷裂的變化呢？因為在每個時代中，能夠成為知識型座標軸原點的事物，一直在變換。根據傅柯所說，在中世紀文藝復興時期，位於知識型原點的事物是「相似性」，到了古典主義時期則置換成「表象」，到了現代，位於原點的變成「人類」。

所謂知識型的中心是「相似性」，指的是人們認為語言（符號）賦予某物意義、與某物有連結，都是因為語言和物之間有相似性；人們將這兩者視為是相近的，是因為人們認為語言和物屬於同一個水準。為了讓讀者能夠想像相似性知識型的圖像，傅柯分析了《唐吉訶德》。唐吉訶德為了證明名為世界的織品與書籍（語言）的連結，而出門遊歷。為了解讀世界，他經常運用的手段，就是「相似性」。因此他會將旅店視為城堡，將成群的家畜視為軍隊，將女僕視為高貴的小姐。

唐吉訶德的舉止甚是滑稽，被作者描寫成是有妄想和幻覺的傢伙。為什麼會這樣呢？因為《唐吉訶德》是在十七世紀初期寫就的，換言之，時代已經轉移至表象的時代了，唐吉訶德身處在表象的時代中，卻想利用相似性時代的典範來生活，所以會被當做是笑話，不得不重複著悲慘的失敗。我覺得這是個滿敏銳的解釋。

在古典時期，傅柯證明知識型是圍繞在名為「表象」（représentation）的太陽周圍轉動，這在當時是一項讓人震驚的大膽挑戰。為了說明，他舉出了彼此沒有直接影響關係的三種科學領域，雖然它們的內容迥異，但是都擁有同樣的形式結構，而那結構的中心正是「表象」。這三種科學領域，分別是博物學（生物學的前史）、財產分析（經濟學的前史），與普通語法。每個領域各有自己關心的焦點：博物學是分類自然物的「特徵」，財產分析就是「交換價值」，普通語法是「名詞」體系，而這些全部都是「表象」的變體。

我們在此沒有詳細解說這些內容的篇幅，大家只要回想起古典主義時期的繪畫喜歡描繪「鏡子」就好。《詞與物》的開篇，傅柯就在分析維拉斯奎茲（Diego Velázquez）的畫《侍女》（*Las Meninas*），並將它當作是古典時期本身的表象，位於這幅畫中心的是映照在鏡子裡的國王與皇后。鏡子映照出世界，換言之，鏡子是表象中的表象。

我想再補充一點關於「相似性」和「表象」的差異。剛才說過，當相似性位於知識型的中心時，語言（符號）與物必須屬於同一個水準，就如同唐吉訶德以為書籍和現實世界是連續的那樣。但是，為了使表象成立，符號秩序與物的秩序必須是彼此獨立的，因為所謂的表象，是指這兩種秩序間的對應關係。我們可以用地圖來思考，地圖正因為與現實地形的秩序不同，所以才有所幫助。

先驗且經驗的雙重體

那麼，大家應該都知道接下來我要說的是什麼了，有一個要素置於符號秩序與物秩序之間的咬合位置，這個要素從物秩序中撕下符號秩序，製造出距離，並負責兩者之間的對應關係，正因為如此，這要素只能是「人類」。因此人類位於現代知識型的中心位置。大家可能會認為，人類位於知識關懷的中心這件事情，不是從以前就是這樣了嗎？這不是理所當然的嗎？這樣的理解是錯誤的。這個情境下的「人類」包含著特殊的意義。

傅柯規定人類是「先驗且經驗的雙重體」，這是非常困難的詞語，要完全符合這種特徵，首先要理解康德，其次是黑格爾，所以這裡只要有粗略的直覺理解就可以了，所謂的「先驗且經驗的雙重體」指的是過去分別神（先驗的存在）與人類（經驗的存在）的事物，被編入了人類之中。

在現代科學的各種領域中，對應於「人類」的要素都扮演著核心的角色。在經濟學中就是「勞動」，如今交換價值（金錢）已經不是財富的泉源，我們視人類的勞動本身才是財富的泉源。對生物學來說，對應於「人類」的是「生命」。而語言學重視的是語言的「屈折」（語尾的變化），尤其是動詞的運用。在此我只說明為什麼動詞的運用會與「人類」連結在一起。在表象時代的古典時期，象徵及分類世界或物的「名詞」是重要的，但是現代語言學關心的是人類意志或慾望展現在語言中的何處、語言如何分段，而那這角色正是動詞。所以在現代語言學中，語言的歷史分析尤其會關心動詞。

「表象」和「人類」之間的差異，特別會展現在對於「時間」的關懷上。表象的秩序，是屬於沒有時間的靜態系統。相對的，現代知識型重視的是目的＝朝向結束的時間。好比說，經濟學重視的是會讓人感到疲勞的勞動時間，所謂的生命，就是在抵抗死亡的時間中顯現。或是動詞對應著人類生氣勃勃的運動，自不待言，也能讓人感覺到時間的厚度。

知識型座標的原點是「相似性→表象→人類」的不連續變化。此外，在傅柯的判斷中，「人類」也將會從主角的位置退役。傅柯寫下這段話的時候是在一九六〇年代的後半，他說人類「將被抹去，如同海邊沙灘上的一張臉」，他以這句有名的話作為此書的結尾。

寫這本書的時候，傅柯想要將讀者引導至存在主義，尤其是沙特的存在主義。沙特有一個有名的演講是「存在主義是一種人道主義」（L'existentialisme est un humanism），但是《詞與物》的結尾，卻宣告這種存在主義的終結。在沙特的《存在與虛無》（一九四三年）中，他說

「人是被詛咒而為自由」，換成傅柯式的表現方法，就是人類只能全盤接受作為先驗且經驗的雙重體的命運。但是從傅柯的角度來看，這就是他現在想要終結的人類的傲慢。

此處請大家回想起魯曼。他主張社會系統的要素不是行動或人類，而是溝通。也正是因為這一點，所以魯曼和哈伯瑪斯的觀點對立。魯曼的社會系統理論，證明了傅柯認為人道主義會消亡的預言，這樣大家應該就能理解魯曼和傅柯的思想在同一個時代中同步了。

論述分析

接下來，在理論上重要的是，我們要透過什麼方法，才能發現這種知識型的變化呢？其實，變化可以透過「論述」分析找出。「論述」是傅柯獨特的概念，原文是discours（英語discourse），這是極為頻繁被使用的詞彙，但傅柯賦予了這個詞彙獨特的含意。

一般我們在分析文件或文本時，會解釋它的內容意義。但是「論述」的時候，除了前述被訴說或是被書寫的語言意義之外，我們還要把語言的存在條件當成問題；也就是支持著某個語言存在的具體條件，包含社會性與物理性在內的所有條件在內都考慮進去。此時，我們就會使用「論述」一詞。另外，當我們將論述的集合當作一個系統來捕捉時，傅柯則稱呼其為「檔案」（archive）。

我們要理解的是，什麼現象會透過論述這個概念成為主題？我們要探究什麼？這是非常重要的。答案是論述的「稀少性」，但即使我這樣說應該也很難理解。首先，文法是對語言的制約，我們只會說在文法上是可能的那些詞語，但是，這並不是說，我們會說所有文法上允許的詞語。我們寫的、說的東西都含有偏好（偏見，bias）。有些話語是被反覆言說的，有些話語明明在文法上是可能的，我們卻完全不會那樣說。這件事情就叫做論述的稀少性。

以前，馬克思主義或是知識社會學家，會從階級的利害關係說明這種話語偏好，每個人都會說或寫對自己所屬階級來說有利的語言。但是論述卻無法藉由階級或被規範的意識形態來說明，因為比起這些制約，我們一直都能夠自由地發出論述。可是即使如此，所有（在文法上）可能的語詞，並不是均等地被人們述說，用魯曼式的說法，這種論述稀少性就是複雜性的縮減。

傅柯認為，在這種論述稀少性中——也就是在論述集合的複雜性縮減中——有著每個時代或社會的傾向性，他想發現的是支配著每個時代或社會傾向性的法則。換言之，他想探尋的是，什麼東西會成為標準，使得稀少性（複雜性的縮減）出現特定的傾向性，所以他挖掘出那些規範著每個時代知識型的標準（名為「相似性」、「表象」、「人類」的原點）。

如此一來，大家應該就會明白，傅柯的論述分析與魯曼的激進建構主義共享同一個概念。

比方說，我們認為，「人」本身是客觀的存在物，隨時隨地每個人都能觀察到並思考、研究這件事情。但是《詞與物》展現的是，「人類」是現代論述的建構物，在現代論述產生之前「人」本身並不存在，也會在現代再度消失。這樣的看法很符合激進建構主義。

「本體論的不當劃分」之問題

只是，這種建構主義的徹底化，存在著某個問題。這個問題並不是傅柯本身提出來的，而是有人在傅柯去世後提出來。S・伍爾加（Stephen Woolgar）以及D・保盧赫（Dorothy Pawluch）這兩位學者，於一九八五年共同發表的論文中指出名為「本體論的不當劃分」（ontological gerrymandering）的問題。我在這裡稍微做點補充，並且用哲學的方式濃縮他們說過的話，這個問題如下所述。

任何（被相信是）「存在」的事物，事實上是由社會建構的產物——上述這種討論其實已經不小心在暗中以一個跳脫這個建構之外的客觀存在為前提了。但遵循建構主義精神的討論者並沒有這種自覺，他們沒有意識到自己背叛了建構主義，以無法被建構的自然客觀存在為前提。而且這類的討論者只會切割出對自己來說合適的部分，然後強烈主張「你認為存在的事物其實都是被建構出來的」。但在他們自己都沒意識到的時候，他們已經單純地以一個確實穩固的存在為前提，意即，批判單純實在論的當事人，反而幽微地以一個更單純的實在論為前提。

我一邊說明背景，一邊解說箇中原由。在傅柯以後，建構主義的研究相繼出現，像是指出「事實上什麼什麼是現代的發明」，諸如此類。那些我們認為永遠實存的事物，實際上只不過是在現代的論述或認識體系中被發現的事物，是需要附加引號的存在，好比說「小孩」、「戀愛」、「風景」、「觀光」、「海水浴」、「青年」……數都數不完。當然這些研究有很高的價值，當我們知道，原來我們所認為的「真理」事實上是幻想或是現代偏見下的產物，真的會讓人有豁然開朗的感覺。

尤其是在「社會問題」的領域中，某種建構主義的研究蔚為流行。更清楚地說，那些被「社會問題」化的事項，「事實上是現代（或是某特定時代）論述下的建構產物」，比起視它們為理所當然的「存在」來說，這種指摘是最容易不過的。關於在「社會問題的建構主義」的題目下所進行的研究，我們在討論「意義」社會學時已經解說過了。

在這類研究大為流行的背景下，剛才說的本體論的不當劃分就被指摘出來。以「社會問題」來思考的話就會非常明顯，所以我再拿傅柯本身的研究當做例子來解釋。假設我們透過比較古典主義時代的財產分析以及現代經濟學後，發現名為「人類」的存在是被論述所建構的。所謂的財產分析，是交換價值的科學，某商品經常被當作是可以透過它交換到其他商品的表象，相對的，十九世紀的經濟學，則突顯了名為勞動的活動無法歸納至表象的分析之中。經濟學發現財產有一定的秩序，用什麼可以買到什麼，是因為人類被時間、勞力及疲勞，還有終極的死亡所支配，於是此時知識的主角從「表象」轉換成了「人」，這是傅柯的發現。換句話說，「人類」這種勞動並且消耗時間走向死亡的存在，是被經濟學所建構而成的。

但是，為了使這樣的分析是可能的，我們需要了解到「財產分析」和「經濟學」是關於同一個事物的不同論述。要不然，我們就無法比較這兩者了。一方是透過「表象（交換價值）」，而另一方是透過「人類（勞動）」來把握這個「同一事物」；而這個「同一事物」作為論述外部的存在，被我們視為是前提。如此一來，這類標榜存在是建構產物的研究，卻在無意識中以非建構的客觀存在為前提。此時，疑似被建構的存在與客觀真實的存在之間，被設定了一個恣意的邊界，這就是主體論的不當劃分。

「不當劃分」的原文Gerrymandering，意指故意將選區切割成有利自己政黨的形狀（Gerry是由政治家傑利的名字而來），與這個意涵類似，「本體論的不當劃分」就是用來表示疑似存在和存在之間，被研究者以投機主義進行切割。

權力的分析

我們看了傅柯早期的研究論述的分析後，以此作為立足點，傅柯接下來必須要談什麼呢？我們說過，論述集合的複雜性縮減，即是論述稀少化。透過這稀少化，論述的分佈就產生特定的傾向性，傅柯的研究已闡明這件事情。如果是這樣的話，接下來應該要問的是，決定論述的出現或存在的要因是什麼。傅柯提出了「權力」（法語pouvoir，英語power）的概念，來回答這個問題。

權力是社會學傳統的主題。但是傅柯的權力概念，是在此以前都沒有的概念，是嶄新且劃時代的概念。

在傅柯以前，權力被定義為：讓他者去做違反其意志之事的可能性（這是韋伯的定義）。成為權力對象的他者，明明有想做的事情也不能去做，換言之，權力被視是一種抑制的作用，一般來說禁止的命令就屬於權力的一種。

面對這種傳統的權力，傅柯提出的權力，則是煽動論述生產的權力；不是抑制的權力，而是建構的權力。傅柯概念化的權力，是在目前為止的社會科學中誰都沒有想到的權力，於是權力的分析就承繼了傅柯早期的論述分析。

規訓權力

對傅柯來說，他先在《詞與物》中發現現代人類學主義的主體，則接下來的課題就是描述那個建構主體的權力的輪廓。事實上，這種權力也是傅柯發現的，傅柯將它命名為「生命權力」（法語bio-pouvoir，英語bio-power）。古典的權力基本上是殺生的權力，換言之，擁有權力的人，可以透過掌握生殺大權讓人們服從，逆我者亡成為權力的源頭。生命權力則完全相反，這是活著的權力。傅柯認為，讓服從者們對「生」——而非對「死」——投注關心的權力，才關係到現代主體的產出。

實際上，傅柯自己對於「生命權力」的使用方式相當搖擺不定。這個概念最早在《性意識史第一卷》中被提出來，雖然他後來也有使用，但看起來這個概念意義會因為著作或論文的不同，而有些許差異。在傅柯晚年，比起「生命權力」，他變得更喜歡使用「生命政治」（bio-politics）一詞。但若要仔細審視的話會相當繁瑣，對於以整體社會學史為目標的授課來說，這種檢視就太過瑣碎了，所以此處，我們就將生命權力當作是從現代連結到當代的權力類型，這種理解大致上沒有什麼嚴重錯誤。

在《規訓與懲罰：監獄的誕生》中，傅柯詳細地描述了規訓權力（pouvoir disciplinaire），這可以解釋成生命權力的一種型態。傅柯以西方史（當然尤其是法國史）為思考的基準，但規訓權力與持續至十八世紀的君主專政權力不同，它是在法國大革命之後才登場的。有名的功利主義哲學家傑瑞米・邊沁（Jeremy Bentham）設計出一種監獄，名為環形監獄（Panopticon），傅柯則以此為比喻來說明這種權力。環形監獄正中間設有監視塔，四周的單人牢房則以圓形（或半圓形）的形狀排列。從監視塔可以看清牢房裡的情況，但從牢房看不到監視塔，所以囚犯不知道監視人員在不在，因此囚犯不得不時時刻刻猜想警衛可能就在那裡。

我們可以從這棟建築物引導出定義規訓權力的條件。第一，權力的原點，即握有權力的人，是看不見的，也就是被抽象化了。即使可能沒有任何一位具體的人物在監看，但監視這個功能本身仍然運作著。第二，除了空間被限定在單人牢房的空間外，身體也變成權力的對象，身體無時無刻被監視著。第三，權力的對象變成是個人化的身體，而非一個團體。

個人成為權力的對象，個人被規訓，被形塑成順從的主體。或許有的人會覺得自己不可能會被關進監獄裡，所以與這種權力規訓無緣，但這是大大的錯誤。環形監獄的建築，只是將這種權力具體化，使我們能夠想像的一種比喻而已。

即使不是監獄，規訓權力也在現代社會的每個角落產生作用，典型的場所就是學校。像是上課的時候，或更典型的像是考試的時候，雖然沒有物理上的牆壁，但學生們都像是被放到了環形監獄中。學生作為「個體」被老師監視、評價著（所以作弊變成絕對不能做的行為），而老師當然就對應著監視人員。

規訓權力的結果就是產生了一種實踐：「自白」。傅柯在《性意識史第一卷：認知的意志》中，討論了現代社會中的「自白」蔓延──特別是圍繞著性慾的強迫性自白。透過規訓權力，平時被監視的人們，被迫源源不絕地自白。人們會一直強迫自己反省及自白：我的行為舉止是否正確？我是否有不可告人的慾望？我原本是什麼樣的人？這些自白不會結束。

自白的結果，誕生出個人的「內在」。個人產生了一種感覺，即使不斷自白，還是會有自白無法道盡、作為秘密領域的「內在」。我們並不是先有無法說出口的「內在」，才從事自白的行為，在理論上順序是相反的。我們從自白中，從非自白不可的認知中，感受到自白無法道盡的「內在」的存在。說得出口的（自白）與不可能說出口的（內在）是互為表裏的關係。這個「內在」本身，我們可以理解成它對現代主體的成立來說，是不可或缺的東西。

生命權力的系譜學

現代社會的「自白」中，有著歷史及宗教的起源。天主教的聖事之一就是懺悔告解，而現代的自白就是這種聖事的世俗版，這自不待言。不過除了我們現在說的「天主教」外，基督新教又是什麼態度呢？基督教並不重視天主教意義上的告解，但並不是說基督徒不會自白，相反地，作為聖事之一的告解之所以會變得不再重要，是因為對基督徒來說，自白已經日常化了。每天，不，是每個瞬間，基督徒都在自白。好比說，基督徒普遍有「寫日記」的習慣，基督徒會在日記中意識到上帝的目光，然後進行每天的自白。雖然這並不是傅柯說的，而是繼承傅柯的研究者所強調的。

規訓權力施加於人的身上，迫使人們自白，這種權力的歷史源頭可以追溯至什麼時候呢？根據傅柯所述，權力的原點就在古代的希伯來世界中，這個原點被稱為「牧師權力」（pouvoir pastoral）。在猶太教的傳統中，上帝與人的關係經常被比喻為牧羊人與羊的關係。同樣在古代的希臘等其他文化中，卻沒有這種比喻。

牧羊人會照顧每一隻的羊，就算只是一隻羊不見也會心急如焚，比起剩下的九十九隻羊，他會更在意不見的那一隻羊，這就是牧羊人。上帝和牧羊人一樣，關懷著每一位信徒，不會漏看任何一位，而牧師權力流傳至很久以後的現代，就成為規訓權力浸透至整體社會，這就是傅柯的說法。

抵抗的據點在哪裡

人們服從於特定類型的生命權力，這種服從誕生出現代人道主義的主體，傅柯的這種分析非常新鮮，也很具說服力。但是，這分析反而招來了另一個難題，並非是科學上的難題，而是實踐上的困難。這件事情，不僅傅柯自己，還有傅柯的追隨者們也都注意到了。

如果主體是作為權力的相關產物被建構出來的話，那麼主體到底要如何抵抗權力呢？我們要如何才能開啟從權力解放的道路？如果傅柯的思考像魯曼一樣，認為「不需要特別抵抗」的話還沒問題，但是傅柯本身是支持反對監獄運動的，面對權力，他有著左派般的不信任感。

在傳統上，主體正是抵抗權力的據點，這個情況的前提為，主體必須是獨立於權力之外的實體。如果構圖是：主體位於權力關係之外，而權力從主體之外壓制主體，那麼主體就能成為一個據點，藉以對抗權力。

但如今，我們已經知道主體才是權力主要的產物，當我們得到這個與激進建構主義統一的結論時，我們能夠做的或應該做的事情是什麼呢？看起來結局就和魯曼一樣，似乎只剩下反諷主義一條路了。不做任何現實的行動，從頭到尾只能從這個「被啟蒙」的立場來對事態冷嘲熱諷……看起來好像只剩下這條路了。

但即使如此，傳柯仍然想找出別條道路，這也就是他後期、也就是晚年的研究。

對自我的關心

那麼傳柯是如何思考的呢？傳柯為了逃脫這個情狀，他會在哪裡尋求線索呢？

傳柯的研究從論述分析開始，然後發展至權力分析，我們已說明了其中過程。到目前為止的說明，正是對應於他研究的初期與中期。接著，傳柯還有一個能夠明顯區分出來的階段，也就是後期研究。乍看之下，後期的作品全是傳統學院派的樸素研究，不像前期或中期研究那般，具有哲學普遍性的遼闊感，或者能夠動搖我們的世界觀預設。因此，傳柯後期的研究，並沒有如初期或中期的研究那樣被後人所繼承。但是如果我們按照前面說明的內容，以前期過渡到中期的問題意識來看後期研究的話，就能明白後期研究中存在著什麼樣的意涵。

傳柯後期的研究主題是古希臘和古羅馬，特別是前者。當然，他並不是單純的為了滿足知識的好奇心，所以才拓展研究的範圍，他也不是為了想要認識古希臘之類的理由，才選擇這個新的研究主題。那麼，為什麼他的研究會這樣發展呢？在前一節的最後，我們說到實踐層面似乎走入了死胡同，如果我們根據這樣的內容來看的話，就能夠理解傳柯研究的方向。

傳柯雖然發現了「主體」是權力的相關產物，但這樣一來，抵抗權力的據點到底在哪裡呢？主體能夠走出與權力之間的循環嗎？此處，我們最好再次回想起一個認知，那就是在古希伯來世界中，有著現代權力的終極源頭。所以傅柯想要從基督教以前的古代中，與希伯來不同的另一個西方源頭中找到線索，藉此脫離主體與權力的封閉循環。直接了當地說，西方認同中最重要的部分，是連結猶太教—基督教的一神教精神，特別是天主教（以及天主教的對抗勢力基督新教）的傳統，而有一些西洋哲學家或思想家看到了西方根本的極限，就經常會朝向西方的另一個傳統進行探索，即希臘或希臘化時代。傅柯也是搭上了這條線。

總而言之，傅柯想要找到離開這個封閉循環的出口。他走至盡頭，找到的是古希臘思想中的觀念，「對自我的關心」（souci de soi, epimeleia heautou）。

根據傅柯所述，「對自我的關心」是貫穿古希臘整體思想的核心觀念。古代的成年男子——他腦中只有男性——那些身為奴隸以外的人類，必須要能自己關懷自己。古希臘的人們曾徹底的探討過，為了實現對自我的關心，要透過什麼樣的訓練比較好？而傅柯就是挖掘這件事情。

比方說，作為希臘思想的核心命題中，有一個叫做「認識你自己」的命令，這是一個和蘇格拉底之名連結在一起的命題。「認識你自己」是自我關心思想的一部分，但也只是「一部分」。蘇格拉底會抓住走在雅典街道上的路人，並試圖說服他們：不要讓那些對自己來說是附屬品的事物優先於自己本身。所謂的「對自己來說是附屬品」，指的是財富或者地位。但即便是在現代，不，在現代更是如此，我們會讓附屬品的地位優先於自己，但蘇格拉底卻告誡人們不可如此，我們要保重自己，盡可能當個良善的人，期許自己當個深思熟慮的人，這就是「對自我的關心」。

另外，我覺得有趣的是，傅柯還介紹了斯多噶派中的四項技巧。所謂的斯多噶派，是在西元前三世紀初的一門哲學流派，由季蒂昂的芝諾（Zeno of Citium；和知名的「芝諾悖論」的芝諾是不同人——那位是埃利亞的芝諾）所創立。斯多噶派的名言有，真正的智者不會被一時的衝動所左右，等等。斯多噶派提出了四項技巧供每個人自我審視，而這四項又與「對自我的關心」有所連結。第一，夥伴之間可以互寄紀錄了彼此生活細節的書信。第二，檢視自己的良心。第三，為了認識自我而禁慾（禁慾主義）。第四，夢的解釋。就像是精神分析那樣。

傅柯的這些研究本身，看起來最多只是為了增加知識而已，對生活在現代社會的我們來說，感覺缺乏實際的意義。但是我認為這些研究中潛藏著沈默的企圖。我會從底下這種角度理解的傅柯。

關心自我的目的，是為了自己統治自己，而我們可以在古希臘中找到為了保持對自我關心的「生活藝術」。我認為傅柯想藉由這種生活藝術，從牧師權力的支配中逃離，並確保一個抵抗的立足之地。如果羊群能夠自己統治自己，那麼就變成不需要依賴牧羊人了。況且，正是牧師權力本身，到最後會長成規訓權力或是現代式的權力，所以傅柯晚年的研究，其實是被很現實的問題意識所支撐著。

說真話

傅柯在研究古典時代「對自我的關心」的觀念不久後，他的重心就集中在名為「說真話」（parrhesia）的希臘概念上。他過世的前兩年間，傅柯都花心力在研究說真話的概念。事實上，由於傅柯比較年輕就去世了，恐怕是壯志未酬，假設他能活得更久的話，也不知道說真話的研究會不會就成為他最後的遺言。但無論如何，以事實來看，傅柯對說真話的考察，就成為他研究所能抵達的最後終點。

所謂的「說真話」，在希臘語中的意義就是坦率地說話、講真實的內容、面對真理的勇氣等等。藉由對自我的關心，抵達真理的主體應該會實踐說真話的概念。因此，如果假設「對自我的關心」是古希臘思想的核心觀念，那麼說真話就是核心中的核心。

為了知道什麼是說真話，我們可以觀察傅柯在刻意強調說真話時，拿了什麼概念與說真話對比，這是很重要的一點。傅柯認為「修辭」的實踐和說真話有著尖銳的對立，「修辭」

是一個存在於古典時代文化內部的概念。所謂的說真話，直接地說，就是「說真理」（dire-vrai）；相對的，修辭的重點在於「說得好」（bien-dire），智辯家[7]就是典型的修辭老師。而對抗智辯家，揭發他們欺瞞行為的蘇格拉底，就可以算是說真話的人吧。

說真話有可能成為對抗權力的依據嗎？傅柯（暗中）尋求的東西，存在於說真話之中嗎？我認為至少我們可以說，說真話，也就是坦率地談論真理，對當時的權力來講是一種威脅。如果大家能夠回想起那眾所皆知的蘇格拉臨死之事，就很容易想像。對當時雅典的支配階層，也就是對那些能夠左右雅典公民大會的意志、具有巨大影響力的人來說，蘇格拉底是很討厭的人。最後蘇格拉底在公民大會上被判處死刑（儘管他的友人和弟子都勸他逃亡），他飲下毒汁而死，這故事任誰都知道。而這個事實，顯示了蘇格拉底這個說真話者，被體制視為極端危險的因子。

「不參加政治」的蘇格拉底

讓我們再更詳細一點地檢視，蘇格拉底的「說真話」實踐到底是什麼樣的內容。我們都知

7 譯註：即 sophistes。西元前五世紀到四世紀，古希臘的一種教師類型，他們之中許多人善於哲學或修辭學。

道，蘇格拉底拒絕參加以公人[8]身份出席活動。他從雅典的直接民主的政治參與中抽身，但是對雅典市民而言，作為公人參與直接民主是非常榮譽的事情，實在萬不得已才會拒絕，而蘇格拉底的理由是名為「代蒙」[9]的神出聲阻止了他，他似乎從年幼的時期開始，就不時會聽到代蒙的聲音。雖然這感覺像是幻聽，但有趣的是，那個聲音完全不會積極地命令他「去做什麼」或是勸他「那樣做比較好」，只有當代蒙禁止什麼事情或不讓蘇格拉底做什麼事情的時候，蘇格拉底才會聽到代蒙的聲音。這個神之音，禁止蘇格拉底參與政治。以客觀來看，蘇格拉底可能自身有一種直覺，他認為參與直接民主的政治不好，就藉由外在神明警告的形式呈現。

因此，或許蘇格拉底給人的形象是不關心政治的，關在自己個人的世界裡面。大家也可能會認為，所謂的「說真話」是以個人的興趣在探究真理，但其實並不是如此，理解這件事相當重要。

首先，蘇格拉底一方面忠實於說真話，但另一方面從民主的政治舞台撤退，我們必須理解這裡面存在一種悖論。原本，說真話與民主是以直線的方式連結在一起的，傅柯說，說真話原本是民主的倫理基礎。沒有任何虛偽或誇耀的成分，鼓起勇氣，不顧危險地說出自己確信的真實，這是民主要能起到作用的必要條件。大家應該馬上就能體會，雅典人之所以會這麼重視「說真話」，是因為民主就在說真話之中。換句話說，在最一開始，說真話和民主是互為表裏的關係。因此忠於說真話的蘇格拉底，卻表明不參與民主的政治，是一件非常奇怪的事情。

這是怎麼一回事呢？在蘇格拉底的時代，雅典的民主已經腐敗且墮落了。更仔細地說，因為財富不均帶來政治影響力的不平等，如同陰影般籠罩在民主制度之上。如果在這種不平等中，人們還參與民主政治的「遊戲」，大家為了要在這個遊戲中成功，就必須要將修辭擺在比說真話更優先的位置。比起說出真相，更需要舌粲蓮花地逢迎有影響力的人或大眾的願望，不這樣做是不行的。坦率地說出「真實」的人，會在這樣的民主中成為輸家，最糟糕的情況，會被排除在社會之外。事實上，在蘇格拉底死後出現的雅典政治家狄摩西尼，就是因為說出了對當時的雅典大多數市民來說不愉快的真相，而激怒了雅典市民，他說出馬其頓王國的危險與陰謀，結果不得不逃亡。

蘇格拉底拒絕以公人身分參與政治，並不是因為他只關心私人的事務，反而是由於他是真正的政治人物。他理解到，如果他參與了因為財富不均而歪斜的民主政治，那麼只會強化其

8 譯註：日文原文即為「公人」。雅典認為公人、公眾的、政治的，較為優越，（雅典）公民則是以公人身分參與國事者。相對於此的即為私人，即非公眾、非政治的。蘇格拉底主張「保持私人身分，參與公共事務」。考慮到日文另有「公民」、「市民」等詞，但作者在此並未使用，故直接移「公人」作中文使用。類似可參考炳谷行人《哲學的起源》（林暉鈞譯，心靈工坊出版，2014）。

9 譯註：即 Daemon。希臘神話中一種介於神與人之間的精靈，是一種善惡並存的存在。

中的不平等罷了。此時就出現了一個悖論：如果想達到真正的政治、當個真正的公人，反而必須貫徹獨善其身。這一點，讓人想到在遙遠的未來，也就是十八世紀末時，康德寫下的《何謂啟蒙？》（*Beantwortung der Frage: Was ist Aufklärung?*，一七八四年）中所描述的內容。康德說，為了讓社會大眾都能使用理性，每個人都必須是徹底的個人。

但是，一個人若不作為公人參與直接民主的國家大事，那要如何參與政治活動呢？要怎麼實踐說真話呢？蘇格拉底實際上做的事情，就是走到廣場上，不分你我地與市民搭話，一股腦地專心於問答之中，而這問答的方式有些奇怪，蘇格拉底本人以「產婆術」（maieutics）來形容，即是透過自己真實且正直的真話，讓對手也在不經意間實踐說真話的手法。

蘇格拉底不會否定對方在問答中提出的命題，也不會拿其他的真實命題出來比較，他會先全面肯定對手的命題。然後，蘇格拉底會透過問答，展現出他能從這個命題當中導出的相反命題，如此一來，對手就會意識到自己的前提原來是虛假的，最後不得不公開承認自己相信的真理其實不是真理。換句話說，對手變成不能不說真話，必須坦率地承認自己的無知。因此，蘇格拉底並不是教人真理，蘇格拉底是讓對手如同實踐說真話般，清楚地承認自己的無知，從這件事開始，就能成功地引導出對手的真心話。

這就是蘇格拉底的政治實踐，卻被當時的雅典支配階層視為是危險的舉動，最後就如同剛才所說的，蘇格拉底被他所抽身的民主宣判了死刑。

適當的自白

我們追尋米歇爾・傅柯的思想軌跡來到此處，但即使抵達這最後的地點，我還是不得不感到挫折。確實，傅柯作為一位思想史研究者，將「對自我的關心」或「說真話」等觀念從古典思想中提取出來，他的研究手腕讓人感到萬分敬佩。但我們找到了我們正在追尋的概念了嗎？這些概念，能夠帶給我們抵抗建構主體的權力、抵抗規訓權力或生命權力的立足之處嗎？將主體從這些權力之中解放的線索，真的就在這些觀念或實踐之中嗎？

我無論如何都有以下的疑問湧上心頭，所以才斗膽說這些看似刁難的話：試問，會關心自我的個人，以及，從規訓權力、牧師權力中誕生的主體性，兩者之間，到底有哪裡不同呢？假設對自我關心的目的，是為了支配自我本身，但「關心自我並自指的個人」難道不正是主體本身的定義嗎？傅柯找出的這個作為抵抗權力之依據的概念，卻與權力的產物太過相似了。看起來傅柯的論述只是再次蓋下了「不可能會有抵抗據點」的不合格烙印，僅是再次為我們展現了那些不太會改變的事物。

說真話的概念也是一樣。說真話和「自白」非常類似。傅柯在中期研究中提出自白的概念作為誕生出主體的語言行為，這和說真話很相近。因此我們必須要問，自白和說真話，到底有什麼不同（或為什麼相同）？

關於此點，我自己的結論是，「對自我的關心」或「說真話」，就像是人類還沒有因原罪被趕出來前所住的伊甸園。這些全部都是一種「自白」，但卻是最原始的自白，此時的自白還十分純潔無垢，是犯下原罪之前的自白。自白要徹底帶有強迫性並誕生出個人身體的秘密「內在」，必須是以普遍的監視為前提，比方說，由被比喻為牧人的上帝進行監視，或是由環形監獄的監視人員來監控。如果沒有如此徹底且全面的監視，即監視比較鬆懈的話，主體就不會走到必須反覆地強迫自白的地步。此處，普遍化的監視就等同於「原罪」，在這種監控還沒有登場之前，潔白無暇的自白和適當的自我反省，不就正是「對自我的關心」，也等於是「說真話」嗎？

在這樣的假設下，「對自我的關心」或「說真話」真的是我們所追求的正確答案嗎？換言之，純白無垢的原始的自白，可以帶給我們抵抗現代化權力的立足地嗎？這等於是在說，為了要在「對自我的關心」或「說真話」中找到逃離權力控制的據點，我們不能進行徹底的自白，但適當的自白是可以的。可是，如果徹底的自白屬於權力效果的一環，那麼適當的自白也是一樣的，不是嗎？

比方說，現在這裡有兩種類型的學生，一是「極端的優等生」，另一種是「偶爾會翹課，但也會適時唸書，有時會違反校規，但大致上還是會遵守規矩的學生」。前者被學校權力所涵蓋，也就是優等生完全實現了學校權力所要求、所期待的學生樣貌。那後者又是如何呢？難道後者就從權力之中解放了嗎？或者我們可以更積極地問，後者有能夠撼動權力的力量嗎？答案當然是沒有。如果極端的優等生屬於學校權力支配的一環，那麼並不太壞——但也沒多好——的學生也是如此（況且，以真實情況來說這其中存在一個悖論：那些沒有脫逃餘地，完全順從權力的人，其實對權力來說才是一種威脅。不過如果要考慮到這一點的話，就脫離此處的主旨了，所以這件事情先放一旁）。

傅柯在晚年的討論中所提出來的方案，在我眼裡看來，就像是一位不好不壞的學生，試圖逃離學校的支配。但他使壞的程度只是偶爾翹翹課，根本撼動不了權力分毫。更不如說，權力一開始就已經將主體的逃離程度計算在內了，有那些逃離，權力反而更能圓滑地運作（我再重複說一次，正因為如此，就像剛才暗示的那樣，太遵從規矩反而會威脅到權力的存續。但這裡先不詳細說明這個面向）。

在魯曼的狀況中，理論的結論最後會抵達一個忠實的實踐態度，那就是徹底的反諷主義。但傅柯的情況卻相反，因為他不徹底追求理論的意涵，所以看似能找出什麼抵抗權力支配的據點，但那只不過是從不徹底的理論中出現的偽抵抗罷了。

3-4 如同上帝道成肉身……

社會學理論的雙峰

以上相當仔細地說明了魯曼和傅柯兩人的社會學理論。這兩位社會學家，主要活躍於二十世紀的最後三分之一時期，但還沒等到進入二十一世紀，他們就相繼去世了。他們兩位幾乎是同時期的德國及法國社會學家，我認為他們的理論是現在社會學理論的頂點，目前還沒有出現能夠超越他們理論的學說，故我稱呼他們兩人為社會學理論的「雙峰」。

乍看之下，魯曼和傅柯是一組對照，但他們基本上遵從同一個形式的理論說明社會現象，不過他們嘗試解釋的現象卻完全不同。魯曼關心的是現代社會系統的功能分殊化，而傅柯的關心卻放在現代主體的出現上。但是，為了說明這些現象是如何產生的，他們用來說明現象的理論形式卻有著驚人的相似度。關於這兩人理論形式的相似性，在這章節中，包含「總結」的意義在內，我會用相當具有個性的——或說是奇特的——隱喻確認這一點。我再重申一次，在此我會嘗試使用非常特殊並且讓人感到意外的比喻，我也會在這章節的後面說明我之所以使用這麼奇特比喻的理由。

首先是在理論的出發點中，關於論述或者溝通，兩人都有過剩複雜性或是偶然性的概念，魯曼的理論清楚明白地展現了這一點。過剩複雜性或偶然性都是魯曼的概念，雖然在傅柯的理論中，這個前提並沒有像魯曼那般鮮明，但是傅柯所謂的「論述稀少性」，就是以過剩的論述作為理論的前提。因此，傅柯也在不言而喻中，用了和魯曼相似的前提，來開啟他的討論。

接著，他們引入了一個位於溝通或論述集合體外的肇因，也就是能將這種過剩性變小的超越性的肇因——為了對哲學傳統表達敬意，或許說「先驗的」比較正確。這裡說的「先驗的肇因」，在魯曼的理論中就是「社會系統」，在傅柯的場合中就是「權力」。社會系統能夠縮減複雜性，權力則能讓論述稀少化，權力能夠決定論述的分配。

我希望大家能注意到，從溝通或論述的立場來看社會系統或權力有什麼樣的意義。從溝通的角度來看，或從論述的立場來看，這些先驗肇因能夠彌補它們自身的「無力」，肇因就是能夠消除無力的要素。大家可能會想說，什麼是「無力」？這是指那些溝通或論述所無法應付的，過於龐大的複雜性，或是指那些無法被馴服、也無法成為無害之物、名為「也有其他可能」的偶然性。溝通或言論的本身，怎麼樣都無法解決這些問題，而能夠幫助它們彌補不足的，就是這裡稱為「先驗的肇因」的社會系統或權力。

魯曼也好，傅柯也好，都是在這種理論脈絡下，理解並說明社會。

如同猶太教

那麼，如果假設這兩位社會學家都採用這樣子的理論，那這理論其實與猶太教十分類似。大家可能會想說，為什麼我會突然提到「猶太教」？會認為離奇是理所當然的，所以我剛才才說，我會試著使用有些奇特的比喻來總結。

總之，魯曼或傅柯在社會學理論中活用的那些道理，與古代猶太教中——對猶太教徒本身來說是在無意識中——產生作用的那些理論，維持著相同形式。我看到的是這一點，我來說明這其中的緣由。

猶太教，是人類史上第一個誕生的嚴格意義的一神教。猶太人信仰超凡入聖且全知全能的唯一上帝。這位上帝耶和華，並不是眾神之中最強或最偉大的神，而是原本就不存在除了這位上帝以外的其他神祇。這位上帝是宇宙的創造者及主宰者。

但是——馬克斯・韋伯也注意到這一點——猶太人在歷史上苦難不斷。猶太人的四周有古代強大帝國，與帝國相比，猶太人實在太過弱小，他們打仗一直輸，時常被侵略，乃至王國覆滅，集體被俘虜。猶太人真的是苦難不斷，一直遭遇不幸。

一般來說，如果一個族群遭逢不幸或在戰爭中敗北，信徒們會拋棄他們共同體的神祇才對，因為人們原本就是為了繁榮與勝利才信仰神明的。若要比喻的話，人們對神的信仰，就像是與神締結安全保障條約一樣。但如果締結了安保條約，結果又輸給別的國家，人們就失去維持與神的「條約」的意義了，所以人們會替換信仰的對象，像是去信仰戰神或其他什麼神祇。

當然，猶太人應該也是在同樣的期待下信仰及尊崇耶和華的，他們認為信仰這位上帝，自己就會變得強壯、繁榮、得到救贖，結果猶太人卻經歷了那樣的不幸與慘敗，看來他們可以廢止對耶和華的信仰了，但這件事卻沒有發生。猶太人明明連戰連敗，卻還是沒有破壞與耶和華的安保條約，這是為什麼呢？這同時也是韋伯的疑問。

如果不提那些已經滅亡的民族，幾乎沒有一個民族像猶太人那樣，不斷經驗到苦難與失敗吧。但是，猶太人沒有捨棄耶和華信仰，相反地，他們創造了全知全能的唯一上帝。這位上帝，比起其他所有民族或國家的神祇，更具有壓倒性的力量。為什麼超凡入聖的上帝觀念，會在猶太人之中誕生呢？

因為唯有全知全能的上帝，才能補償猶太族群的極端弱小。雖然這件事不太會被察覺，但其實全能的上帝，就是猶太人自身的群像，只是這是自身圖像的反轉，意即上帝是猶太人自身實態的相反圖像。換言之，耶和華和猶太人不是並列連接的關係，而是轉折連接的關係。「弱小的猶太人」正因為弱小，所以將自己外化成一位「強大的神明」，並將祂以超凡入聖的水準投射出來。上帝的強大，彌補並消除了猶太人的弱小。正因為如此，儘管猶太人多次戰敗，遭到侵略，族群離散，但猶太人仍沒有消失，他們仍持續保持著自己的身份認同。或者我們也可以說，猶太人之所以能夠一直失敗卻沒有喪失自尊心地活著，就是因為他們將自己投射在強大的上帝身上。猶太人愈脆弱，上帝就會愈強大，變成唯一的存在。

不過，這討論和魯曼或傅柯的理論有什麼關係呢？大家一定會覺得很突兀，但其實魯曼或傅柯的社會學理論，不斷在抽象層面和形式上重複這種誕生出猶太教的機制。首先，在溝通或論述的面向上，乍看之下就有難以處理的「弱點」，所謂的「弱點」，指的就是將過剩的複雜性及難以馴服的偶然性放在前提的無力感，而將這種「弱點」翻轉，反映出來的就是「先驗的肇因」，即是系統或權力。托它們之福，溝通或論述才能克服由「弱點」產生的困難。

上帝也和人類一樣弱小

為什麼我要特意用這樣奇特的類比呢？為什麼要我要帶到猶太教呢？這是有原因的。剛才我說過，這雙峰是當今社會學理論的頂點，但是，如果剛才說的比喻成立的話，那麼我們可以預料到，會有一條邁向更遙遠未來的道路，能夠超越這兩個社會學理論頂點。大家應該滿心疑惑，想問為什麼吧？

因為猶太教並沒有就此結束。猶太教之後，還有基督教接棒，基督教完全是以猶太教為基礎創立的。基督教在猶太教上附加的東西只有一個，那就是全能上帝道成肉身的概念。

我們假設目前為止，社會學理論的到達之處，剛好就是在無意識之中描摹了猶太教的理論。如果是這樣的話，為了對應於「上帝道成肉身」的概念，我們應該還有向前行走的理論空間。「上帝道成肉身」當然是信仰上的主題，但是這裡面也隱含著理性的道理。吸收道成肉身理論中所含有的合理性，一個新的社會學理論應該就會變得可能。

所謂的「道成肉身」，指的就是上帝變成人類。但這包含什麼意義呢？其中的理性核心是什麼呢？

如同之前我說明的那樣，將一個共同體的身份認同顛倒後，反射出來的樣子就是上帝。因為有「反轉」的部分，所以上帝和人類的關係變成是「轉折連接」關係。一方面，上帝有絕對的無限性與超越性，另一方面，人類則是有限的且卑微的。這兩個極端，原本就是存在於人類體內的矛盾與分裂，只是這個矛盾與分裂，透過各自分配其他要素到上帝與人類身上，變得看不見了。所以上帝變成人類指的是，上帝也和人類一樣，蘊含著矛盾與分裂，名為「上帝／人類」的背離，其實都存在於上帝之中。

因為這是非常抽象式的說明，所以可能很難理解，我試著將同一件事情用稍微平易近人的方式重新解說一遍。人類（猶太人共同體）是弱小的，因此人類以「轉折連接」的形式——也就是倒影的形式——設定了一個強大的、唯一的真神，藉以否定自身的弱小。不僅如此，這次上帝還變成人類（道成肉身），上帝也和人類同樣弱小，我剛才用了「同樣」，所以這次是以「並列連接」來反思上帝和人類的關係。

如果將道成肉身的理論也加進來，會形成什麼樣的社會學理論呢？我們就能以「並列連接」的形式，來理解溝通和先驗肇因之間的關係吧。我們應該能夠想出蘊含這種可能性的社會學理論，這也是應該會到來的理論。

4 面向社會學的未來

4-1 現代社會學的各個潮流

現代晚期的各種自我意識

我們來到可以結束社會學史課程的時刻了。最後，作為結論，我想非常簡單地介紹二十世紀末（一九八〇年代以後）至二十一世紀的社會學最新動態，並討論我對未來社會學的展望。

魯曼和傅柯的理論，都是嘗試以普遍的觀點說明社會，理論龐大而扎實，如同我先前所說的，在他們兩位以後，尚未出現能夠與他們匹敵的理論。大約在一九八〇年代以後，社會學顯著的傾向之一，就是大量出現描述現代晚期樣貌的理論。一開始的時候，我說過社會學是現代的自我意識。只是那個現代，在二十世紀的最後二十五年左右開始，遭遇了某種本質上的變貌，這是許多社會學家共同的認知。我們稱這新階段為「後現代」或「現代晚期」等——也就是說要把這新的階段視為現代以後，還是要視為現代內部裡的新面向，每位學者的見解各有分歧，但總之大家都試圖紀錄這嶄新的階段，並做出各種嘗試，所以我在此快速地介紹一些相關理論。

比如，尚・布希亞（Jean Baudrillard，一九二九—二〇〇七）的消費社會理論。布希亞認為，因為社會在直觀上產生了根本的變質，所以理解現代社會的重點在於「消費」而非「生產」。消費是透過商品符號的差異展現認同，「生產」則能夠解釋為一種營生，透過勞動將人類的內在本質外化。此處布希亞的基本看法是，賦予現代特徵（作為個人）的「主體」，即那個傅柯拼命想要說明其出現的「主體」，看起來似乎已經終結了。「主體」與生產或勞動的形象連結在一起，但作為一個「主體」終結的社會，則最好以消費社會來描述。

讓—弗朗索瓦・李歐塔（Jean-François Lyotard，一九二四—一九九八）於《後現代的狀態》（*La condition postmoderne*，一九七九）中，將現代社會的變貌描述為「宏大敘事」（法語grands récits，英語grand narratives）的終結。此處的「宏大」，並不是指內容氣宇非凡的意思，而是在社會意義上的宏大。所謂的宏大敘事，指的是作為社會大多數人理所當然共享的價值觀或信仰體系，並且這些價值觀或信仰體系的敘事形式都面朝著應當到來的理想。根據這個由李歐塔所提出、後來幾乎被所有社會學家沿襲的看法，我們可以說，後現代社會的特徵即是喪失了宏大敘事。

烏爾利希．貝克（Ulrich Beck，一九四四—二〇一五）所提倡的「風險社會」（德語Risikogesellschaft，英語risk society）的概念，如今已超越了社會學領域，普及至各領域，他也是想要描述社會朝向現代晚期轉換的樣貌。當代社會的風險和傳統的現代風險不同，是全新的事物。新在哪裡呢？大家可以想像生態系被破壞或核災事故等災難，第一，社會面臨極大的破壞，在不同情況下，人類甚至可能會滅亡，一個國家的存續可也能遭受威脅；第二，這些事情或許難以計算這些發生的機率，但無限趨近於零（必須趨近於零）。

風險和危險不同，前者發生的原因是人類自身的選擇。就算是自然災害，如果人類給予自然環境的變化是災害發生的原因，那麼就是風險。因此，風險社會的風險，與反身性（reflexivity）的提高連結在一起。所謂的反身性，是安東尼．紀登斯（Anthony Giddens，一九三八—）的概念。在傳統社會中，被賦予的要素（規範、制度或信仰）成為人類行為的前提，但是到了現代社會，這個前提成為反省的對象，前提被人們修正或揀擇。風險社會即是在反身性領域極端擴張的時代中來到。

齊格蒙．鮑曼（Zygmunt Bauman，一九二五—二〇一七）則藉由容易讓人聯想的語言，表現出後現代的變貌。鮑曼認為，當代社會是液態現代性，無論什麼秩序都是流動的，當代社會遂變成是暫時性的社會，傳統現代的社會立志於確立並穩固秩序，但當代社會則擁有與這種固態現代性不同的特性。如果使用這個概念，傅柯所說的規訓權力，其發揮的作用就是固態現代性吧。吉爾．德勒茲（Gilles Deleuze，一九二五－一九九五）在晚年的訪談中則說，與規訓權力不同的權力型態正在出現。

作為描寫現代到後現代變化的馬克思主義類著作，有安東尼奧．奈格里（Antonio Negri，一九三三－）及麥可．哈特（Michael Hardt，一九六〇－）合著的《帝國》（*Empire*，二〇〇〇年），這本書的關心焦點是「主權」型態的轉換。過去的時代特徵，是擁有主權的民族國家體制，以及與之連結的帝國主義意識形態，這就是現代。但如今當代，在全球化下，跨國的「帝國」（Empire）時代來臨。「帝國」在抽象定義上，是調節全球經濟及文化交流的政治主體。更重要的是，我們無法將「帝國」看成是如同哪個國家或哪個機關一樣，硬要說的話，帝國是包含國家、跨國企業或NPO等在內的各種組織或機關團體的網絡。之所以會被稱為「帝國」，是因為它的整體形象可與羅馬帝國類比，也因此才得以進行描述。

上述所有的理論，都可以解釋為學者們透過不同的切入點，描寫在現代社會中發生的各種幾乎同樣巨大的轉變。雖然無論哪個討論都沒有辦法完全捕捉變化的全體樣貌，但是看得出來，大家都同意改變確實正在發生。

家庭型態決定論

蔚為流行的不只是那些將當代放在與「現代」相關語境下理解的理論，也出現了將當代放在世界史或人類史中相對化的宏觀研究。其中之一就是伊曼紐爾．托德（Emmanuel Todd，一九五一─）的學說。過去馬克思主義的唯物史觀所提出的公式為，生產方式（下層建築）會決定政治法律的結構或意識形態。而托德的學說，就是在這個生產方式的位置上放入家族結構。意即，一個社會透過所採納的家庭結構型態，就能強而有力地決定價值觀、政治意識形態和宗教信仰等等。

如此一來，家庭結構有什麼樣的類型、要怎麼樣分類，就成為最重要的理論課題。托德在《世界的多樣性》（*La Diversité du monde*，一九八三年、一九八四年）中，將世界的家庭分成八個種類，不過這八種給人隨便劃分的感覺。而在他以西歐為主要研究對象的《新歐洲大全》（*L'Invention de l'Europe*，一九九〇年）中，他在更嚴格的基準上，提出了家庭類型的分類，所以我是以這個為標準介紹。

若看親子關係的軸線，會有「自由或威權」兩個面向，而兄弟關係的軸線──例如看繼承時兄弟的遺產處分——則可以分成「平等或不平等」。將這兩軸組合起來，就能得到2X2的四種類型的家庭。1平等的核心家庭la famille nucléaire égalitaire（自由、平等）、2直系家庭 la famille souche（威權、不平等）、3外婚制共同體家庭 la famille Communautaire exogame（威權、平等）4絕對核心家庭 la famille nucléaire absolue（自由、不平等）。托德將西歐細分成多達四八三個地區，並逐一檢視每個地區的家庭類型，然後找出家庭類型與意識形態之間驚人且精彩的對應關係。比方說，在普遍為平等核心家庭的地區，容易出現無政府主義，而共產主義則會在外婚制共同體家庭的地區中落地生根。

托德的社會學，不像馬克思、韋伯或傅柯的著作那樣，在「發現誰都沒有想過」的意義上具有獨創性，他是將大家隱約都有這種感覺的事物實證給大家看。看托德的書，讀者都會產生「我總隱隱約約這麼覺得，果然是這樣」的感想。但是不能因此就說托德的科學價值比較低，只是模糊有感覺跟用嚴格的方法進行實證有很大的差別。僅有後者，才會變成我們進行有意義思考時的基礎。

只是，這類型的研究總是會留下問題，因為即使家庭類型與價值觀之間有對應關係，但我們還是不知道這兩邊何為因、何為果，兩邊好像都可以，即是出現「雞生蛋還是蛋生雞」的疑問。最後，歸根究底，可能就會變成套套邏輯（因為是傾向自由與平等的家庭，所以擁有自由平等的價值觀）。

無論如何，如果要採用家庭類型決定論的論理方式的話，有個問題勢必會出現。為什麼在這個地區、這個社會中，這種類型的家庭會普及呢？事實上，托德在目前已經開始了一個有著可怕野心的研究，他以人類史的規模，探問家庭系統的起源。家庭從什麼型態開始，又會朝著什麼型態分歧並且變得多元化？他在二〇一一年出版的《家庭系統的起源 第一卷》（*L'origine des systèmes familiaux*）中，提出了人類最古老的家庭型態是「一夫一妻的小家庭制」的假說，那是至少在表面上看起來，擁有與核心家庭類似的結構的家庭。

4-2 從新實在論到社會學

思辨的實在論

我簡單介紹了前世紀末到當代社會學的最新動向。但老實講，這情況會讓人感到些許寂寞吧？本質的理論發展在上個世紀末的雙峰時代就已經結束了，後來的理論比起來規模都要小得多。明明身處二十一世紀也要二十個年頭了，難道都沒有什麼理論上的突破嗎？

我在最後提出一個雖然不能說確實有突破，但卻像是有所突破的理論。在前一章節的最後，我使用了與猶太教和基督教有關的比喻，帶有預言家的味道，但此處，我將更切實地，透過種種理論與科學變化的關係，描述我的觀察。

必須要先說的是，社會學的巨大革新也並不是只有在社會學內部才發生的事，有一場包含社會學在內的知識巨大變革，這個變革也在社會學中帶來迴響。所以如果社會學理論有更進一步的發展，那麼應該也和這個包含自然科學在內的知識巨大變化有關。

在我們以這個觀點環視知識時，我們要注意的是二十一世紀出現的，被稱為思辨實在論（speculative realism）的哲學新趨勢。引領這個風潮，提出最精要理論的是甘丹．梅亞蘇（Quentin Meillassoux，一九六七—）。思辨實在論的目標是超越相關主義，為實在論復權。「相關主義」是梅亞蘇於二〇〇六年的著作《有限性之後》（*Après la finitude*）中提出的一個自創詞，所謂的相關主義，指的是思維和世界有一種相互關係的思考方式。換言之，相關主義的立場是積極地否認和思維無關的真實「實在」。梅亞蘇認為，傳統的現代哲學，尤其是康德以降的哲學，全部都採用相關主義的立場。有一種立場相信實在和思維或認知沒有關係，而現代哲學則會用「樸素實在論」嘲笑這種立場。

我想大家應該注意到了，魯曼的「激進建構主義」正是相關主義的極端例子。將「思維」的部分置換成系統的「觀察」的話，激進建構主義，就是最強的相關主義。我們也確認過，傳柯和魯曼一樣也有建構主義的傾向。

雖然相關主義是哲學的主流，但卻和自然科學無法相容。例如，即使沒有半個人知道大爆炸，但我們也必須說大爆炸是實際存在的。不只是自然科學而已，我們的常識也和相關主義對立，可以說，思辨實在論想要克服相關主義，想辦法恢復實在。思辨實在論是站在自然科學和常識這一邊的。

如同上帝存在的本體論證明

但是，要怎樣才能將實在拯救出來呢？梅亞蘇的理論如同雜耍般靈活，但在此我不會詳細介紹，他的結論也非常出人意表。他的結論就是，只有「偶然性」（contingency）才能讓實在從相關主義的循環（思維與世界的相互依存關係）中跳脫出來，成為絕對的實在。所謂的偶然性，就是「有其他可能」的情況。這不是實體，因為可能性或必然性也是相同的樣貌，所以這是實在，這樣講大家可能會一頭霧水。簡單來說，就是只有「這個世界可能完全是別的樣貌」這件事情，是絕對的原理。

比方說，在我們的宇宙中，光的速度不知為何是秒速三十萬公里。這件事情，帶給各式各樣物質在行為因果上的影響，太陽系出現了，地球也誕生了，生命誕生，我們存在。但是，宇宙也可能突然變成別的樣貌，如果是光速為秒速三公尺的宇宙，那麼所有的一切都會改變，我們人類也不會存在。宇宙從根本處開始，就一直存在著成為別種模樣的可能性，只有這件事情是絕對的真理，這就是梅亞蘇的主張。

到底什麼樣的理論過程能得到這樣的結論呢？這裡我雖然不會仔細追溯，但還是描述一下基本內容。這是最新的哲學，不過論證的方法卻極為傳統，此理論的意義如下所述。在西方中世紀的神學中，關於上帝的存在有一個有名的討論方法，名為本體論證明，梅亞蘇的論證，就是直接運用這個論述方法。

上帝存在的本體論證明的作法，是以一個事實為前提，那就是「我們可以思考關於至高存在（＝上帝）的可能性」（1），然後從這裡導出「上帝存在」（2）的結論。

梅亞蘇的論證也和這個一樣。首先，他從「我們不能思考關於實在的必然性（的可能性）」（1）開始論述。因為人類的理性是有限的，所以即使我們可以按照事實如實地紀錄，但我們沒有辦法知道那個事實是否為必然。好比說，雖然我們透過調查得知光速是秒速三十萬公里，但為什麼是這個速度，這是否是必然的，這其中有什麼樣的原因，我們都不知道。因此，在人類有限的理性中，關於實在，看起來像是「（關於這樣的事情）沒有理由」。換句話說，實在也看起來像是偶然性的事物（有其他可能的事物）。如果是這樣的話，原先（1）的命題就可以置換成「我們（只）能夠思考存在的偶然性之可能性」（1），然後從這裡導出「偶然性就是實在」（2），如同上帝的本體論證明一樣。

但是，對於這種本體論證明，康德曾提出有力的反駁。若只講結論會看起來很艱澀，康德說：「上帝的概念（被認為的上帝）中不包含『存在』，因為存在不是謂語。」比方說，有想像出來的一萬日元和實際的一萬日元，無論哪邊都擁有完全相同的性質，我們也能用同樣的謂語描述它們。但即使如此，想像出來的一萬日元無法變成存在的事物。同樣的，從上帝的概念也無法導出上帝存在。如此一來，梅亞蘇的證明也失敗了。

偶然性與社會性

大家應該會覺得：什麼嘛，結果仍是行不通嗎？但是，如果我們假設「偶然性」不是從與之有關的概念中得到的——也就是，偶然性不是從「我們能夠思考關於它」的這件事情之中誕生——而是從別的源頭誕生的話，結果又會是如何呢？如果是這樣的話，就能讓思辨實在論起死回生了。

我希望大家能回想起來，在課程中我說過，「偶然性」對社會學來說是關鍵的概念。在介紹魯曼的社會系統論時，我討論了「偶然性」是如何重要的概念，「偶然性」的概念出現在

「雙重偶然性」的術語中。

「雙重偶然性」是我的選擇的偶然性，加上他者的選擇的偶然性之後的結果，關於這件事情，我應該有附加上一個批判性的評語，我說所謂的「偶然性」，本來不就是雙重的嗎？它並不是先有一個偶然性，然後兩個偶然性加在一起變成雙重的，而是「偶然性」只能以雙重的形式展現。因為「偶然性」與在這個宇宙中，我和他者同時存在這個事實是一樣的。

我能夠將世界看作是偶然的事物，不，是我只能這樣子思考世界，因為我知道他者存在。對他者來說，世界或許完全是別種風貌。我無論如何，都無法忽視有看見不同世界的他者存在這件事情。因此對我來說，世界的偶然性是絕對的，無論如何也無法抹滅的。

若將「偶然性」視為源於人類的社會性，並作為相當於「絕對的實在」的原理放進來會怎麼樣呢？如此一來，應該就可以克服相關主義了吧。雖然這裡我所描述的，只是一個暗示理論方向的藍圖，但我認為，如果這個理論能成功的話，社會學理論應該就能飛躍至新的階段吧。當思辨實在論與社會學合體時，就能真正克服相關主義，也才能回復實在論。而且，如果為了克服相關主義，所借用的必要道具卻是相關主義的極致，即提倡激進建構主義的魯曼理論的話，這種理論發展就真的極有生命力，既是悖論式的，又像是辯證法般的。

透過失敗的變革

最後我想再附加一段話。

當我介紹魯曼和傅柯的理論時，我討論了關於它們在實踐上的意涵。魯曼只是抱持著諷刺的態度，靜觀那些目標為社會變革的各種運動。以魯曼的觀點來看，反正那些運動終歸會失敗，因為那些運動只是立基於一種「幻想」（換言之，就是將自己的相對價值觀誤解成普遍的、絕對的事物）。傅柯則比魯曼更積極於社會運動，但是傅柯的積極，來自於他沒有像魯曼那樣忠實於自己理論的意涵。

而讓實踐行動灰心消沈的理論核心是什麼呢？那就是激進建構主義。但是如同剛才我們所看到的，如果我們能夠克服相關主義（激進建構主義）會如何呢？如果相關主義能被解構成獨特的實在論會如何呢？我們不就能夠收復理論實踐的積極意涵了嗎？那要怎麼樣收復呢？

此處，我想起以前的女性馬克思主義者羅莎．盧森堡（Rosa Luxemburg，一八七一—一九一九），她與修正主義者伯恩斯坦等人在論戰中說的話。伯恩斯坦（Eduard Bernstein，一八五〇—一九三二）等人認為在為時尚早的階段中就為了奪權而起義，恐怕會失敗。對此盧森堡則持相反意見。

如果要等待革命的好時機，那麼時機就永遠不會到來。最初「奪權」的嘗試，在原理上為時尚早，除了失敗沒有別的結果，但唯有透過為時尚早的奪權嘗試，然後反覆失敗，才能夠教育革命的主體，讓主體成熟。唯有失敗是通往成功不可或缺的條件。

黑格爾的《精神現象學》中，有一句話說「害怕錯誤本身就是錯誤」。這是在描述做學問的精神，但是同樣也可以用來描述關於社會變革的實踐。害怕失敗本身就是純粹的失敗。

為什麼我們會害怕失敗？因為我們無法相信現實的偶然性。我們認為現實沒有其他可能，所以我們無法變得自由。但是若我們將那出現在現實根基的偶然性，作為基本的前提、等同於絕對實在的前提，並加到社會學理論中，若我們能創造出這種理論的話，結果又會如何呢？

此時，我們將有可能以伴隨著獨特反轉的形式，獲得實踐的方針。那個理論，應該保證能讓我們直接將失敗本身轉換成變革的成功。應該會出現一個理論，帶給我們走向失敗的勇氣。

我就以這樣的預言，結束這門課。

結語

社會學和其他人文、社會科學類的知識一樣，如果不知道它們的歷史，或是對於它們歷史沒有想像，就無法學好它們。但明明如此，卻很少會有書籍談論整個社會學的歷史，因此我在寫這本書的時候有格外強烈的使命感。

「社會學」的科學領域下所涵蓋的重要人事物，在這本書中幾乎全部都出場了。因此應該可以說，包含前史乃至當代，這本書「基本上掌握了」社會學，我試圖保持平衡地將所有一切網羅進這本書的視野之中。

但是，如果只是按照年份羅列解說學者與學說的話，那書其實會變得很無聊，大家都無法從頭到尾讀完。所以我想，如果不只是介紹那些已有的概念，而是回到不得不創造出那概念的必然性，以此為大家進行說明的話，或許大家就能取回知識原本的快樂。

我寫這本書時所設定的目標，就是希望從初學者到專家都能在其中得到意義。無論是對之後想研讀社會學的人，或是正在學習社會學的人來說，這本書在掌握這門科學的整體圖像上，一定會有所幫助。對專家來說，這本書也能成為判斷及反省的地圖，去思考各自探究的特定領域主題，是位於社會學這門整體知識中的何處？是存在於知識從哪裡往何處演變的過程中？

我基於在講談社的會議室中實際進行的課程，寫下了這本書。因為我想透過和有熱情的人直接對話，再執筆寫書，所以講談社的上田哲之先生、川治豐成先生，丸尾宗一郎先生、奧村元春先生回應了我的希望，每次都出席我的課程，他們每個人都非常熱心，更讓我吃驚的是他們豐富的知識及才華。

川治先生替我將課程紀錄成文字，上田先生則將紀錄的文字整理成通順易讀的草稿，上田先生改寫的草稿遠超出我的想像，顯示他對於課程有扎實的理解。托他們之福，我授課時得心應手，更能享受在潤筆修改的工作中。

講談社現代新書的米澤勇基先生負責我的新書出版作業，現代新書總編輯青木肇先生則勉勵我好幾次，我幾乎不曾有過由總編輯直接以那麼熱情洋溢的語言勉勵的經驗。

早在十一年前，我就被川治先生委託，希望能出一本以社會學史為主題的新書。我再次感受到，這本書能夠呈現在讀者眼前，真的是多虧了眾多編輯的熱情支援，我由衷感謝各位編輯夥伴。

二〇一九年二月二十日

大澤真幸

Beyond 17
世界的啟迪

給所有人的社會學史講義：
跟隨大澤真幸一起建立當代必備的社會學素養
社会学史

作者	大澤真幸
譯者	顏雪雪
執行長	陳蕙慧
總編輯	張惠菁
責任編輯	盛浩偉
行銷總監	陳雅雯
行銷企劃	尹子麟、余一霞、張宜倩
封面設計	張巖
內頁排版	宸遠彩藝
社長	郭重興
發行人兼出版總監	曾大福
出版	衛城出版／遠足文化事業股份有限公司
發行	遠足文化事業股份有限公司
地址	23141 新北市新店區民權路 108-2 號九樓
電話	02-22181417
傳真	02-22180727
法律顧問	華洋法律事務所 蘇文生律師
印刷	呈靖彩藝有限公司
初版	2021 年 4 月
初版三刷	2022 年 6 月
定價	500 元

歡迎團體訂購，另有優惠，請洽 02-22181417，分機 1124、1135

ACRO POLIS 衛城出版
Email acropolismde@gmail.com
Facebook www.facebook.com/acrolispublish

國家圖書館出版品預行編目(CIP)資料

給所有人的社會學史講義：跟隨大澤真幸一起建立當代必備的社會學素養/大澤真幸著；顏雪雪譯. -- 初版. -- 新北市：衛城出版, 遠足文化事業股份有限公司, 2021.04

面；公分. --（Beyond 17）

譯自：社会学史

ISBN 978-986-06253-1-8（平裝）

1.社會學　2.歷史

540　110004029

● 親愛的讀者你好，非常感謝你購買衛城出版品。
我們非常需要你的意見，請於回函中告訴我們你對此書的意見，
我們會針對你的意見加強改進。

若不方便郵寄回函，歡迎傳真回函給我們。傳真電話—— 02-2218-0727

或上網搜尋「衛城出版FACEBOOK」
http://www.facebook.com/acropolispublish

● 讀者資料

你的性別是 □ 男性 □ 女性 □ 其他

你的職業是 ________________ 你的最高學歷是 ________________

年齡 □ 20 歲以下 □ 21-30 歲 □ 31-40 歲 □ 41-50 歲 □ 51-60 歲 □ 61 歲以上

若你願意留下 e-mail，我們將優先寄送 ________________ 衛城出版相關活動訊息與優惠活動

● 購書資料

● 請問你是從哪裡得知本書出版訊息？（可複選）
□ 實體書店 □ 網路書店 □ 報紙 □ 電視 □ 網路 □ 廣播 □ 雜誌 □ 朋友介紹
□ 參加講座活動 □ 其他 ________

● 是在哪裡購買的呢？（單選）
□ 實體連鎖書店 □ 網路書店 □ 獨立書店 □ 傳統書店 □ 團購 □ 其他 ________

● 讓你燃起購買慾的主要原因是？（可複選）
□ 對此類主題感興趣
□ 參加講座後，覺得好像不賴
□ 覺得書籍設計好美，看起來好有質感！
□ 價格優惠吸引我
□ 議題好熱，好像很多人都在看，我也想知道裡面在寫什麼
□ 其實我沒有買書啦！這是送（借）的
□ 其他 ________

● 如果你覺得這本書還不錯，那它的優點是？（可複選）
□ 內容主題具參考價值 □ 文筆流暢 □ 書籍整體設計優美 □ 價格實在 □ 其他 ________

● 如果你覺得這本書讓你好失望，請務必告訴我們它的缺點（可複選）
□ 內容與想像中不符 □ 文筆不流暢 □ 印刷品質差 □ 版面設計影響閱讀 □ 價格偏高 □ 其他 ________

● 大都經由哪些管道得到書籍出版訊息？（可複選）
□ 實體書店 □ 網路書店 □ 報紙 □ 電視 □ 網路 □ 廣播 □ 親友介紹 □ 圖書館 □ 其他 ________

● 習慣購書的地方是？（可複選）
□ 實體連鎖書店 □ 網路書店 □ 獨立書店 □ 傳統書店 □ 學校團購 □ 其他 ________

● 如果你發現書中錯字或是內文有任何需要改進之處，請不吝給我們指教，我們將於再版時更正錯誤

請沿虛線剪下

廣　告　回　信
臺灣北區郵政管理局登記證
第　1　4　4　3　7　號

請直接投郵•郵資由本公司支付

23141
新北市新店區民權路108-2號9樓

衛城出版 收

● 請沿虛線對折裝訂後寄回，謝謝！

ACRO POLIS 衛城出版

Beyond

17

世界的啟迪